T0289023

AMY SCHUMER

LA CHICA DEL TATUAJE ENCIMA DEL CULO

CONTRA

The Girl with the Lower Back Tattoo
© 2016, Amy Schumer
Todos los derechos reservados

Dirección editorial: Didac Aparicio y Eduard Sancho

Diseño y maquetación: Endoradisseny

Primera edición: Noviembre de 2018
© 2018, Contraediciones, S.L.
c/ Elisenda de Pinós, 22
08034 Barcelona
contra@contraediciones.com
www.editorialcontra.com

© 2018, Begoña Martínez, de la traducción
© Mark Seliger, de los retratos de cubierta y contracubierta
© Marcus Russell Price, de las fotos de las páginas 156, 277, y de la foto hecha en un fotomatón de parque de atracciones de la pág. 192
© Coco Eros Boutique, de la foto de la pág. 259 de Mayci Breaux
© Lucius A. Fontenot, de la foto de la pág. 259 de Jillian Johnson
© Ben Hanisch, de la foto de la pág. 7 (inferior) del pliego en color
© 2015 Universal Pictures, cortesía de Universal Studios Licensing LLC, de la pág. 10 (inferior) del pliego en color
© Marcus Russell Price, de las fotos de las páginas 13 (inferior), 14 (inferior), 15 (ambas) y 16 del pliego en color

ISBN: 978-84-948583-9-0
Depósito Legal: B 25603-2018
Impreso en España por Liberdúplex

Para Kimby y Jasy

ÍNDICE

UN APUNTE
PARA LOS LECTORES

¡Hola, soy yo, Amy! He escrito un libro. Es algo que hace tiempo que quería hacer, porque me encanta que la gente se ría y se sienta mejor. Algunas de las historias que leerás serán divertidas, como la de la vez que me cagué en Austin, y otras te entristecerán un poco, como la de cuando a mi hermana y a mí casi nos venden como esclavas sexuales en Italia. Es broma. No encontrarás ninguna de estas historias en el libro, a pesar de que las dos ocurrieron, por desgracia.

Y ya que hablamos de esto, todo lo que cuento aquí ha pasado de verdad. Todo es la verdad y nada más que la verdad, lo juro por Dios. En cualquier caso, no es toda la verdad, porque aunque cueste creerlo, yo no lo cuento todo.

Este libro no es una autobiografía. Ya escribiré una cuando tenga noventa años. Acabo de cumplir treinta y cinco, por lo que me falta mucho para ser digna de unas memorias. De momento, solo quería compartir estas historias de mi vida como hija, hermana, amiga, cómica, actriz, novia, rollo de una noche, trabajadora, empleadora, amante, luchadora, criticona, comedora de pasta y bebedora de vino.

También quiero aclarar que este libro no contiene información de autoayuda ni consejos. En los últimos años me han pedido que escriba artículos sobre cómo buscar hombre, cómo conservarlo o cómo frotarle el perineo en el momento justo, entre otros temas. Yo no sé hacer nada de todo eso. Yo soy una capulla imperfecta que no ha inventado nada, así que no puedo enseñarte nada. Sí que puedo ayudarte mostrándote mis errores, mi dolor y mi risa. Sé qué es lo que me importa, y es mi familia (no toda, no jodamos, solo parte), y reírme y disfrutar de la vida con los amigos. Y, por supuesto, tener un orgasmo de vez en cuando. Creo que lo ideal es uno al día.

En fin, espero que disfrutes con el libro y si no, no se lo digas a nadie, por favor.

¡Deséame suerte!

CARTA ABIERTA
A MI VAGINA

En primer lugar, lo siento. En segundo, de nada.

Sé que te las he hecho pasar canutas. Desconocidas te han echado cera caliente por encima y te han arrancado los pelos. Algunas te han quemado, a pesar de que les dije que tienes la piel muy sensible. De todas formas, es culpa mía, por ir a un sitio de aspecto turbio de Astoria, Queens, que parecía un punto de venta de droga. Soy responsable de que hayas cogido hongos e infecciones de orina y de haber llevado pantis y fajas demasiado tiempo, a sabiendas de que te podían causar problemas. Y quiero pedirte disculpas por Lance, el del equipo de *lacrosse*, que te trató con el dedo como si le debieras pasta. Fue una mierda y entiendo perfectamente que te cabrearas. Sin embargo, también has recibido muchas visitas chulas, ¿no? ¿Eh? Reconocerás que lo hemos pasado bien. Incluso luché por poder usar la palabra «coño» en televisión, que sé que te gusta más.

La verdad es que con la edad me he esforzado por que solo te visitara gente que fuera amable contigo, y siento que he velado por tu salud. Sé que a veces dejo que entre gente sin condón, pero en mi defensa debo decir que así me gusta más y que solo era gente con la que salía y en la que confiaba. Bueno, la mayoría. En cualquier caso, hemos tenido suerte, ¿no?

También siento la vez que lo hice con un novio nuevo y luego no encontrábamos el condón. Tres días después me di cuenta de que lo

llevaba dentro y tuve que «empujar», como dicen, y sacarlo con los
dedos. Debió de ser un incordio. ¿O quizá fue divertido tener visita
tanto tiempo? En cualquier caso, ¡fue culpa mía!

¿Qué me dices? ¿Nos tomamos una birra? Vale, nada de esas artesa-
nales con hongos. Pero invitas tú.

MI ÚNICO ROLLO

DE UNA NOCHE

Solo he tenido un rollo de una noche en mi vida. Sí, uno. Ya lo sé, siento mucho decepcionar a los que creen que voy por la vida con un margarita en una mano y un consolador en la otra. Quizás el malentendido se deba a que en el escenario junto todos los recuerdos sexuales más alocados y horribles que tengo, que en total suman unas fabulosas cinco experiencias a lo largo de treinta y cinco años. Si los oyes todos seguidos, mi vagina debe de parecer una puerta giratoria de un centro comercial en Navidad. Pero si a veces saco a colación pequeños percances es porque no es divertido ni interesante oír hablar de una vida sexual sana y rutinaria. Imagina que subo al escenario y digo: «Anoche me metí en la cama con mi novio, nos dimos un abrazo lleno de afecto y comprensión, y luego me hizo el amor con dulzura». El público se iría y yo me iría con él.

Además, incluso yo a veces confundo mi personaje sexual en el escenario con mi yo razonable y sensible de la vida real. En ocasiones intento convencerme de que puedo tener relaciones sexuales sin emociones, como esas de las que siempre oigo hablar a los hombres y a Samantha de *Sexo en Nueva York*. Y tengo mis momentos, pero el 99,9% del tiempo no soy así. Nunca me he enrollado con un tío después de un espectáculo. ¿A que es triste? Hace doce años que voy de gira y ni una sola vez he conocido a un tío después de una actuación, me lo he llevado a casa y me he liado con él. Nada. Conozco a algunos humoristas hombres que dicen que nunca se han acostado con ninguna mujer que no les haya visto actuar antes. Es justo lo contrario que yo. Yo no estoy en esto por las pollas. Me gusta el sexo lo normal, y casi siempre lo hago con alguien con quien salgo. Me tumbo ahí, en la postura del bebé feliz, y emito sonidos de estar pasándolo bien. Cuando no tengo pareja y aparecen los posibles rollos de una noche, suelo seguir siendo una chavala bastante precavida, y el pensamiento de una polla misteriosa metiéndose dentro de mí no me excita. Bueno, excepto una vez...

Estaba de gira, viajando entre dos ciudades horrorosas, Fayetteville, en Carolina del Norte, y Tampa, en Florida. No me da miedo escribir esto y que sus habitantes se enfaden, porque sé seguro que nadie que viva allí se ha leído un libro en su vida. Es broma, es broma, es broma. Bueno, no tanto. Cuando viajas entre dos ciudades como estas, disfrutas del placer de volar en el autobús escolar para discapacitados más diminuto del cielo, que, por algún motivo, sigue llamándose «avión». Tienes que agacharte para entrar, oyes las hélices durante todo el vuelo y también, apenas perceptible, a alguien cantando «la la la la la bamba», aunque esperas que esto último solo se oiga en tu cabeza.

Era temprano y estaba de resaca. Como he dicho, ya había actuado en Fayetteville y allí no hay nada que hacer después, solo beber hasta que se te cierran los ojos. Fui al aeropuerto como suelo ir: sin maquillaje ni sujetador, en pantalón de chándal y camiseta y con zapato plano. Yo por las mañanas no estoy divina. De hecho, diría que soy igualita a Beetlejuice, el personaje de Michael Keaton, no el colaborador de Howard Stern. Disfrutaba de una época preciosa de mi vida en la que nadie me hacía fotos, a no ser que yo me colara adrede en alguna. No era más que una chica maravillosa de treinta y un años que abría y cerraba la boca y se daba cuenta de que se le había olvidado cepillarse los dientes (en realidad no era tanto que se me hubiese olvidado como que me había dejado el cepillo de dientes en Charleston y no se me había ocurrido comprarme uno en Carolina del Norte). Yo, para saber si la noche anterior he bebido demasiado, compruebo si tengo los dientes manchados de vino y suficiente perfilador esparcido por debajo de los ojos como para parecer un jugador de los New England Patriots. El caso es que aquella mañana tenía un aspecto atroz y olía a curri, y si alguien me hubiese echado un dólar en la taza de café pensando que era una sin techo, habría pensado «ya te digo».

Llegué al control de seguridad del aeropuerto y allí estaba él: un robusto rubio fresa de casi 1,90 y unos treinta y cinco años. Me di mi primer beso con un pelirrojo, por lo que siempre he sentido debilidad por ellos. Era el hombre más guapo que había visto en mi vida, y me excité enseguida, con solo mirarlo. Breve nota al margen: ¡Eso nunca pasa, joder! Todos los días, los hombres miran a las mujeres andar con sus faldas o vaqueros ajustados y tienen pequeñas erecciones, o al menos sienten cierta excitación sexual, pero para una mujer es muy poco habitual ver a un tío y pensar «jo-der». Le di un buen repaso, intentando buscar la parte de él que no fuera Gastón de *La bella y la bestia*, pero nada. Solo le faltaba la coleta y el lazo en dicha coleta.

Suspiré de forma audible y, antes de pasar por el detector de metales, me miró. Toda la sangre se me fue a la vagina y le sonreí justo antes de recordar que en aquel momento me parecía a Bruce Vilanch. (Los que no sepáis quién es y os dé demasiada pereza buscarlo en Google, imaginaos una lechuza con peluca rubia.) Pasé el control de seguridad, me dirigí a mi puerta de embarque y... ¡pum! Allí estaba otra vez, más buenorro que antes. Llevaba una camiseta de manga larga y cuello redondo lo suficiente ajustada al pecho para saber de qué estábamos hablando. Era evidente que debajo de su camiseta era un lugar en el que te gustaría apoyar la mejilla y aspirar todas sus feromonas hasta que te cogiera como Marlon Brando en *Un tranvía llamado deseo* o Ryan Gosling en... ¡lo que seaaaaaaaaaa!

Fui corriendo al baño a buscar maquillaje en el bolso, que en realidad es un pozo sin fondo cuando necesito algo (y en cualquier otra ocasión). No miento si digo que mi bolso tiene todo lo necesario para ser un nido de avestruz. Jamás contestaré uno de esos cuestionarios de revistas de famosos sobre «qué llevas en el bolso», porque la gente vería el despliegue de sorpresas divertidas y desagradables que contiene y seguramente pensaría que necesito tratamiento psiquiátrico. Encontré un poco de colorete e hidratante de labios y pensé «perfecto, no necesito más para pasar de ser un dos a un cuatro». Me miré en el espejo, vi la mancha roja que me había hecho y me reí de mí misma. A la mierda. Me arremangué el pantalón de chándal hasta media pantorrilla mientras pensaba: «Voy a resaltar mi punto fuerte». Me cepillé los dientes con un dedo y me eché agua por encima. Salí como si estuviera en una pasarela y pasé por su lado como flotando. En aquella terminal no me miró en ningún momento, ni por un solo segundo.

Me compré chicles y una revista con Jennifer Aniston en la portada y embarqué, derrotada. Fui hasta mi diminuto asiento de ventanilla y empecé a leer que Jennifer se moriría sola y que no era justo, y ahí estaba de nuevo, subiendo al avión. Cogió el pasillo y lo miré, con esos brazos que sobresalían y esas manos enormes agarrando con fuerza su bolsa mientras avanzaba entre los asientos. Entonces pensé: «Quizá cuando pase junto a mí puedo fingir un estornudo y caer al suelo delante de él. Así, tropezará y se caerá dentro de mí». Entonces vi que miraba el asiento junto al mío.

«No, es imposible que se siente a mi lado», pensé. No, no, no. Pero ¡sí! «Juego, set y partido, joder. ¡Vámonos!»

Jamás de los jamases hablo con gente en los aviones. Es una lotería que ha dado como resultado, por ejemplo, que James Toback (buscadlo en Google) me dijera, antes incluso de despegar, «no conoces a una mujer de verdad hasta que le has comido el culo» o que una mujer me enseñara, durante tres horas, fotos de su pájaro muerto. De todas formas, en aquel vuelo me dirigí a él.

—Hola, me llamo Amy.

Él sonrió, lo que me permitió ver un diminuto hueco entre los dientes delanteros. Lo que más me gusta de un hombre es ese hueco.

—Hola, yo me llamo Sam —dijo con acento inglés.

Enseguida supe que estaba en la versión británica de los marines y que solo pasaría unos pocos días en la ciudad. Joder, no podía con la situación. Era demasiado. Me sentí poseída y perdí todo el control sobre la voz, como Sigourney Weaver al final de *Los cazafantasmas*. Estaba en celo, como dicen. ¿Quién lo dice? No lo sé. Calla y sigue leyendo sobre cómo me empotra este superhéroe británico. Despegamos y fingí que volar me daba muchísimo miedo. No había ni media turbulencia, pero, con todo, encontré motivos para cogerlo del brazo y esconder la cara en su hombro, inhalando su olor. Me echaba encima de él con descaro y los dos nos reímos de lo agresiva que estaba. Mi clítoris golpeaba como el corazón delator de Poe y no podía parar de pensar en la canción de 98 Degrees «Give Me Just One Night (Una Noche)». A pesar de que era ya un poco famosa, él no había oído hablar de mí, lo que era otra gran ventaja. Le dije que aquella noche actuaba y que quizá podíamos vernos después. Intercambiamos los correos electrónicos y recé a todos los dioses para que así fuera.

He estado un par de veces más en este tipo de situación, en la que podría haber tenido un rollo de una noche y, al final, no pude. En una o dos ocasiones, mi instinto me dijo que no. No me parecía seguro. De todas formas, casi siempre lo he descartado por pura vagancia. Pensaría en cosas prácticas como «¿cuándo puedo irme a comer pasta?»; «no estamos saliendo, así que no puedo hacer cosas cotidianas como lavarme los dientes y la cara y ponerme el antifaz para dormir y los tapones»; «en teoría tiene que ser apasionado y excitante, pero yo por la mañana parezco una Shrek rubia»; «¿qué pasará al día siguiente?, ¿qué nos diremos?, ¿le pediré un Uber?», «¿y si dice algo hiriente o intenta hacerlo otra vez por la mañana, cuando los dos sabemos que el chocho me huele como si fuera un bol de ramen?». Soy demasiado práctica y perezosa para rollos de una noche. Me planteo las consecuencias y ya no bebo como cuando iba a la universidad.

Dicho lo cual, lo de Sam era otra cosa. Me ponía a cien y fantaseaba con él. Incluso el acento lo hacía parecer irreal. Que volviera a su país poco después del alba al día siguiente no era ningún inconveniente. Tras separarnos en el aeropuerto, fui a hacer mi espectáculo y no pude evitar contener la respiración todo el rato a la espera de saber algo de él. Por supuesto, cuando acabé de actuar, tenía un email suyo en el que me preguntaba cómo había ido. Bromeé con que me habían descubierto y que iba a triunfar en aquel mundo.

ME CONTESTÓ: «¿Quién te ha descubierto?».

YO ESCRIBÍ: «Un mago. Seré su ayudante».

ÉL ESCRIBIÓ: «¿Te partirá en dos con una sierra?».

LE CONTESTÉ: «Esperaba que me partieras tú».

¡PUM! Es el comentario sexual más agresivo, y veraz, que he escrito en mi vida. Y funcionó.

Quedamos en que nos veríamos en la discoteca que había en el vestíbulo de mi hotel. Nos tomamos media cerveza, bailamos al son de Ice Cube diciéndonos que podíamos si nos dejábamos la piel en ello[1] y nos fuimos. Andar por aquel vestíbulo, tan luminoso, y meternos en el ascensor, con su luz tenue, fue un baño de realismo para la aventura erótica que los dos intentábamos tener. Los pensamientos que me cruzaban la mente en el ascensor eran los siguientes: «Fóllame, fóllame, fóllame, fóllame, fóllame».

En aquella época de mi vida necesitaba sin duda fortalecer mi autoestima en el ámbito sexual. Acababa de saber que un tío del que había estado enamorada y con el que había salido era gay. Aunque había pasado tiempo desde nuestra relación, que me lo confesara me rompió igualmente el corazón. Aquello hizo que empezara a preguntarme cosas. A la persona que me había hecho sentir guapa y sexy durante tanto tiempo le atraían los hombres. Pensaba: «¿Soy como un hombre?». A medida que te haces mayor y más sabia, ganas confianza por ti misma, no por la persona con la que tienes relaciones sexuales. De todas formas, saber en aquel momento de mi vida que alguien con quien había salido era gay me hacía sufrir. Tenía problemas para sentirme un ser sexual y me cuestionaba mi valía.

Entra Sam, un hombre guapo de ensueño que quería ayudar a Stella a recuperar la marcha[2]. El ascensor que tenía que llevarnos a mi habitación no era lo suficiente rápido.

Llegamos a mi habitación, de aspecto muy empresarial, y no perdimos el tiempo.

Solté el bolso, nos quedamos en ropa interior y nos metimos en la cama. No había dudas sobre lo que hacíamos allí. Los dos teníamos el mismo objetivo en mente: devorarnos el uno al otro. Puaj, lo sé, perdona, pero es que es cierto. Todo iba muy bien. Besarle estaba muy

1. Hace referencia a la canción de Ice Cube «You Can Do It», que empieza con la frase «*You can do it. Put your back into it*», que, traducida, significa «Tú puedes. Déjate la piel en ello». [*N. de la T.*]
2. Referencia a la película *Cómo Stella recuperó la marcha* [*N. de la T.*]

bien. Su cuerpo estaba muy bien. No nos cortamos. Ahora no puedo ponerme en plan *Cincuenta sombras* y escribir un párrafo sensual, así que te contaré algunos hechos. Los dos estábamos muy generosos (nos lo comimos todo). A los dos nos parecía increíble lo que pasaba (nos corrimos como locos). Él era muy agradecido y estaba muy excitado (incluso en un momento chocamos los cinco). Fue increíble (el sexo, no chocar los cinco). Después de la depresión que me produjo descubrir que a un tío con el que lo había hecho mucho le atraían los hombres, me pareció increíble que ese ser celestial me cogiera entre sus brazos y me hiciera sentir deseada y guapa, ambas cosas. El sexo fue perfecto. Él era perfecto. Estábamos los dos extasiados y disfrutábamos y degustábamos cada olor, sonido y roce.

Cuando por fin acabamos, le dije que había sido un placer conocerlo y que le deseaba suerte en la vida. No se podía creer que no quisiera que se quedara. Le costaba tanto creérselo que se quedó y lo hicimos al menos tres veces más, con descansitos afectuosos en los que nos contábamos historias, nos reíamos y nos cogíamos.

Al final le dije que debía irse. Por lo visto, yo no tenía problemas por hacerlo con un desconocido, pero dormir junto a él era ya demasiado íntimo. Intentó hacer planes para el futuro, pero le hice saber que no quería que nos viéramos más. Le dije que había sido perfecto y que no volvería a tener un rollo de una noche porque no habría color. Nos dimos un beso de despedida y me acosté con una sonrisa enorme en la cara y pensando «gracias».

Me doy cuenta de que una de las mejores noches de mi vida fue la del rollo de una noche en Tampa, Florida. Sin embargo, me sentí como Marlene Dietrich en *Marruecos*. Que quede constancia de que no propongo que la gente se limite a tener un único rollo de una noche. Qué va, qué va, al contrario, a algunos de nosotros nos iría mejor si solo tuviéramos rollos de una noche el resto de nuestras vidas. De todas formas, a mí este encuentro me cayó del cielo en un momento en que no me sentía muy atractiva ante los hombres, o muy sexual en general. Quería reafirmarme y una noche de sexo inesperado con un británico pelirrojo y cachas fue la azitromicina que necesitaba para deshacerme de la mucosidad que quedaba (¿Hay alguna metáfora menos sexy? No. Además, tengo la sensación de que el antibiótico nunca funciona.)

Todos sabemos que los rollos de una noche no son panaceas para los corazones rotos y la autoestima baja. Se pueden volver en tu contra, los cabrones. Todos hemos probado algún tipo de remedio a través del sexo y hemos acabado sintiéndonos incluso más solos y volviendo con el caraculo de turno que por fin habíamos logrado dejar. Pero a veces, un rollo de una noche puede resolver un problema concreto. Y lo que es mejor: a veces, cuando intentas resolver un problema con sexo, descubres que el sexo vale la pena por sí solo. No hay ninguna lección que aprender. No hay orden del día, solo pasarlo bien. Y, a veces, un montón de orgasmos bien merecidos de un tío que te mira como si fueras un almuerzo justo cuando lo necesitas que te cagas es lo que mejor sienta. ¿Podemos establecer el Día Nacional de los Pelirrojos? Este hombre se merece un desfile o algo.

Sam se puso en contacto conmigo un par de veces más estando en los Estados Unidos, pero fui consecuente con mi decisión de querer conservar como algo sagrado lo que, extrañamente, me parecía la noche más pura de mi vida. Y aún lo es.

SOY INTROVERTIDA

Soy introvertida. Ya lo sé, estás pensando «no me jodas, Amy. ¿Me acabas de contar que te liaste con un desconocido en Tampa y ahora dices que eres tímida? No eres tímida, ¡eres una bestia borracha y lenguaraz!». Vale, tienes razón. A veces soy así. Sin embargo, soy, sin ningún género de dudas, la típica introvertida de manual.

Si no sabes lo que significa esta palabra, te pongo al tanto en un santiamén. Y si sabes lo que significa, salta directamente al capítulo sobre dónde encontrar los mejores *glory holes* de Pequín. Es broma. No tengo ni idea. Además, lee mi puta descripción de persona introvertida. ¿Por qué tienes tanta prisa por avanzar? Cuánta perversión.

Ser una persona introvertida no significa ser tímida. Significa que te gusta estar sola. No solo lo disfrutas, sino que lo necesitas. Si eres alguien introvertido de verdad, las demás personas son, en esencia, vampiros de energía. No las odias, pero tienes que tener claro cuándo te expones a ellas, como al sol. Te dan vida, desde luego, pero también pueden quemarte y dejarte ese canalillo apergaminado a lo Long Island que siempre he temido tener y que sé que ahora tengo. En mi caso, la meditación y los auriculares en el metro han sido mi crema solar y me han protegido del infierno que son las otras personas.

Hay una foto del *National Geographic* que adoro. En ella se ve un osezno pardo que está, tan tranquilo, sentado contra un árbol cerca de la frontera de Finlandia con Rusia. En el pie de foto pone algo del estilo «los oseznos jugaron sin descanso todo el día y, luego, uno de ellos dejó el grupo unos minutos para relajarse solo y disfrutar de la calma». Para mí fue una foto muy significativa, ¡porque es lo que hago yo! Aunque en mi caso, al oso lo arrancan de su rincón de la calma junto al árbol y varias personas le pintan la cara, le rizan el pelaje y le ponen un vestido para poder empujarlo al escenario a que monte una de esas bicicletillas de circo. No digo que no disfrute haciendo reír a la gente, pero, aun así, a la pequeña introvertida peluda le resulta difícil ponerse ahí delante.

Sé que hay gente que ha escrito libros que ha tenido que esforzarse mucho, y sientes cómo se parten en pedazos en cada página. Sin embargo, escribir este libro ha sido, para mí, uno de los mayores placeres de mi vida. Sentada, escribiendo y sin hablar con nadie es la manera como me gustaría pasar la mayor parte del día. De hecho, puede que te sorprenda saber que paso sola la mayoría de los días, a no ser que actúe, lo que para alguien introvertido es un desgaste de locos. En cuanto llega la hora de comer, evito las mesas del catering y me voy corriendo a mi tráiler o a un rincón tranquilo y medito. Necesito aislarme del todo. El tiempo que paso en silencio es como alimento para mí. También me alimento de mucha comida. Pero si no estoy grabando o algo así, me gusta pasar todo el día sola. Quizá una comida de una hora con algún amigo, pero nada más.

Si eres artista, sobre todo si eres mujer, todo el mundo da por hecho que te gusta actuar todo el rato, pero esto no puede estar más lejos de la realidad en mi caso o en el de cualquiera de las personas que conozco bien. Según la educación no deliberada que recibí de pequeña, como era niña y actriz, tenía que entusiasmarme ser simpática, hacer sonreír a todo el mundo y sentirme cómoda todo el tiempo. Yo creo que a todas las niñas se las educa así, incluso a las que no son artistas como era yo. De la mujer siempre se espera que sea la anfitriona cortés, que tenga anécdotas preparadas y que salpique de risas las historias de los demás. Siempre somos nosotras las que tenemos que suavizar con comentarios anodinos todas las situaciones incómodas de la vida. Somos, en esencia, geishas que no cobramos. De todas formas, cuando no cumplimos esa expectativa —porque somos introvertidas—, la gente da por hecho que estás deprimida o que eres una hija de puta. Yo puede que sea una hija de puta de todas formas, pero no es porque no quiera parpadearle y sonreírle a alguien que me cuenta que hacía cross en primaria.

Cuando empecé a ver esto sobre mí, vivía con mi novio Rick. De todas formas, ya de niña sabía que pasaba algo. No me gustaba jugar tanto tiempo como a los otros niños y siempre, sin excepción, acababa yéndome de las fiestas de pijamas. Sin embargo, de adulta mi madre ya no podía ir a buscarme en plena noche y empecé a verlo todo con más claridad. Podría decirse que Rick fue la primera relación adulta que tuve y, por primera vez, jugaba a las familias con alguien e imitaba la manera como la gente casada cumple con diligencia las obligaciones con los amigos y la familia del otro. Recuerdo ir a casa de su familia en vacaciones y darme cuenta de que necesitaba descansos frecuentes del grupo de personas encantadoras con la que pasábamos todo el día. Cada noventa minutos aproximadamente, me iba a la habitación de Rick o a dar un paseo. No me hacían sentir mal por ello, pero era evidente que todo el mundo controlaba el tiempo. Una vez, Rick me llevó a la boda de un amigo suyo. Después de unas dos horas de charla sobre temas triviales y formalidades, me escondí en el lavabo. No tenía ya nada más que dar o decir y tenía la sensación insoportable de que me esforzaba pero no avanzaba hacia ningún lado.

De todas formas, cuando me hice amiga íntima de algunos colegas cómicos y artistas, me di cuenta de que ser introvertida no es un defecto de carácter. Incluso cuando nos vamos todos de vacaciones o de gira juntos, hacemos pequeños descansos en la habitación y luego nos mandamos mensajes para saber si estamos bien. Es una cualidad delicada cuando tu trabajo en realidad exige que no pares de viajar y que te relaciones con caras nuevas, ciudades nuevas y públicos nuevos. En este sector te cruzas con mucha gente y te sientes como una mierda si no das algo de tu energía y conversación a cada chófer, recepcionista de hotel, promotor, miembro del equipo de *backstage*, asistente del público, camarero, etcétera. Y digo en serio lo de «dar». Entre recargas, la energía es finita. La cabrona se acaba. No es que no respete a la gente que lo da todo en su trabajo (todos los trabajos que yo he hecho, por cierto, porque he hecho todos los trabajos del mundo excepto el de doula. Volveré sobre esto más adelante). Sé que tienen buena intención, y sé que hay por ahí mucha gente que, a diferencia de mí, quiere contar a los taxistas todo sobre su vuelo (los vuelos siempre van bien) y qué tiempo hacía en Nueva York (frío o calor, ¿qué coño más dará?). ¿Cuántas llaves de la habitación del hotel quiere? (Ciento nueve.) Yo no soy una de esas personas, ya está, y no quiero que nadie pierda su tiempo y energía (ni yo los míos) hablando de cosas triviales y tontas. Cada vez que un chófer te recoge en el aeropuerto, te pregunta qué has venido a hacer a la ciudad y a qué te dedicas. Cuando era novata, les contestaba la pregunta sin más, pero me aprendí la lección, porque cada vez me pasaba algo así:

«Ah, ¿eres cómica?», «¿Te he visto alguna vez?», «¿Estás en YouTube?», «Ah, mi primo es cómico. Se llama Rudy Gilipollas. ¿Lo conoces? Búscalo en Google», «¿Conoces a Carrotbottom?», «¿Sabes quién es gracioso? Jeff Dunham», «Deberías hacer un espectáculo sobre taxistas», «Bah, puedo darte material divertido para la actuación», «¿No salías en aquella película?», «¿Ah, no? ¿Estás segura?», «Por lo general, las humoristas no me gustan».

Esto último me fastidia de verdad. Nadie diría, con la misma tranquilidad, «Por lo general, los negros no me gustan». En cualquier caso, es ofensivo decirle eso a una mujer cómica. Además, a ver si lo adivino: solo has visto a una cómica en tu vida y fue en los ochenta. ¿Y sabes qué? Seguramente te moló que te cagas.

Por lo tanto, para evitar este tipo de conversaciones, durante un tiempo cambié mi historia y les decía que era maestra. Con todo, seguían teniendo un montón de preguntas de seguimiento que hacerme, por lo que empecé a decir «me gano la vida contando historias», algo que les daba el mal rollo suficiente para dejarse de charlas superficiales.

Yo puedo salir al escenario y pasarme toda la noche hablando a miles de personas sobre mis sentimientos más íntimos y vulnerables, como lo que opino del último tío que ha estado dentro de mí o sobre el hecho de que, cuando estoy borracha, trago igual que el que comete el pecado de gula en la película *Se7en*. Sin embargo, las fiestas y los encuentros, donde me siento obligada a ser más «sociable», no se me dan tan bien. Suelo encontrar un rincón para esconderme y enseguida empiezo a rondarlo como la niña de *The Ring*, con la esperanza de que nadie quiera acercarse a hablar conmigo. Con todo, en el lugar y en el momento oportunos, puedo ser bastante agradable. Por ejemplo, he tenido varias conversaciones agradables con mujeres mayores desnudas en el vestuario del gimnasio. Aunque se estén secando el pelo con todo el matojo canoso y rizado al aire, hablamos.

Es probable que no te sorprenda que a veces prefiera las redes sociales a la interacción humana. Probablemente también sea una característica de los introvertidos. Las redes sociales son más eficaces, como las webs de citas. Todo puede ser rápido e indoloro, y cuando descubres que alguien está loco o no es divertido, puedes abandonar de pronto la conversación. Incluso las fotos que alguien elige colgar en Instagram pueden ayudarte a ahorrar un montón de tiempo. Una vez di por acabada una posible relación amorosa porque el tío colgó una foto del entierro del perro de un amigo. Colgó la foto de cómo bajaban al hoyo el cadáver del perro envuelto en una bolsa de basura. Decía que era un honor participar de aquel día. ¡Ni siquiera era su perro!

En mi opinión, lo que una persona cuelga en Instagram debería humanizar y ser preciso. No es que el entierro de un perro no cumpla estos requisitos, pero aquella foto dejó claro que al chico le gustaba la tristeza y disfrutaba formando parte del drama, porque aquello le hacía sentir vivo e importante. A mí, las fotos que más me gusta colgar son las de mi hermana recogiendo montones de mierda de su perro cuando salimos a pasear. ¿Por qué no ser sincera y enseñar todo lo que eres? Una de las primeras veces que me siguieron paparazis, me pillaron haciendo paddle surf en Hawái. Vi las fotos en las revistas y pensé: «Cómo mola. Alfred Hitchcock está vivo y le encantan los deportes acuáticos». Pero no, era yo. Cuando una amiga me contó que estaban en internet, me lo dijo como si mi padre y mi madre hubiesen muerto en un incendio. Yo, orgullosa, colgué la peor foto de todas en Instagram al momento, porque me pareció graciosísimo. En este libro me reiré mucho de mí, pero entiende que me siento bien, sana, fuerte y follable. Yo no soy nunca la tía que está más buena. En un Dave & Buster's de Cincinnati sería como la tercera camarera más buenorra. En otra ocasión, cuando un paparazi me fotografió cometiendo el atroz acto de comerme un bocadillo, de inmediato corregí el tipo de embutido que era (decían que era jamón de York, pero era *prosciutto*).

Por otro lado, están esos hombres y mujeres que todos conocemos (famosos o gente normal) que solo suben fotos increíbles de sus abdominales o fotos en las que salen, por casualidad, guapísimos, y que se conocen como #humblebrags[3] (DEP @twittels, que acuñó este término perfecto). No, no quiero saber nada de ellos. Ni siquiera quiero conocer a gente que no penda un poco de un hilo. Las redes sociales son una gran herramienta tanto para los introvertidos como para la gente decente, puesto que acorta el tiempo que pasa entre que pensamos que alguien es genial y que nos damos cuenta de que es lo peor. No sé cómo los introvertidos sobrevivíamos sin internet. O con internet. En realidad, no sé cómo sobrevivimos en general. Parece imposible.

Ahora que sé que soy introvertida, puedo controlar mejor esta cualidad y empezar a verla como algo positivo, en realidad. Por ejemplo, es un hecho conocido que muchos consejeros delegados son introvertidos. Estar al mando es una posición cómoda para mí también, sin importar en qué esté trabajando. Me rodeo de gente inteligente y con talento, les dejo trabajar, escucho sus ideas con atención y pienso la manera de conseguir el mejor producto final posible. Cuando hago comedia en vivo, escribo yo todos los chistes, pero en todas las otras cosas que he creado debo agradecer la colaboración de grupitos de gente divertida que trabaja sola en lo mismo, que es mi manera de preferida de hacer las cosas. No debería sorprender a nadie que muchos guionistas sean introvertidos. En mi programa de televisión, al equipo de guionistas nos gusta trabajar codo con codo durante breves periodos, y luego, cada uno de nosotros desaparece-

---

3. Podría traducirse, por ejemplo, por #fanfarronadasmodestas. [*N. de la T.*]

mos por separado y nos vamos a casa, a currar en serio en nuestras productivas capsulitas para introvertidos. Somos, sobre todo, un grupo de cavernícolas que solo puede socializar durante periodos de tiempo limitados. En un día al azar con el equipo de guionistas, el programa suele ser algo así:

12.00:   La gente llega a la oficina.

12.15:   El grupo encarga la comida. Todos queremos sopa, pero el reparto tarda dos horas, por lo que recurrimos a Bareburger y sus hamburguesas ecológicas. Kyle Dunnigan siempre es el que tarda más porque es intolerante al gluten y a la lactosa y nos obliga a todos a oírlo cada vez. (Este año ha dejado de tener estas intolerancias y estamos todos furiosos de que lo haya dejado después de tener que oírle hablar del tema durante tanto tiempo.)

12.15-13.00: El equipo charla y lamenta que la comida tarde tanto en llegar.

13.00-13.15: Ingerimos la comida y hablamos de *The Bachelor (El soltero)*.

13.15-13.30: Todo el mundo va al baño. Kurt Metzger nos cuenta que se lo comió a una chica rara.

13.30-14.00: Debatimos ideas de escenas o decimos chorradas de gente y vemos juntos vídeos de YouTube.

14.00-15.00: Debatimos qué tentempié deberíamos tomar. Voy a mear, y van cien veces.

15.00-16.00: Mejoramos los guiones.

16.00-19.00: Todo el mundo escribe al abrigo de su hogar.

Es difícil estar en compañía de otros durante mucho tiempo y ser creativo, y no sé cómo lo hacen los guionistas de los *late-night shows*: pasan todo el día juntos, inventando chistes y escenas como si fueran churros. Yo me siento afortunada de tener un gran grupo de gente que permite que cada uno se dedique a lo suyo, y el proceso de escribir juntos pero separados es lo mejor. Mi hermana Kim y yo a menudo nos sentamos juntas en el sofá y escribimos a la vez la misma película, en silencio y sin hablar. Y no durante horas, sino durante días. Nos diremos unas dos frases la una a la otra, y siempre son sobre comida.

Por lo tanto, para acabar me gustaría rendir homenaje al arma secreta de los introvertidos, uno de nuestros mejores mecanismos de afrontamiento: la despedida a la francesa, algo que he perfeccionado a lo largo de los años. Los franceses no os ofendáis por la expresión, sois unos genios por haber inventado este método patentado de pirarse de un sitio sin tener que dar explicaciones. Aunque esté borracha, puedo largarme de cualquier evento, de forma muy sutil y como una ninja, y sin avisar: es un movimiento de introvertidos clásico al que recurro mucho. Soy como Omar de *The Wire* pero en cutre. «Amy, anoche no te vi marchar... ¡no te despediste!» Ya te digo yo que no me despedí de ti. Si me despido de ti, es seguro sin querer y porque estás en la salida en el momento en el que intento abrirme camino por ella.

Me gustaría irme a la francesa de este capítulo porque, para ser sincera, estoy agotada de escribir tanto sobre mí. Sin embargo, antes de desaparecer como por arte de magia, primero quiero recordarte que dejes de juzgar un libro rubio, inestable, a menudo falto de tacto y gritón por la portada. (Excepto este libro, porque la portada está bien y el interior también.) Que mi trabajo me exija reírme de mí misma ante un micrófono y abrirme a todo el mundo por dinero no significa que no pueda ser también introvertida. Aunque no te lo creas, tengo una compleja vida interior igual que tú y disfruto estando sola. Lo necesito. Y nunca he sido más feliz que cuando por fin me di cuenta de ello. Por lo tanto, si eres una persona introvertida como yo, en especial si eres una mujer introvertida, o si eres una persona de la que se espera que regale su energía a todo el mundo siempre, quiero animarte a que busques tiempo para estar a solas. No tengas miedo de disculparte. Carga pilas tanto tiempo como necesites. Apóyate contra un árbol y tómate un descanso de los otros osos. Yo también estaré ahí, pero prometo no molestarte.

SOBRE SER
NUEVA RICA

El término *«nouveau riche»* es una forma elegante de decir que eres una persona rica que te has forrado por tu cuenta. No lo has heredado de tu bisabuelo. Lo has sudado. Eso o compraste sin más un boleto de lotería. En cualquier caso, yo prefiero decir «nueva rica», porque es como decir «sí, soy escoria y lo reconozco».

Yo soy una nueva rica.

Me siento afortunada de vivir en los Estados Unidos, donde la gente trata a alguien como yo (escoria) como si viniera de estirpes con muchos Benjamin en el torrente sanguíneo. A los ingleses no les impresiona tanto la gente que ha ganado la pasta por su cuenta. Allí ven a los nuevos ricos como algo chabacano, pero en los Estados Unidos los nuevos ricos tienen más predicamento que los viejos ricos, porque, de una manera u otra, merecen el dinero que tienen. Los nuevos ricos usamos el dinero para chorradas como tratamientos de spa, donde anguilas se te comen la piel muerta de los dedos de los pies o te inyectan grasa de cría de foca en el ojete para que vuelva a parecer joven. (Por algún motivo, usan mucha vida marina.) La gente nos aplaude. Venga, monta una organización benéfica, devuelve algo y a nadie de los Estados Unidos le importará lo más mínimo cómo has conseguido el dinero. ¿Un jugador de baloncesto te preñó y le sacaste todo lo que pudiste? Genial, aquí tienes tu programa de televisión. ¿Has grabado un vídeo sexual con un rapero mediocre? Toma la llave de una corporación multimillonaria. O, en mi caso, eh, ¿cuentas chistes de pollas a gente borracha en salas pequeñas de lugares que se llaman «El hueso de la risa» o «El tanga prieto»? ¡¿Quieres un contrato para hacer una peli?!

Si miro atrás, me doy cuenta de que, en realidad, esta es la segunda vez que me meto en la categoría de «nueva rica». Mis padres vivieron una vida de nuevos ricos de manual durante mi infancia... hasta que cayeron en una vida de nada ricos justo a tiempo para mis delicados años de preadolescente. De todas formas, me estoy adelantando.

Yo, que soy medio judía, nací pequeña y preciosa en el hospital Lenox Hill del Upper East Side y surqué en limusina las cinco manzanas que separaban el hospital de nuestro hogar, un dúplex enorme. Fue idea de papá. En resumen: mis padres eran ricos. Nadaban en pasta. Bueno, eso creían. Podían coger un jet privado que los llevara a las Bahamas sin pensárselo dos veces y creían que la buena vida duraría para siempre. No fue así.

Mi padre tenía una empresa que se llamaba Lewis of London, un negocio de muebles infantiles que importaba cunas y demás de Italia. No recuerdo por qué le pusieron «Lewis of London», pero si buscaban un nombre extravagante que solo usarían unos nuevos ricos para que algo pareciera lujoso e internacional, dieron en el clavo. En la época, nadie más vendía muebles infantiles de calidad, por lo que los padres ricos de Manhattan iban adrede a la tienda de mi padre, donde conseguían las diminutas cárceles infantiles más chic que podían comprarse con dinero.

De pequeña tuve algunas cosas lujosas de persona rica. Cuando tenía cinco años, nos trasladamos de la ciudad a un agradable barrio residencial de Long Island en el que comíamos langosta una vez a la semana y pescado ahumado para desayunar los domingos. O, como nosotros lo llamábamos, hacíamos el judío a saco. Las noches que había langosta, mi madre compraba en la tienda las que estaban vivas y las ponía en el suelo de la cocina para que mi hermano, mi hermana y yo jugáramos con ellas. Entonces, a mí solo me parecía algo divertido que hacíamos antes de hervir a los sabrosos crustáceos, pero, visto ahora, me doy cuenta de que jugábamos con nuestra futura comida al estilo «la Sirenita se come a Sebastián», lo que no molaba nada. ¿No podrían habernos comprado un pez de colores? Todos los demás niños estaban en la calle con las bicis y nosotros organizábamos carreras de langostas como si fuesen gladiadores. Fatal. En cualquier caso, cuando recuerdo cómo era crecer en un hogar adinerado, lo que más destaca es la comida. Ahora que lo pienso, la comida es lo que más recuerdo de todos los acontecimientos o momentos de la vida: la comida que había. Hace un par de años, antes de tener dinero «de verdad», le pregunté a Judd Apatow si era divertido ser rico y me explicó que una vez eres rico, te das cuenta de que todas las cosas buenas de la vida son gratis. Me dijo que te podías pagar una casa, sushi bueno y cedés, pero que ya estaba. Con todo, al ser una persona que ha servido muchas mesas y que se ha comido las sobras de las bandejas de la gente de vuelta a la cocina, lo de comer sushi de primera me sonó bastante bien.

En cualquier caso, Lewis of London acaparó el mercado... hasta que otras tiendas empezaron a vender muebles infantiles y mis padres lo perdieron todo. Y eso pasó, casualmente, durante la aparición de la esclerosis múltiple de mi padre. ¡¡¡Qué oportuno, universo!!! No recuerdo cómo fue perderlo todo, pero sí recuerdo que unos hombres vinieron a llevarse el coche de mi padre cuando yo tenía diez años. Observé a mi padre de pie, inexpresivo, en la entrada mientras se lo llevaban. Mi madre afirma que ella no sabía lo que ocurría desde el punto de vista financiero, pero si esto fuera un episodio de un programa como *True Life: Squandering That Chedda (Como la vida misma: derroche de pasta)*, de la MTV, dirían: «Se gastó los millones de él en pieles y casas». Y si fuera un telefilme, dirían: «Ella fue una víctima cuya vida cambió por completo en un abrir y cerrar de ojos». Yo no sé qué afirmación es cierta, probablemente ninguna de las dos. Yo solo sé que cuando esos hombres vinieron a llevarse el Porsche negro descapotable, mi madre se quedó en la casa negando la realidad como si ese fuera su trabajo.

Por lo general, no noté la pérdida, pero sí percibí un cambio en la calidad de mis fiestas de cumpleaños. Ahí es donde puede que notara la mayor diferencia en la situación económica de mi familia. Cuando cumplí nueve años y aún teníamos dinero, mis padres me organizaron una «fiesta granjera» en nuestra bonita casa de Surrey Lane, una calle tranquila de Rockville Centre. Aquella mañana, temprano, alguien dejó una caja con agujeros en el garaje. Cuando le quité la tapa, un puñado de crías de patos me miró desde abajo. Pensé que me había muerto y que estaba en el cielo. Recuerdo estar convencida de que era la niña de *La telaraña de Carlota*. Estaba tan enamorada de esas criaturitas que podría haberme quedado allí sentada acariciándolas todo el día y me habría muerto feliz.

Como podíamos permitírnoslo absolutamente todo, por turnos, granjeros de verdad trajeron animales de verdad a nuestra casa a lo largo de todo el día. ¡Que salgan los burros! Teníamos un poni, teníamos cabras, teníamos gallinas. Si eres un niño de Iowa y lees esto, pensarás: «¿Y qué más da?». Un par de animales en el patio suenan de lo más normal. Pero créeme, si eres de Nueva York y tienes una vaca en la entrada de casa, eres rico (y el más popular de la escuela todo el año). Todos mis amiguitos llevaban buzo, jugaban en un montón de heno y se pusieron como las putas cabras. Es desagradable si lo ves como lo que era en realidad: un montón de niños pijos cuya idea de pasarlo en grande era vivir como niños pobres de granja. También he estado en una fiesta de cumpleaños con guerra de comida. ¿Te imaginas a los niños muertos de hambre de Siria viendo cómo tiramos así la comida? Me dan escalofríos.

No te preocupes, la ironía volvió para vengarse de mí poco después. La vida era cada vez menos cómoda después de que mis padres perdieran todo el dinero. Cada vez nos mudábamos a casas más pequeñas, hasta que pareció que dormíamos todos apilados, y no en una pila divertida como los monstruos de *Donde viven los monstruos*, sino apilados a lo pobre como los abuelos de *Charlie y la fábrica de chocolate*. (Amy, ¿alguna vez haces referencia a libros de adultos? ¡No!) Para cuando iba a la universidad, mi madre nos había instalado en un piso en un sótano donde mi hermana Kim, que es cuatro años menor que yo, tenía la única habitación y yo tenía que compartir una cama con mi madre. (Consejo rápido: no intentes escaquearte de pagar un taxi completamente borracha y meterte en la cama desnuda con tu madre. El taxista te seguirá hasta casa, llamará a la puerta y entonces tu madre tendrá que disculparse y pagarle en efectivo mientras tú te ríes desnuda debajo de las sábanas en la cama, donde no paras de sentir los típicos mareos… Me lo ha contado una amiga.)

Sin embargo, la verdad es que nunca me sentí pobre, ni siquiera cuando lo éramos. Siempre tuve dinero suficiente para comer e ir de excursión con la clase. Siempre se preocuparon por mi bienestar. De vez en cuando íbamos a ver un espectáculo a Broadway o hacíamos un viaje a algún sitio con árboles y un lago o un estanque, o un charco considerable cuando la cosa se puso francamente mal. Vivíamos por encima de nuestras posibilidades, pero no al nivel de *The Real Housewives of New Jersey (Las amas de casa reales de Nueva Jersey).* Era más bien como el personal del restaurante de Lisa Vanderpump, una de ellas. (Sí, solo hablo en metáforas relacionadas con Bravo, la cadena que emite el programa; gracias a Dios por existir, Andy Cohen.) Por suerte, todas mis amigas vestían mal y nunca tuvieron ningún interés por la ropa de diseñadores ni otras cosas materiales. Nunca he llevado joyas ni marcas. A mis amigas les importaba algo más que a mí, pero no era nada demasiado evidente. Nos comprábamos camisetas de Bebe, pero solo nos podíamos permitir esas en las que ponía «Bebe» bien grande. Esas siempre estaban de oferta, y no me extraña.

Tenía un coche de mierda, pero al menos tenía coche. Twizzie era una ranchera muy usada que olía a cuadra pero que resultaba muy maniobrable. Me encantaba hacer trompos con ella y llevaba a casa desde el instituto a toda la gente que cabía. Gritaba «¡Cógelos!» (creo que era una referencia a *Dos tontos muy tontos*) mientras hacía la ronda del aparcamiento. Si Twizzie iba a más de cincuenta kilómetros por hora, todos los ocupantes tenían la sensación de sujetar pesas vibratorias. Sin embargo, ¡era un coche! Yo no me sentía una niña de renta baja. Recuerdo que el vestido del baile me gustaba tanto que me lo puse en dos ocasiones: cuando fui al baile y aún estaba en el penúltimo curso del instituto y el año de mi baile, el último año. No recuerdo que nunca quisiera nada que no pudiera permitirme. Tuve mucha suerte.

En la universidad empecé a darme cuenta de que necesitaba trabajar algo más que el estudiante medio para apañármelas. Me alimen-
taba en el comedor de la universidad, robaba comida en la asociación
de estudiantes y les sacaba bebidas a los tíos cuando lo necesitaba (lo
que tampoco era fácil porque en mi primer año de facultad parecía
un Babadook rubio). Conseguí dar clases de ejercicio en grupo en mi
universidad, y esas clases eran mi principal fuente de ingresos legales.
(También vendía algo de marihuana y robaba en almacenes, ay. ¡Chist!
Que no salga de aquí.) En cualquier caso, era la peor camello de la
historia. Me quedaba sin bolsitas de plástico y tenía que usar bolsas de
basura enteras para cantidades minúsculas de hierba. Solía dar un regalo a los compradores, como una patata asada o lo que tuviera tirado
por el piso. Y todos los veranos, cuando volvía a casa de la universidad,
mi hermana y yo trabajábamos de camareras en el único bar de Long
Beach, donde servíamos cerveza, vino y comida frita hasta casi el punto de combustión. Trabajábamos dieciséis horas al día y volvíamos a
casa cubiertas en diez capas de grasa de la freidora, con los pies hinchados sobresaliendo del calzado de trabajo y con los delantales llenos
de dólares. Esparcíamos las propinas por encima de la cama y contábamos el dinero. Algunos días alcanzábamos los quinientos dólares y
nos creíamos que éramos sultanas. Nos dormíamos sonriendo y nos
levantábamos a las ocho de la mañana para volver a hacer lo mismo.
    Cuando acabé la universidad estaba ARRUINADA, con mayúscu-
las. A lo Vanilla Ice antes del programa de HGTV. Sirviendo mesas
ganaba dinero suficiente para pagarme el alquiler y comer empanadillas al vapor por la mañana, al mediodía y por la noche. Y para meren-
dar. Y a media mañana. Vivía en un piso del tamaño de un armario
con una compañera de Craiglist. Una noche, un grupo de cómicos
iban a cenar sushi y yo no pude acompañarlos porque me había gas-
tado los pocos dólares que me quedaban en pagar cinco minutos de
escenario aquella noche (una inversión que había valido la pena, porque hice el ridículo delante de los siete cómicos contrariados que for-
maban el público). En Nueva York, el sushi vale más que un diamante
de sangre, por lo que no podía ni planteármelo. De todas formas, una
de las cómicas, Lorie S., fue muy amable y me trajo un *California roll*.

Se lo agradecí muchísimo y me dio mucha vergüenza que tuviera que comprármelo.

De todas formas, con la comedia en vivo me esforcé mucho y, en lugar de comprar minutos de micrófono abierto y de volver a casa con hambre, con bastante rapidez empecé a sacarme unos doscientos dólares cada fin de semana. Y hace unos cuatro años, empecé a sacarme unos dos mil cada fin de semana. El primer cheque gordo de verdad que me dieron fue tras una actuación en una universidad, por la que me pagaron ochocientos dólares por una hora. Di vueltas por mi piso gritando de alegría.

Cuando hice la gira de *Last Comic Standing* gané pasta gansa por primera vez y me llevé a Kim a Europa. En lugar de compartir catre en un albergue mugriento, pudimos alojarnos en habitaciones de hotel de verdad con baño propio y de todo. No eran lujosas, pero nosotras nos sentíamos como los Rockefeller. O, si eres *millennial*, como el CEO de Roc-A-Fella Records.

A pesar de la distinción entre viejos ricos (los Rockefeller) y nuevos ricos (los de Roc-A-Fella), el caso es que los dos siguen teniendo mucha P-A-S-T-A. Me da igual si los viejos ricos me miran por encima del hombro por ser nueva rica. Brindaré gustosa con ellos en los asientos de la parte delantera de un avión. ¡Qué privilegio tan increíble es volar en primera! Es algo que valoro muchísimo. Todavía recuerdo la primera vez que pisé un jet privado. La primera vez de cualquier cosa relacionada con el dinero es la mejor. Participaba en un espectáculo en el que las principales atracciones eran Louis CK, Sarah Silverman y Aziz el que no necesita apellido. Actuábamos solo en Connecticut, por lo que el regreso a casa no iba a ser largo, pero cuando Louis me preguntó si quería que me llevara, dije: «Joder, claro». La gente que tiene dinero se siente culpable de ser rica delante de gente que no lo es, y no quieren decir las palabras por las que los otros los odian. Louis no me dijo: «Amy, ¿quieres ir en el jet privado que he pagado para los veinte minutos de nada que cuesta volver a casa?». No. Louis dijo: «¿Quieres que te lleve?», como si estuviéramos en una película antigua y yo fuera una dama en apuros que espera un tranvía una noche lluviosa.

Es horrible lo maravilloso que es ir en jet privado. Es asqueroso. Te recomiendo que trates este párrafo como si fuera uno de esos libros de *Elige tu propia aventura* y te lo saltes, así no me odiarás a mí ni odiarás tu vida. Cuando vas en jet privado, un coche te lleva justo hasta la pista de aterrizaje a la hora exacta en que sale el vuelo. Si quieres despegar a las nueve de la noche, el coche te deja allí a las nueve menos cinco. Nada de esperar entre un montón de gente en una terminal (palabra muy adecuada, puesto que se parece mucho a la muerte), nada de la típica iluminación fluorescente de mierda, nada de colas en los baños, nada de esperar en fila el control de seguridad con gente histérica que llega tarde a su vuelo. Nada de largas colas sin fin para pagar diez dólares por un agua y un chicle que ni siquiera te gusta, porque no tienen tu preferido. Bajas del coche, caminas hasta el avión y en unos quince minutos estás volando. A la llegada hay otro coche esperando, justo donde bajas del avión. Te entregan la maleta y te largas contenta que te cagas. He estado en un par de jets privados lujosos que parecían escenarios de videoclips de hip hop y en otros que eran viejos y estaban sucios, pero da igual. ¡¡¡Estás sola!!! Todo esto es para decir que me siento de lo más afortunada por poder poner un pie en un jet privado. Y valoro cada segundo, como debería hacer cualquier nuevo rico.

Me alojo en hoteles agradables, uso Uber en lugar de pedir un taxi... incluso cuando suben los precios. Puedo pagarme comidas caras cuando quiero y es lo que hago por mí. No pretendo engañarte: es genial saber que puedo mandar a mi sobrina al colegio que quiera a pesar de que con dos años ya es un genio y le darán una beca completa por sus notas o cuando sea jugadora de voleibol de primera división. Es tranquilizador saber que puedo permitirme que mi padre esté en un centro mejor y asegurarme de que ve a los mejores especialistas en esclerosis múltiple de los Estados Unidos. También sé lo injusto que es que no todo el mundo pueda hacer estas cosas. Soy una nueva rica, no una imbécil. Esto es mentira. En este libro aún no te había mentido, y no quiero empezar a mentir ahora. Soy una imbécil.

Lo mejor de tener dinero es que puedes ser una imbécil y gastar pasta en cosas estúpidas. Si uno de mis amigos actúa en un club de comedia, puedo pagar para que le llenen el camerino hasta los topes de ramos de flores ridículos, como si fuera el funeral de un cantante de hip hop, con coronas y toda la pesca. Uno de los guionistas de nuestro programa de televisión cometió el error de contarme que se había comprometido para un papelito de artista invitado en el programa de televisión *Veep*. Por supuesto, mandé una cantidad insensata de rosas a su camerino para dejar pasmado al resto del reparto y para avergonzarlo. Puedo permitirme comprar disfraces de astronauta caros en la tienda de regalos del Museo de Historia Natural para mi hermana y para mí para andar todo el día con ellos puestos haciendo el gilipollas y no volver a ponérnoslos (mira la foto que hay al final de este capítulo, en la página 40). Y también puedo contratar a un cocinero privado para que guise para mí y mi familia sin que tenga que ser una ocasión especial.

Mi representante es amigo mío y es un chico joven de lo más tímido al que no le gusta llamar la atención. Por desgracia, a mí me parece tronchante humillarlo, por lo que en varias ocasiones he contratado a un payaso para que vaya a su despacho mientras él tiene una reunión para que le haga animales con globos y le cante. He alquilado Ferraris solo para conducirlos durante una hora con amigos. He fletado un barco solo porque hace sol. Soy como un rapero, pero en razonable. No me compro el Ferrari o el barco; los alquilo con todos los seguros. No los cargo con MDMA suficiente para todo el viaje. Compro vino espumoso de precio moderado y solo me bebo media copa porque me da dolor de cabeza y también tengo que escribir. Soy como una deportista novata: razonable y prudente. O como una ganadora de la lotería con asesor financiero y sentido del humor de mal gusto. Soy una nueva ricaaaaaa.

Es extraño que de pronto te traten de forma diferente solo porque has salido por la tele o tienes algo de pasta. Yo no soy especial solo porque ahora sea famosa. No seré famosa para siempre, en realidad ni siquiera mucho más tiempo, lo que me parece perfecto, porque no me gusta que la gente sea más amable conmigo por mi dinero. La gente que más quiero del mundo aún me vacila y me trata como el cubo de basura de Long Island que soy. Yo quiero que me traten igual que trato yo a la gente. Si algo bueno puedo decir de mí, es que el dinero no se me ha subido a la cabeza. Los que pasan de ser pobres a ricos y se les sube el dinero a la cabeza son unos gilipollas. Yo intento recordar de dónde vengo. Recuerdo cuando una propina del 30% me cambiaba el día o, a veces, incluso la semana. Recuerdo cuando tenía que vender mi ropa en tiendas de segunda mano para poder ir a un micrófono abierto. Recuerdo cuando casi doné óvulos porque ya no sabía qué hacer para sacar algo de pasta (y, además, ¡soy judía y mis óvulos valen el doble!). Recuerdo cuando fui a la máquina de contar monedas del banco para poder llevar a cenar a mi novio a un TGI Fridays para su cumpleaños.

¡Y ahora puedo llevarme a mis amigas de vacaciones y comprarles a todas un *California roll*! Sin duda, he compartido mi dinero, bien sea dejando buenas propinas o ayudando a amigos, a la familia y también en buenas causas. Esto debería ser una práctica común entre los ricos. A mí me pagan mucho por lo que hago. El mundo del espectáculo es así. Si vendes entradas y haces que la gente vaya a verte en directo, te pagan de más. Así que no hay excusa para no echar un cable a la gente. Cuando dejé una propina de mil dólares a los camareros de *Hamilton*, el musical de Broadway, me pareció curioso que se convirtiera en una noticia viral. ¿Este tipo de cosas no pasan bastante a menudo en el musical más popular de una ciudad en la que viven montones de ricos? Si con los espectáculos me saco un extra, lo doy a mis teloneros y a la gente que me peina y me maquilla. He dado a la mayoría de mis increíbles mejores amigos cheques de seis cifras para facilitarles algo la vida y he donado la mayor parte de mi sueldo por la cuarta temporada de mi programa de televisión al equipo, cuyos miembros, todos, han trabajado conmigo en *Inside Amy Schumer* entre dos y cuatro años. Cada dólar que gané rodando la película *Deber cumplido* lo destiné a las familias de las víctimas del trastorno por estrés postraumático y a organizaciones benéficas de familias de militares.

¡Dar dinero es divertido! Aún recuerdo la primera vez como si fuera ayer, porque era algo que siempre había querido hacer. Después de que me pagaran una gran suma, extendí a mi hermana un cheque por diez mil dólares y se lo di en mi sala de estar. Lo miró y dijo: «No me jodas. No, no. ¿De verdad? No». Estaba muy emocionada por el dinero, pero sobre todo se alegraba mucho por mí, porque sabía lo bien que tiene que sentar compartir. Anduvimos por Chelsea Piers mirando el cheque y sonriendo. Comimos rollos de langosta y barritas energéticas y tuvimos la sensación de estar flotando. Fue una de las mejores sensaciones de mi vida. Pero más que divertido, ¡dar es importante! De todas formas, mis gerentes me han dicho que eche el freno, y mi hermana me ha advertido varias veces que no haga como el árbol generoso del cuento y acabe siendo un tronco en el que todo el mundo grava su nombre. Sin embargo, soy más feliz siendo generosa, porque a pesar de que sé lo que es tener dinero de sobra, no he olvidado lo que es necesitarlo de verdad. Hay gente que lo ha pasado mucho peor que yo, por supuesto, pero yo sé lo que es depender solo de ti en la vida.

⬥

El año después de que mis padres lo perdieran todo, mi fiesta de cumpleaños fue muy distinta a la experiencia de fantasía del corral de la que disfruté en los años de abundancia. El tema fue la canción de Lionel Richie «Dancing on the Ceiling». Mi padre colocó una luz en la alfombra que había en el medio del salón y los siete niños invitados bailaron a su alrededor mientras sonaba la canción una y otra vez. Mi padre lo grabó con la cámara al revés y luego todos vimos el vídeo y comimos pizza.

Recuerdo que lo pasé muy bien. Era, y todavía es, una gran canción, y a los chavales no les importó. No necesitábamos un castillo hinchable ni a nadie disfrazado de Rainbow Brite para disfrutar: danos un poco de pizza y una bola de discoteca y tienes fiesta asegurada. Ni siquiera me di cuenta de que no teníamos dinero. Simplemente pensé que mis padres no tenían muy claro mi nivel de cariño a Lionel Richie.

Hoy soy igual de feliz que cuando servía mesas en una cafetería o cuando cobraba el paro tras un despido. No creo que el dinero cambie tu nivel de felicidad. De todas formas, las cosas se vuelven más fáciles y me siento muy bien en los momentos en los que puedo ayudar a alguien. Sigo quedándome en casa y pidiendo comida china o sushi. Sigo emborrachándome y comiendo sin fin a altas horas de la madrugada. La diferencia es que ahora lo hago con vino más caro en lugar de con las cajas de Carlo Rossi que me han acompañado durante más de la mitad de mi vida. Me alegro de haber luchado. Creo que si mi dinero no fuera de nueva rica, sería una gilipollas. Y, para que quede constancia, cuando mi sobrina me pida un coche dentro de trece años, le diré «por supuesto» y le daré una ranchera muy reluciente y maniobrable que temblará lo que no está escrito cada vez que supere los cincuenta kilómetros por hora cuando vaya a comprar litronas con los amigos.

UNA PRESENTACIÓN
DE MIS ANIMALES DE PELUCHE

Por algún motivo, siempre me han atraído los animales de peluche viejos y de pesadilla. Todo empezó cuando era muy pequeña. Nunca me gustaron mucho los peluches nuevos y monos, de esos con arcoíris y corazones que siempre intentan vender a las niñas. Mis peluches favoritos jamás estarían amontonados juntos en el escaparate de una juguetería. No. A mí me gustaban las criaturas horrorosas y destartaladas de antaño.

Me gustaría presentártelas… en ningún orden concreto. (No quiero que piensen que tengo favoritismos, a pesar de que tengo, desde luego.) Algún día tengo pensado hacer una encuesta en Twitter para pedir a la gente que suba fotos de los peluches de su infancia que aún conservan y quieren. Voy a aclarar que si todavía duermes con ellos y eres una mujer de más de treinta años, eres rara. Yo no lo hago todas las noches, para nada. Conque calla.

Conseguí a Mouser cuando tenía unos diez años en una venta de garaje de una familia amiga en Long Island. Había ayudado a colocar las cosas que vendían y llevaba toda la mañana observándolo. Daba muy buen rollo y congeniamos. Hubo debate sobre si era un ratón o un oso, pero a mí siempre me pareció evidente que era un ratón. Otro hecho confuso de su identidad es que es de fieltro y terciopelo, pero está cubierto de óxido, no sé cómo.

Bunny entró en mi vida cuando tenía unos siete años. Era el único de mis animales de peluche que cuando llegó a mis manos estaba muy nuevo y parecía recién comprado en una tienda. En aquella época estaban de moda este tipo concreto de conejo sin relleno estilo marioneta. A pesar de que Bunny era la más popular del grupo, porque tenía don de gentes, la quiero, sin lugar a dudas. Ahora estoy diciendo que es chica, pero acabo de darme cuenta de que en realidad nunca asigné ningún género a mis amigos de peluche.

A Panda me la regalaron cuando tenía ocho años. Ella también era de los nuevos pero, como es muy blanda, es con la que más he jugado. La destrocé enseguida. Y tampoco vi nunca a Panda como un chico o una chica. Solo era un panda.

Vi a Penny en una tienda de antigüedades cuando tenía siete años. Hemos compartido la historia de amor más prohibida de todas. La quise mucho, muy rápido. Mientras mi madre hacía unas compras, cogí un pequeño panda de fieltro, una marioneta, que tenía la cabeza dura llena de paja y unos ojos saltones enternecedores. Me partió el corazón que mi madre no quisiera comprármela porque valía cuarenta dólares. De todas formas, un par de semanas después, nos reencontramos cuando mi madre me sorprendió llevándomela a casa. Al verla, grité «¡Penny!». Que hubiese puesto nombre a una criatura que aún no era mía conmovió a mi madre. Una vez perdí a Penny todo un año y al final descubrí que estaba en casa de una niña, Rachel. Rachel dijo que pensaba que se la había dado y le expliqué que estaba loca porque jamás me habría separado de mi querida y pequeña Penny. Este segundo reencuentro con Penny fue particularmente tierno. Creo que Penny es una chica, pero eso nunca la definió. Penny es una pequeña guerrera.

El mejor jugador de la liga es sin duda la dama de la foto que hay al final de este capítulo: Pokey. Pokey era de mi madre cuando ella era pequeña, así que la he tenido desde que nací. Ha dado un buen susto a todos los novios que he llevado a casa, sin excepción. Cuando era pequeña, no me invitaban a dormir en casa de amigos si no prometía que dejaba a Pokey en mi casa. La han descrito como la novia de Chucky y también como máquina de pesadillas, pero yo no la veo así. La quiero y aún pongo su brazo alrededor de mi cuello cuando necesito consuelo, como hacía de pequeña. Tampoco estoy segura de que Pokey sea una chica, pero de lo que estoy segura es que le he echado tantas lágrimas por encima que le he cambiado el color. Ella —o él o ello— ha estado conmigo en todo. Pokey está rellena de la misma paja dura que tiene Penny en la cabeza y, a pesar de mis interpretaciones tan fluidas de su género, decidí recubrirla de tela rosa y ponerle un lazo blanco cuando la llevé al hospital de muñecas (que es algo que existe). Nunca he sido de las que prestan atención a los géneros. Teníamos —bueno, aún tenemos— un gato que se llamaba Penelope que vive con mi madre, aunque a estas alturas tiene ya las dos patas en la tumba. Le puse Penelope antes de que supiéramos que era un chico, pero no le cambiamos el nombre y aún usamos el pronombre femenino para referirnos a ella.

A lo largo de los años otros animales han pasado por mi vida. Tengo un oso de dos cabezas al que nunca he puesto nombre. Fue un regalo de un exnovio. Fue un regalo bastante perfecto: blando e inquietante, que es la manera como me describiría a mí misma. Todavía lo tengo. Es demasiado perfecto, que es también la manera como se describiría aquel ex. Los novios siempre me han regalado un montón de peluches. Yo soy de las que prefieren borrar todos los recuerdos de los ex en cuanto rompemos. Intento hacer como los protagonistas de *¡Olvídate de mí!*. Borro todas las fotos del móvil y tiro todos los regalos. Guardo las fotografías imprimidas, pero en una caja en el armario.

El mismo ex que me regaló el oso de dos cabezas me regaló un gorila de peluche enorme —recalco lo de enorme— el día de San Valentín. Le pusimos Carlos. Y no busques ningún trasfondo racial. Me gusta el nombre Carlos, sin más. Nos reíamos de que me hiciera regalos enormes a pesar de que mi piso era minúsculo. Me compraba cosas gigantes que no cabían, a veces adrede. Una vez me regaló una planta enorme, más bien un árbol, que hacía que mi piso pareciera un sitio perfecto para Jane Goodall. Tuve que arrastrarla hasta la parte del patio trasero, que en la ciudad de Nueva York es en realidad una especie de callejón aterrador donde las ratas retozan y se comen cualquier cosa que guardes ahí fuera (en mi caso, tablas de surf de espuma).

El último peluche que me regaló un novio es un caballito. Cuando mi sobrina de dos años lo vio por primera vez, empezó a llamarlo «Hiiii», que es el sonido que hacen los caballos, por si has crecido en una ciudad. Ahora duerme con Hiiii y yo tengo que fingir que espero paciente a que mi sobrina supere la fase, pero ya llevan un tiempo de relación estrecha. Espero que no sea así con los tíos cuando crezca. O las tías. O quizá no se identifique con el género femenino. Todo lo que ella haga estará bien. O él. Joder, qué difícil es escribir un libro y que no te griten.

Sé que acabas de empezar a leer este libro y que aún me estás conociendo, y quizá pongas en duda mi compromiso con estos animales. Crees que estoy escribiendo una fantasía extravagante sobre estas criaturas extrañas y graciosas, pero soy cien por cien sincera en mi lealtad a ellas. ¿Dónde acaba mi obsesión con mis peluches? No en un asqueroso cubo de la basura de la ciudad de Nueva York del que una vez obligué a un novio a rescatarlos después de darnos cuenta de que los de la mudanza habían cometido un error terrible y los habían tirado. (Para ser justa con ellos, Pokey parece que viva en un callejón oscuro en un pueblo destruido por la guerra y no en el bonito dormitorio de una mujer hecha y derecha.) Quizá pienses en preguntarme «Amy, ¿le has encargado al compañero de siempre de Tilda Swinton, Sandro, que pinte un retrato de tus peluches para recordarlos para siempre?». No, eso sería llevarlo demasiado lejos... Ah, no, espera. Joder, sí que se lo encargué.

Y es que lo valen. Cada uno de ellos es un montón de tela raída y rejuntada cosida a duras penas, pero los quiero más que a la mayor parte de mi familia.

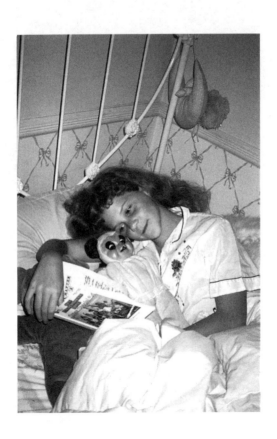

PAPÁ

Cuando yo tenía catorce años, mi padre se cagó encima en un parque de atracciones.

Todo se vino abajo una bonita mañana de verano cuando papá nos llevó a Kim y a mí a Adventureland, que es exactamente lo que parece: un parque de atracciones lleno de aventuras, siempre que no hayas vivido ninguna aventura de verdad o que no hayas ido a un parque de atracciones de verdad. Llevaba toda la semana soñando con el viaje, soñado con mis dos atracciones preferidas: el barco pirata y las sillas voladoras. Sí, eran dos de las atracciones más sosas del parque, pero para mí estaban en el borde exterior de mi zona de confort. Me gustaban las atracciones que te procuraban esa sensación de ingravidez que sale disparada del estómago directa a la vagina cuando la atracción va hacia abajo, pero nunca me gustaron las que te ponían del revés o esas en las que dabas vueltas hasta que vomitabas, y siguen sin gustarme. Supongo que podría decirse que tengo poca tolerancia al miedo en general.

De pequeña, la película *El juego de la sospecha* me aterrorizaba de una forma increíble. Dormía con una almohada en la espalda porque al cocinero de la película lo apuñalaban ahí con un cuchillo de cocina enorme. «Eso a mí no me va a pasar; tú intenta clavar un cuchillo a través de esta almohada», pensaba. Como si un asesino que entrase en mi habitación por la noche para intentar apuñalarme por la espalda, al ver que había una almohada, fuera a cambiar de planes. Usé una táctica parecida después de oír hablar (no de verla) de la película *Misery*. Dormía con cojines cubriéndome las piernas por si a Kathy Bates le surgía la necesidad nocturna de coger el coche, ir hasta Long Island, meterse en mi casa y pegarme en las piernas con un mazo. Quizá por eso siempre dormía (y sigo durmiendo) con todos mis peluches, que dan tanto miedo que parecen sacados de una película de terror: por protección.

Evidentemente, era una miedosa de cuidado. En quinto de primaria, tuve una charla con el psicólogo de la escuela sobre todas las cosas que me aterrorizaban sobremanera. No me mandó a verlo ningún docente preocupado, sino que fui yo la que le dije que quería verlo. Seguramente, en toda la historia ningún otro niño de nueve años ha pedido una cita con el psiquiatra. Después de la sesión, le dio a mi madre una lista de todos mis miedos. En la lista aparecían los terremotos y las solitarias. Aunque donde yo vivía no había muchas solitarias, mi hermano las estaba estudiando y no pudo resistir la necesidad de convencerme de que yo era un blanco muy fácil al que sin duda un gusano comería entera desde dentro. El primer puesto de la lista (y más memorable) lo ocupaba el miedo concreto a deshacerme por accidente y convertirme en mantequilla. Este miedo lo inspiraba un espeluznante libro infantil antiguo titulado *Little Black Sambo*, que es uno de esos cuentos de tiempos de antaño más simples y racistas en los que la gente escribía historias de miedo ofensivas para que los niños se durmieran por la noche. En aquella época era muy conocido y después se ha prohibido o retirado de la circulación con acierto. Trata de un niño que se va de aventuras y los tigres acaban cazándolo. Estos tigres dan vueltas alrededor de un árbol tan deprisa que se derriten y se convierten en una charca de mantequilla, que luego el niño se lleva a casa para que su madre pueda usarla para hacer creps, como hacemos todos. En cualquier caso, siempre me aterrorizó que alguien, de alguna manera, me transformara en mantequilla derretida, algo que ahora mismo no me parece tan cortarrollos como entonces. En realidad, suena más bien a cómo me gustaría pasar mis últimas veinticuatro horas en la Tierra.

AMY SCHUMER

A lo que iba: la mañana que mi padre nos iba a llevar a Adventureland, me levanté y me puse pantalones cortos vaqueros que me llegaban justo hasta encima de la rodilla (favorecedores que no veas) y una camiseta larga con el dibujo del demonio de Tasmania, para que la gente supiera de qué iba. La camiseta tenía que ir anudada a un lado, porque eran los principios de los noventa y entonces se molaba así.

No era habitual que mi padre nos llevara de excursiones divertidas, pero nuestros padres se habían separado hacía poco, por lo que habíamos empezado a pasar tiempo a solas con él. De esta forma, nosotras catábamos la diversión y él cataba lo que era sentirse padre. Pasó a recogernos en su pequeño descapotable rojo hacia las diez de la mañana (incluso después de perderlo todo, siempre tuvo un descapotable). Yo me senté delante porque detrás hacía demasiado viento, y convencí a Kim de que a ella le gustaría más. El viaje desde casa duraba unos cuarenta minutos, pero me parecieron cuatrocientos por culpa de la emoción: ¡la decena de atracciones a las que subiríamos, las golosinas sin fin y las máquinas recreativas a la entrada del parque!

Mi padre siempre me hacía sentir súper querida y sin duda hacía todo lo que podía, pero de pequeña, su identidad me confundía. No era el típico hombre de familia que jugaba al golf y bebía cerveza que veía en la tele o en las cocinas de mis amigos. No era tan fácil etiquetarlo… o tan fácil entenderlo. De joven había sido un soltero rico que vivió en el Nueva York de los setenta, cuando la ciudad también estaba en su apogeo. Había compartido un ático con su mejor amigo, Josh, que en aquella época era un actor muy conocido. Tomaba drogas, se acostaba con chicas y disfrutaba cada instante de la vida. Cuando conoció a mi madre, se despidió de ese estilo de vida. Más o menos.

Durante mi infancia, siempre estuvo en forma: bronceado y bien vestido. Era un hombre de negocios internacionales y viajaba a menudo a Francia, Italia, Praga, y yo sabía si había vuelto de algún viaje antes de verlo u oírlo porque desprendía un olor muy fuerte y maravilloso. Yo creía que era una mezcla de colonia europea cara, ligero olor a cigarrillos y algo que entonces todavía no reconocía y que después supe que era alcohol.

Nunca consideré que mi padre fuera un gran bebedor. Ni siquiera nunca vi o pensé que pudiera estar un poco borracho. Si no conoces las señales, es imposible verlas. Recuerdo volver del instituto y encontrármelo desmayado desnudo en el suelo, pero nunca caí en la cuenta. Recuerdo que una vez me pidió disculpas por perderse un partido de voleibol al que iba a ir, pero yo solo pensé: «¡Qué despistado es papá!». Sabía que olía whisky, pero no se me ocurrió relacionarlo. (Todavía hoy, cuando estoy con un tío que tiene mucha resaca o que está muy borracho, el olor me recuerda a mi padre y lo abrazo con más fuerza y cariño. Cuando se lo digo, se ríe, pensando que estoy de coña.)

Más adelante supe que mi padre tenía un problema muy grave de alcoholismo y, cuando éramos pequeñas, tuvo que ir a desintoxicación varias veces. En su favor, hay que decir que fue inteligente con la adicción. Solo bebía cuando viajaba o cuando nosotras estábamos dormidas, es decir... todo el tiempo y todas las noches. Lo único que hizo que bebiera menos fue la esclerosis múltiple.

Se la diagnosticaron cuando yo tenía unos diez años y pronto estuvo ingresado en el hospital un tiempo, puesto que la enfermedad llegó como un maremoto. Empezó con un cosquilleo en los pies y los dedos de las manos que fue en aumento hasta que se durmieron del todo y empezó el dolor de piernas. Cuando por fin salió del hospital, volvió a la normalidad, más o menos. Yo no pensaba en su enfermedad y nadie sacó el tema de nuevo. Quería a mi padre, pero como cualquier adolescente obsesionada consigo misma, su condición mortal no me preocupaba. A pesar de que le vi tumbado en la cama del hospital sufriendo, seguía pensando que era invencible. La mañana que nos pasó a recoger para llevarnos a Adventureland, yo tenía los viajes en el barco pirata metidos en el cerebro y no puedo decir que su salud me preocupara demasiado.

Aparcamos en la entrada del parque, corrimos a las sillas voladoras y nos pusimos en la cola. Hacía algo de fresco, por lo que no había mucha gente, así que pudimos subirnos a esa atracción dos o tres veces seguidas antes de continuar. Las sillas me encantaban porque podía fingir que no tenía miedo y dar vueltas y más vueltas a mi silla antes de que las lanzaran al aire al poner en marcha la atracción, catapultándonos hacia lo más alto del cielo.

Quería ir directa al barco pirata, pero Kim quería subirse a la gran montaña rusa, que daba mucho miedo. Teníamos todo el día, por lo que accedí, a pesar de que a mí las montañas rusas no me procuraban ninguna diversión. Estar por ahí dando sacudidas, gritando y enfrentándome a la muerte no era lo mío, y sigue sin serlo. No soportaba subir aquella cuesta con aquella lentitud exasperante, y todo solo por bajar disparadas oyendo los gritos, llenos de arrepentimiento, de todo el mundo. Pero a Kim le gustaban. Y a mí me gustaba Kim. Y como yo era la hermana mayor, siempre quise que pensara que era valiente, por lo que fingía que no pasaba nada y hacía la cola.

Sin embargo, para ser sincera, también quería impresionar a mi padre. Él sabía que era una gallina integral, y pensaba que quizá se daría cuenta y diría algo así como: «Eh, Amy, que hayas subido a esa atracción mola mucho. Es interesante». A él le encantaban cosas como, por ejemplo, el paracaidismo, algo que al final de mayor practiqué, también para impresionarle a él, a pesar de que odié cada segundo de la experiencia. Así que allí estábamos, haciendo una fila larga que parecía que avanzaba demasiado deprisa. Yo me encorvé un poco, esperando no alcanzar la altura mínima necesaria para la atracción, pero no cayó esa breva. Después esperé que cerraran la montaña rusa para el resto del día antes de que nos tocara a nosotras, o que cerraran el parque por algún niño perdido. Había miles de niños. ¿No podía perderse solo uno? Por desgracia, ya nos tocaba.

—¿Queréis sentaros en la primera vagoneta? —nos preguntó el chaval que llevaba la atracción y que parecía que tuviera seis años.

—¡Sí! —gritó Kim.

Yo miré a mi padre, que me miraba con los pulgares hacia arriba, seguramente en plan sarcástico.

—Sí —añadí yo, a pesar de que Kim ya había saltado delante de todo.

—¡Os vigilo, chicas! —dijo mi padre entusiasmado.

Le saludamos mientras empezamos a subir lentamente la Montaña Suicida, o como se llamara aquella montaña rusa.

No recuerdo gran cosa de los siguientes dos minutos, pero al final la vagoneta se detuvo y yo abrí los ojos. Lo único que me consolaba era que no me había hecho daño y que aquello era una gran manera de practicar la disociación, algo que mis hermanos y yo perfeccionamos en los primeros años de adolescencia. Bajamos de allí y Kim estaba emocionada. Se lo había pasado como nunca.

No puedo hablar por los otros locos de aquel viaje, pero para mí, la montaña rusa fue traumática. Mientras bajaba por la rampa, sentía como si el presidente tuviera que estar abajo del todo esperando para darme una medalla al valor, pero no, allí no había ninguna medalla. Solo estaba mi padre, sonriéndonos.

—¡No hay cola! —gritó Kim—. ¡Vamos a subir otra vez!

Y volvimos a subir, una vez y otra y otra. Cada vez nuestro padre nos animaba desde abajo. Igual habíamos subido ya unas cinco veces cuando bajamos de la atracción y papá no estaba.

—¿Dónde está papá? —preguntó Kim.

—Seguramente nos estará comprando caramelos o algo —contesté yo.

Mientras lo esperábamos, subimos a la montaña rusa una y otra vez. Después de doce viajes, yo ya me sentía de lo más preparada para ir al barco pirata, que era la mayor aventura que yo quería vivir en aquel parque. Kim se moría de ganas de volver a subir, pero yo tenía que parar. Pensé que podía estar bien tomarse un descanso y quizá algún día tener hijos, y estaba segura de que papá volvería a por nosotras en cuanto hubiese acabado de hacer... ¿Qué demonios estaba haciendo?

En aquella época, yo no me había dado cuenta aún de lo divertido que era mi padre. La mayoría de cosas que hacía o decía me pasaban desapercibidas, a mí y a todo el mundo, en realidad. Su sentido del humor era tan mordaz que pasaban días antes de que la gente se diera cuenta de que los había insultado. Soltaba puyas perfectas por lo bajini mientras hablaba con camareros, banqueros o mi madre, y nadie las oía, solo yo. Una vez, mi abuela estaba hablando con él y dijo «si me muero...» y él la corrigió con picardía: «Cuando me muera...». Incluso era siniestro con nosotros de pequeños. Recuerdo entrar una vez en la cocina y que él fingiera que acababa de pillarlo metiendo a nuestro perro Muffin en el microondas. Tenía como una especie de carisma, y parecía que nada podía hacerlo enfadar o sorprenderlo.

Así pues, aquel día, mientras Kim y yo estábamos sentadas en un banco esperándole, vi una nueva faceta de él. Esperamos y esperamos. Le hice trenzas absurdas a Kim y la obligué a que me diera un masaje en las manos hasta que, por fin, apareció. Según se acercaba a nosotras, lo primero en que me fijé fue en su expresión: estaba aterrorizado y derrotado a la vez. La segunda cosa en que me fijé fue que no llevaba pantalones.

Kim no se dio cuenta de nada de esto porque preguntó de inmediato:

—¿Nos puedes comprar barritas de caramelo?

—Claro —contestó mi padre.

Él y yo nos miramos. Yo estaba muda. La camiseta que llevaba, cuya mitad inferior estaba completamente empapada, era lo suficiente larga para taparle la ropa interior, pero hacía rato que no llevaba pantalones.

—Tenemos que irnos, Aim —me dijo muy tranquilo.

Pensé en preguntarle algo razonable, como «¿y tus pantalones, papá?». Pero él me miró a los ojos y me hizo saber que no tenía que hacer ninguna pregunta. Entré en la tienda de temática campestre y le compré a Kim las barritas de caramelo y luego nos fuimos todos, con brío, hacia el coche. No me fijé en si alguien nos miraba. Solo miraba a Kim, que entonces tenía diez años y que se abstraía del todo con cada bocado de su regalito. «¿No se da cuenta de que no lleva pantalones? Sé que el parque se llama Adventureland, pero no creo que las aventuras tengan nada que ver con hombres de más de cuarenta años vestidos como Winnie the Pooh después de un concurso de camisetas mojadas.»

Estábamos ya muy cerca del coche cuando llegó una brisa y el olor vino hacia mí. Era mierda. Mierda humana.

Entonces me di cuenta: «Ostras, mi padre se ha cagado en los pantalones. Muy bien». Rápidamente aproveché la oportunidad para parecer una hermana buena y generosa.

—¡Esta vez puedes ir tú delante, Kimmy! —dije, tan lista yo.

—¿De verdad? —contestó ella.

Estaba tan emocionada con el privilegio que hasta sentí como pena. ¿Barritas de caramelo y sentarse delante? No sabía la suerte que tenía. Qué poco se imaginaba que no volvería a disfrutar de las barritas de caramelo durante mucho tiempo, o probablemente nunca más.

Subimos al coche, yo detrás, Kim delante con mi padre. Mientras él quitaba la capota, miré en el espejo lateral y vi que los orificios nasales de Kim empezaban a ensancharse. Había captado el aroma. Y entonces empezó el viaje en coche más silencioso de mi vida. El caramelo se quedó en la falda de Kim el resto del viaje y, lentamente, su cabeza se alejaba cada vez más de mi padre. La capota estaba completamente quitada, pero ella seguía sintiendo la necesidad de sacar la cabecita por el lado. Cuando papá aparcó delante de casa para dejarnos, Kim parecía un golden retriever.

Me impresionó mucho que Kim no dijera nada. «Qué niña más buena», pensé. Besó a papá en la mejilla, le dio las gracias y se metió corriendo en casa. Su cara tenía el mismo tono exacto que la rana Gustavo. Yo bajé del coche y contuve la respiración para darle un beso. Estaba ya andando por el jardín de casa cuando me llamó.

—¡Aim!

—¿Sí? —contesté después de girarme.

Mi padre respiró hondo y me dijo:

—Por favor, no se lo digas a tu madre.

Asentí con la cabeza. De todas las cosas de las que he ido adquiriendo conciencia en toda mi vida, la más triste es que mis padres son personas. Personas humanas sin más. En aquel momento envejecí diez años.

La segunda vez que mi padre se cagó encima en mi presencia, no tenía ninguna montaña rusa que me impidiera verlo. Fue justo delante de mí. Bueno, más bien a mi lado.

Fue cuatro años después, el verano antes de que me fuera a la universidad, poco antes de que me subiera a un avión hacia Montana para pasar un par de semanas con mi hermano mayor, Jason. Yo adoraba a

Jason y siempre intentaba pasar tiempo con él. Tiene casi cuatro años más que yo y, en mi opinión, debería haber ganado todos los años el premio a la persona más fascinante del año de la revista *People*. Al principio de la adolescencia fue un prodigio del baloncesto, pero lo dejó de repente en el instituto porque no quería seguir viviendo según las expectativas de otra gente. Le interesaban cosas como el tiempo y el espacio, y se planteaba de verdad vivir en una cueva durante meses y ser nocturno. Se convirtió en un músico de talento sin decírselo a nadie. No hizo el último año de instituto porque prefirió obtener los créditos necesarios para graduarse viajando por el país y escribiendo sobre ello (no sé cómo convenció al director del instituto y a nuestra madre de que era una gran idea). Sé que esto suena como ese anuncio de Dos Equis que glorifica al tío viejo y excéntrico con barba, pero el caso es que yo he estado loca por Jason desde que nací y siempre he querido formar parte de la existencia rara que viviera en cada momento. Así que me iba a pasar un tiempo con él cada vez que tenía la oportunidad.

En aquella época en concreto, a mi padre le había dado por querer hacer «cosas de padre» conmigo, por lo que me preguntó si me podía llevar al aeropuerto. Si tienes esclerosis múltiple, «cosas de padre» incluyen jugar al bingo o llevarte a sitios. Era media tarde cuando me recogió para dirigirnos al JFK.

Cuando llegamos, saqué mi enorme maleta del maletero de su coche y crucé la entrada del aeropuerto sin su ayuda. Esto debió de parecerle raro a otra gente, que veía que un hombre robusto observaba cómo su hija de dieciocho años levantaba y cargaba con su enorme maleta sola, pero esa gente no sabía que estaba enfermo. Yo no entendía muy bien los síntomas de la enfermedad, pero sí sabía que le hacía ir más despacio, que incluso aunque pareciera estar normal, podía estar sintiendo mucho dolor y ser incapaz de hacer los pequeños movimientos que antes podía hacer con facilidad.

Mi padre estuvo conmigo mientras hacía malabarismos con las bolsas y facturaba, y todo parecía ir bien. Aquello fue antes del 11S, por lo que pudo acompañarme a la puerta de embarque, que es exactamente lo que quería hacer. No paraba de decir «te voy a acompañar hasta la puerta de embarque». Creo que para él fue algo importante, porque nunca hacía cosas así por mí. Era la típica tarea de madre. De todas formas, me alegré de tenerlo allí, ya que a pesar de que mi lista de miedos ha menguado muchísimo a estas alturas de la vida, entonces aún me daba bastante miedo volar.

Los dos pasamos por el control de seguridad con los zapatos puestos —ay, los viejos tiempos— y empezamos a andar pasillo abajo hasta mi puerta. En aquel periodo, en esa terminal hacían muchas obras, así que teníamos que fijarnos bien por dónde íbamos. Todavía nos quedaba un buen trecho cuando mi padre dobló completamente a la derecha y se fue derechito a un lado del pasillo. Yo me detuve y me giré para ver lo que hacía. Me lanzó una mirada de dolor, se bajó los pantalones y soltó mierda por el culo durante unos treinta segundos. Por cierto, treinta segundos es una eternidad, cuando estás viendo cómo tu padre entra en erupción como un volcán, pero por detrás. Piénsalo ahora. Un segundo. Y eso es solo uno.

La gente pasaba deprisa por su lado. Una mujer le tapó los ojos a su criatura. Lo miraban. A una chica que pasaba por allí le grité: «¿Qué pasa? ¡Sigue andando!».

Cuando hubo acabado, se levantó completamente y dijo:

—Aim, ¿tienes unos pantalones cortos en la maleta?

Abrí la maleta y cogí un par de pantalones cortos de *lacrosse*. Se los di mientras pensaba «mierda, eran mis favoritos». Él tiró los suyos a la basura y se los puso. Me acerqué y le di un abrazo de despedida tocándole solo la parte superior del cuerpo. No lloré, no reí, solo sonreí y dije:

—Te quiero, papá. No se lo diré a mamá.

Empecé a alejarme de toda la escena cuando oí:

—¡Te he dicho que te acompañaría hasta la puerta de embarque!

Me giré para ver si estaba bromeando, pero no. Caminamos juntos hasta la puerta. Yo respiraba por la boca y lanzaba miradas asesinas a cualquiera que se atreviera a mirarle. Cuando llegamos a la última puerta de la maldita terminal, al final de un pasillo muy largo, me dio un beso de despedida y se fue.

Por lo general, cuando subía a un avión, lo primero que hacía era preocuparme por si el despegue iba a dar miedo e intentaba pensar en formas de distraer la ansiedad, pero aquel día me senté en el avión y no pensé en nada. Mi mente quedó en blanco. Era demasiado doloroso. No pensé en mi padre, que, valiente, se enfrentaba a una enfermedad misteriosa. Antes se paseaba por el aeropuerto envuelto en una nube de colonia cara y de relojes ostentosos, y ahora se había convertido en un tío anónimo e indefenso que había perdido el control de sus intestinos en el aeropuerto mientras su hija adolescente lo observaba. No hizo ni una mueca de dolor ni dejó que viera preocupación en él. Eso sí, estaba empapado de sudor. La esclerosis múltiple se estaba apoderando de su cuerpo, pero por dentro seguía siendo tan descarado como siempre. Sin embargo, no pensé en nada de eso. Solo estuve cinco horas mirando por la ventanilla, completamente atontada, hasta que me bajé del avión en Montana y abracé a mi hermano más tiempo del que le habría gustado.

He intentado hablar de estos dos incidentes de mierda en el escenario. Muchas partes de estas historias son tan perturbadoras que me hacen reír, y es que de cualquier otra manera sería demasiado que digerir. La imagen de la cabeza de Kim saliendo del coche, la imagen de mí junto a mi padre sin pantalones y el trenecito que llevaba a la gente por todo Adventureland. Observo las cosas más tristes de la vida y me río de lo horribles que son, porque son divertidísimas, y en momentos dolorosos no podemos hacer otra cosa. Mi padre es igual. Siempre se ha reído de las cosas que otra gente considera demasiado siniestras para reírse. Incluso ahora, con la memoria y las facultades mentales gravemente afectadas por la esclerosis múltiple, le digo que su cerebro parece un montón de huevos revueltos y aún se troncha de la risa y me contesta: «¡Y que lo digas! ¡Y que lo digas!».

Mi padre nunca da ninguna señal de que se compadezca de sí mismo. Nunca lo ha hecho. No le da miedo mirar sin tapujos los hechos deprimentes de su vida. Espero haber heredado esta característica. Solo le he visto llorar por su enfermedad una vez, y fue hace muy poco, cuando supo que lo tratarían con células madre y que eso podría ayudarle a encontrarse mejor e incluso a poder andar de nuevo. Ese día sollozó como un bebé. Pero antes, nunca.

Tengo unos recuerdos tempranos maravillosos del tiempo que pasábamos con él en la playa. Nosotros éramos muy playeros y él era un enfermo del sol. Si hacía sol, aunque fuera enero, se embadurnaba de aceite infantil y salía afuera, a sentarse en una silla plegable. Estaba moreno todo el año. Y si era verano, se metía en el mar temprano por la mañana y salía cuando el sol ya se había puesto. Hacíamos *bodysurfing* juntos, éramos muy buenos. Yo lo único que quería era coger una ola hasta más lejos que él, pero nunca pude. Hacía incluso trampas, porque me levantaba y corría un poquito para alcanzarlo, pero siempre ganaba él.

La mayor sensación de felicidad que recuerdo de pequeña la tenía cuando amenazaba tormenta y las olas eran grandes. Había gente que tenía miedo y no se metía en el agua, pero nosotros no. Ni siquiera cuando el mar estaba enfurecido y nos arrastraba hacia un lado. Teníamos que salir del agua y andar medio campo de fútbol americano por la playa antes de que nos arrastrara por toda la orilla de nuevo. Nadábamos a contracorriente y cogíamos las mejores olas del día. Nada impedía que nos metiéramos en el agua: ni la lluvia, ni mi madre gritando, nada. Aún puedo imaginar a mi padre con aspecto joven, sano y fuerte, con la piel bronceada y el pelo moreno empapado. Por algún motivo, yo no tenía miedo. Quizá fuera porque estaba con él. A su lado, era invencible.

EXTRACTO DE MI DIARIO
DE 1994 (TRECE AÑOS)
CON ANOTACIONES DE 2106

He decidido escribir un diario porque hay cosas que no pueden decirse en voz alta[4]. Tengo trece años y varios problemas. Mi hermano Jason estudia el último curso de bachillerato. Somos hermanastros, lo que significa que tenemos la misma madre, pero su padre murió cuando él tenía once años. Cuando Jason tenía dos, nuestra madre se casó con mi padre. A mi padre no le caía bien mi hermano y, de hecho, hubiese querido que Jason no formara parte de nuestra familia[5]. Yo no me daba cuenta, pero en realidad mi padre nunca venía de «viaje familiar»[6] con nosotros. Hace poco que mi madre me lo ha señalado. Me ha dicho que intentaba que todo el mundo estuviera contento haciendo que mi padre fuera en un coche, y mi hermano, mi hermana y yo en el otro coche con ella[7].

4. Por supuesto, ya no suscribo esta afirmación, puesto que soy alguien que en un escenario ha descrito con gran detalle un encuentro sorpresa con un pene sin circuncidar.

5. Madre mía, ¿esto era verdad? En esta entrada hay mucho lavado de cerebro de la buena de mi madre. No creo que mi padre se preocupara mucho por mi hermano, pero no era nada personal. Simplemente solo le gustaban los niños que, en algún momento, habían salido disparados de su pene.

6. No sé por qué puse «viaje familiar» entre comillas. No eran más que viajes en familia. Puesto así parece que mi madre nos usaba como mulas para el contrabando de drogas. Solíamos ir a Florida, al Lake George o a nuestra casa de campo. Ni una sola vez llevé un globo lleno de heroína.

7. Ya conoces ese viejo dicho: «La familia que viaja separada, se desmorona y se acaba poco después».

*El padre de Jason era una parte muy importante de la vida de mi herma-
no. Mi madre me contó que cuando murió, mi padre no hizo ningún esfuerzo
para convertirse en el padrastro de Jason[8]. Parecían conocidos. Esto dejó a mi
madre en posición de madre soltera, básicamente, sin ayuda de mi padre. Me
alegro mucho de que me lo dijera, porque yo no lo sabía. Mamá permitió que
Jason se retirara de nuestra familia[9], que ya no era una familia.*

*Mi hermana Kim tiene nueve años y está en cuarto. Es muy madura para
su edad. Creo que es tan madura porque no le dejo que actúe como le corres-
ponde por edad. En su curso hay algunas niñas que son unas &*&*[10]. La
tratan como a un perro. Que Kim sea de lo más sensible no ayuda en nada.
Estas niñas le hacen cosas horribles, como el día en que estaban sentadas a
una mesa del comedor y cuando Kim se sentó, todas se levantaron y se fueron. Cuando mi madre me lo contó, se me empezaron a saltar las lágrimas
antes incluso de que acabara. Sentí mucha pena por Kim. Así que me subí a
la bicicleta y fui directa a las casas de esas #$#$[11] y les grité. Y les dije que
dejaran en paz a mi hermana o ¡ya verían![12]*

*A veces Kim es muy falsa[13]. Se pone en plan inocente y débil[14], y yo me
enfado muchísimo con ella y la trato como si fuera una mierda. Mi madre le
dice que cuando en el colegio alguien hiera sus sentimientos, se exprese. Yo le
digo: «Qué va. Tienes que ser dura y que no vean que te han hecho daño».[15]*

---

8. Esto era verdad, pero señalárselo a una preadolescente quizá no sea el mejor movimiento por
parte de un progenitor.

9. Como he mencionado antes, Jason negoció no hacer el último año en el instituto y consiguió
irse de casa y recorrer el país.

10. Si escribiera esto ahora, usaría el término «hijas de puta».

11. ¡Hijas de puta!

12. Hace poco buscamos en Google el nombre de la niña que más se metía con mi hermana.
La encontramos en Facebook. Ahora es profesora de pilates, por supuesto, y si tuviera sus señas
actuales, volvería a ir en bici a su casa y le diría que para mí sigue siendo una niña mala y des-
preciable.

13. Ostras, si acabo de decir que era genial…

14. ¿Inocente y débil? Joder, que tenía nueve años ¿En qué plan quería que se pusiera? ¿En plan
implacable putón verbenero?

15. Sigo pensando lo mismo. Que esos hijos de puta no te vean sudar. Esta frase es un buen consejo y un buen título para un disco de hip hop de los ochenta.

Hará unas ocho semanas, descubrí que mis padres se estaban divorciando[16]. Mi padre viaja constantemente, así que no me deprimí muchísimo, pero mi hermana sí. Tras los primeros cinco años de matrimonio, mi madre se dio cuenta de que no estaba enamorada y de que nunca lo había estado[17]. Sin embargo, ha estado con mi padre cinco años más por Jay, por Kim y por mí, y también porque mi padre desarrolló una enfermedad que incluye una palabra que acababa en –osis[18]. Cualquiera que conozca a mi madre te dirá que es la persona más simpática que conocerás en tu vida[19]. De todas formas, se van a divorciar.

Este jueves iré a un psicólogo. Yo no quiero, pero sé que es necesario[20].

Tengo otro problema: mis amigas. Son Lauren, Becky y Kate. Supongo que puede decirse que somos las chicas deportistas, listas y guapas de nuestro curso[21]. Becky es un poco corta; tiene la cara en forma de luna y con pecas claras y el pelo rubio, lacio, liso y hasta los hombros. Es de mi estatura, pero algo más delgada. Ella piensa que es guapísima y le gustaría ser Lauren. Además, se las da de lista[22]. Luego está Jen: es buenísima jugando al fútbol y se entrega mucho, pero también es una cabeza de chorlito y siempre es la última en enterarse de lo que hablamos. Medirá 1,60, tiene el pelo castaño apagado y parece muy irlandesa. Supongo que como todo el mundo[23].

No me puedo creer que no haya mencionado a mi otro mejor amigo, Mark. El pelo le llega a la barbilla y siempre está duchado y limpio. Juega muy bien al fútbol y es un batería excelente. Lo conocí cuando hacíamos quinto. Este año ha creado un grupo y a mí me interesaba ser la primera voz. Cuando en

---

16. ¿Cómooooooo? Pero si mi madre nos tenía a todos felices llevándonos en coches distintos.

17. Joder, mamá, otra vez. Eso es mucha carga para una niña que aún no hace ni bachillerato, pero bueno.

18. Era esclerosis múltiple. Entonces no podías buscar nada en el móvil, así que lo dejé tal cual: -osis. Es comprensible.

19. «Lavado de cerebro, lavado de cerebro.» Léelo al ritmo de la canción «Car Wash» (Lavado de coche).

20. Sigo diciendo exactamente lo mismo todas las semanas.

21. Supongo que no tenía miedo de sentirme yo misma.

22. Nunca eres demasiado pequeña para criticar a las amigas.

23. Ahora Jen es enfermera, tiene tres hijos y seguimos siendo muy amigas.

el grupo estábamos solo él y yo, me gustaba, pero cuando se convirtió en algo real, me eché atrás. Me esfuerzo por ser más como Mark[24]. Creo que me preocupo demasiado por lo que la gente piense de mí. Mark no es así en absoluto. Si no fuésemos amigos, no sería ni la mitad de feliz. Ahora que lo pienso, puede que sea mi único amigo de verdad[25].

Y ahora, los chicos[26]. Me gustan varios chicos, pero los dos en los que me centro son Kevin Williams y Joshua Walsch. Kevin es tímido, divertido y guay. Tiene el pelo castaño y revuelto y mide más de 1,80. Tiene unos ojos felinos azules preciosos y la boca como el Joker. Una vez se lo dije en biología, me lanzó una sonrisa de suficiencia y me dijo que ya lo sabía. Joshua es un año menor que yo, pero es muy mono y adorable. Tiene el pelo moreno y es menos corpulento que yo, pero es fuerte y tiene la piel de porcelana llena de pecas. Parece recién bajado de un barco procedente de Irlanda[27].

Me he dado cuenta de que los dos tienen un pequeño defecto del habla. Joshua tiene uno que hace que suene como los Kennedy. ¡Los de verdad![28] Kevin, en cambio, tiene los dientes frontales separados y cecea. ¡Aix, qué mono![29]

Hemos empezado por los preliminares, es decir, besos con lengua, pero creo que estoy preparada para pasar a la segunda fase[30].

---

24. Estaba enamorada de él.

25. Mark ahora es el batería del grupo Taking Back Sunday.

26. ¡Perdona, Mark!

27. Estaba muy obsesionada con los irlandeses. Casi seguro que acababa de hacer un trabajo de algún libro sobre ellos o había visto *Un horizonte muy lejano* en alguna fiesta de pijamas.

28. ¿En contraposición a los Kennedy de pacotilla, de mentira, falsos?

29. Un buen defecto siempre me ha puesto, como un brazo no desarrollado o un tartamudeo.

30. No lo estaba.

ES OFICIAL:
SOY MUJER

Todo el mundo dice que te conviertes en mujer cuando empiezas a tener el periodo o pierdes la virginidad. En el judaísmo te consideran mujer cuando celebras el *bat mitzvá*. Yo, por supuesto, veía la ceremonia como una oportunidad no solo de salmodiar mi fragmento de la Torá, sino como mi gran debut en el escenario del templo. Hacía musicales desde los cinco años y estaba preparada para ser lo mejor del espectáculo. «Voy a enseñarles a estos judíos de qué pasta estoy hecha», pensaba yo sin ningún atisbo de racismo. Todas las miradas estaban puestas en mí —justo como a mí me gustaba— mientras yo observaba a la multitud desde la *bimá*. Mi madre lloraba de alegría junto a mi padre, que estaba henchidísimo de orgullo. No me habría sorprendido que hubiese recibido una ovación cerrada por su parte antes de acabar. Lo estaba bordando.

Canté esas palabras hebreas como el angelito medio judío que era: sin tener ni la más remota idea de lo que significaban. Podría haber estado cantando una llamada a la acción para que el apartheid continuara. En el colegio hebreo nos enseñaban dos cosas: cómo leer hebreo y cómo leer hebreo. Un año antes de mi *bat mitzvá*, yo estaba en clase con mi profesor, el Sr. Fischer, un hombre inexpresivo que daba miedo, el típico que tendría la misma expresión durmiendo que durante un terremoto. Yo estaba sentada en la primera fila y el Sr. Fischer dijo mi nombre para que leyera la Torá en voz alta. A los tres minutos aproximadamente, me detuve y pregunté: «¿Qué significa esto?». Por primera vez, lo vi emocionado. Dio un golpe en mi mesa con su mano, que parecía un guante de béisbol, justo junto a mi cabeza, y gritó: «¡Ve al despacho del director!». No volví a preguntar nada.

Estoy segura de que no era la primera vez que me metía en un lío por hacer una pregunta y, sin duda, no fue la última. En el colegio nos animaban a hacer preguntas, pero a veces, cuando preguntábamos, nos acusaban de provocar o ser groseros. Ahora que ya no voy al colegio y el despacho del director no amenaza desde el final del pasillo, pregunto lo que me sale del coño. Me hace sentir bastante bien. También bastante femenina.

De todas formas, nada de eso importaba en mi día grande. Me daba igual lo que cantara, solo quería dejar alucinado a todo el mundo. Berreé el último par de versos de mi fragmento —apartad, cantantes de *El violinista en el tejado*, vuestros trabajos corren peligro— y en la última nota, me solté con todo mi poderío. Fue entonces cuando mi sueño se convirtió en una pesadilla. Me falló la voz como a William Hung. El corazón empezó a latirme demasiado deprisa y sentía que la cara se me ponía roja como un tomate, como le encantaba hacer. El silencio se apoderó de la sala y creí que iba a romper a llorar.

Entonces llegó la primera carcajada. Y luego otra. Y el resto. Miré a la gente en sus sillas y todos se estaban riendo… y mirándome con adoración. Vi a Kim reírse tontamente, nerviosa, esperando a ver cómo reaccionaba yo. Me di cuenta de que a pesar de que había sido un accidente, había hecho feliz a todo el mundo, y quería que Kim supiera que no pasaba nada por reír, así que me sumé a la gente. Me reí fuerte. Estaba riéndome de mí misma. Nos reíamos todos juntos y aquella risa auténtica duró un rato.

Estoy bastante segura de que por eso aquel día me convertí en una mujer de manera oficial. No fue por la antigua ceremonia tonta en la que se regala a los niños bonos que no pueden cobrar hasta que tienen veinticinco años (para entonces ya los han perdido). No, me hice mujer porque convertí una sala tranquila y solemne en un lugar lleno de risas inesperadas. Me hice mujer porque por primera vez hice lo que en teoría iba a hacer el resto de mi vida. Quizá en aquel momento no lo pensé exactamente así, pero mirando hacia atrás, lo tengo muy claro.

Hay un montón de «primeras veces» como esta en la vida, pequeños momentos cumbre aquí y allá en los que te conviertes en mujer sin saberlo. Y no hablo de las chorradas estereotipadas como cuando te besas por primera vez o conduces tu primer coche. Te haces mujer la primera vez que dices en un restaurante que se han equivocado con tu pedido o cuando te das cuenta de que tus padres no dicen más que bobadas. Te haces mujer la primera vez que vas a probarte un sujetador y te das cuenta de que llevas toda la vida con una talla muy equivocada. Te haces mujer la primera vez que te tiras un pedo delante de un novio. La primera vez que se te parte el corazón. La primera vez que alguien a quien quieres muere. La primera vez que mientes y quedas mal adrede para que un amigo al que quieres quede mejor. Y también hay cosas importantes que son menos dramáticas, como la primera vez que un tío intenta meterte un dedo por el culo. La primera vez que expresas la realidad de que no quieres ese dedo en el culo. Que no quieres que te metan nada por el culo. Que en realidad no quieres sexo creativo y diferente. Que a veces solo quieres que te follen en la postura del misionero y sin tonterías. Más adelante recordarás estos momentos como los momentos que te han convertido en la mujer que eres. Todo el mundo te dice que te haces mujer cuando te viene la primera regla, pero en realidad te haces cuando te metes el primer tampón y le explicas a tu mejor amiga cómo se hace.

Hablando de la sangre menstrual, volvamos a la conversión en mujer en el templo. Después de haber hecho vibrar a todo el mundo metiendo la pata en mi fragmento de la Torá, le tocaba al rabino acercarse a mí y hablarme delante de todo el mundo, como si fuera un poco un sermón, pero hecho a mi medida. Me habían dicho que la mayoría de la gente odiaba esa especie de atención, pero yo pensé: «Vamos, que empiecen los halagos».

El rabino Shlomo era un hombre alto y tuvo que agacharse para apoyar las manos sobre mis hombros. Yo levanté la vista hacia él y me preparé para parecer humilde. Empezó diciendo «Amy…», y eso fue lo último que oí. Tenía tanta halitosis que no pude escuchar ni una sola palabra. Tuve que emplear todas mis fuerzas para no desmayarme por el hedor que despedía en mi dirección. Me di cuenta enseguida de que tenía que coger aire mientras él inhalaba. Él me dedicaba sentidas palabras sabias y yo hacía respiración Lamaze. «¿Qué ha desayunado?», pensaba. «¿Un pañal para adultos? ¿Un cadáver?»

El discurso duró horas. Probablemente fueran solo cinco minutos, pero cuando estás en el búnker del aliento de dragón de alguien, el reloj se para. Justo cuando empezaba a marearme por la falta de oxígeno, me di cuenta, por su lenguaje corporal, de que estaba finiquitando el discurso. Todo el mundo aplaudió. Yo me alejé, llené los pulmones de aire fresco y sonreí mientras volvía al anonimato. Era oficial: era mujer.

Ya podía tomarme un pequeño almuerzo de bagels y pescado ahumado y llevar a mis mejores amigos a Medieval Times, en Nueva Jersey, como Dios y Golda Meir querían.

CAMP ANCHOR

Cuando tenía catorce años, fui voluntaria a un campamento para gente con necesidades especiales. Camp Anchor todavía existe y es un programa alucinante que en la actualidad atiende a más de setecientos campistas al año. La gente hace voluntariados en Camp Anchor porque puedes ayudar a personas que lo necesitan, es bueno para el alma y enriqueces tu vida. Yo fui porque los chicos iban y quería tener la lengua de un jugador de fútbol en mi boca antes de morirme.

Me gustaría decir que fui porque quería ayudar a otros, pero seamos realistas: era una adolescente que solo me preocupaba por mí misma. Para la mayoría, la adolescencia está llena de torpeza e inseguridad, pero en mi caso, también estuvo llena de grandes engaños. Además de querer gustar a los chicos, también quería encarnar todas las combinaciones imposibles: quería ser guapa y amable, inteligente y desinteresada. Mi madre era profesora de sordos, por lo que he estado con niños con dificultades especiales desde que tengo memoria. Pensé que sería fácil y sabía cómo hablar a aquellos niños como adultos. Les enseñaría el amor y el respeto y me daría a ellos. Me imaginé enseñando a nadar a una niñita y ya me estaba dando palmaditas en la espalda por ser tan buena persona: santa Amy. La fila de gente daría la vuelta a la manzana solo para que yo les sonriera y les diera un abrazo de vez en cuando, como si fuera un monje budista callejero, y serían dichosos para siempre. Pero lo que más me emocionaba era ir en el autocar e intentar sentarme entre los chicos monos.

Muchos de los chicos mayores guays de mi instituto eran voluntarios en Camp Anchor, pero yo solo tenía ojos para Tyler Cheney. Tenía los ojos marrones y dulces y el pelo rizado alborotado. Jugaba muy bien al fútbol, pero también le encantaban Phish y los Grateful Dead. (Ostras, ¿la variedad de intereses de este chaval tenía algún límite?) Me encantaba hacerle reír, algo que no era difícil porque era un porrero integral y su CI de dos cifras no era precisamente lo que lo hacía atractivo. A lo largo de casi toda mi vida he tenido la costumbre de sentirme atraída por tíos buenos con la inteligencia de una ameba y la barriga distendida. Las barrigas siempre me han gustado. Tyler no era ninguna excepción. Para que se riera solo tenía que citar algo de la película *Tommy Boy*. Me la sabía de memoria, por lo que, básicamente, Tyler creía que yo era George Carlin. Creo que ahora se dedica a las finanzas y que tiene un fondo de inversión libre o alguna otra cosa que no entiendo. (¿Cómo puede ser que la gente idiota gane dinero con tanta facilidad? Yo no sé lo que es un fondo de inversión libre. Yo lo que quiero es un fondo de diversión libre. En fin, da igual.)

Tyler se sentaba delante de mí en la clase de español y yo le miraba la parte de atrás de la cabeza rizada, deseando con todas mis fuerzas que se girara y me declarara su amor, algo que estuvo siempre muy lejos de pasar. De todas formas, cuando me enteré de que iba de voluntario a Camp Anchor, pensé: «¿Pues sabes qué, Tyler Cheney? Que yo también iré». Salvaría a algunos chavales para estar cerca de él, joder.

El primer día de Camp Anchor esperamos a que nos recogiera el autocar en el aparcamiento de una escuela de primaria. Recuerdo que la noche anterior había preparado la ropa del primer día de trabajo encima de mi cama. «Espera a que Tyler me vea con esto», pensé. Una camiseta de color azul Twitter y mis shorts de franela de cuadros azules y verdes en los que ponía PENN STATE (y ni siquiera en el culo, porque esto fue algunos años antes de que los genios del marketing decidieran poner la zarpa en el lugar adonde se dirigen de entrada las miradas de todos los tíos y de las mujeres más curiosas). Me puse esos pantalones cortos, di media vuelta delante del espejo y deseé desde lo más profundo de mi corazón que esa fuera la ropa que llevara cuando Tyler se diera cuenta de que yo podía convenirle. Sabía que me esperaba un largo camino, porque hasta entonces solo había sido la chica de piel grasa en el rostro cuya idea de la seducción consistía en susurrarle al oído imitaciones de los cómicos estadounidenses más conocidos, todos ellos gordos sudorosos de ciento cincuenta quilos. Con todo, quizá el campamento fuera el lugar donde me vería de otra manera. «Si pudiera ser más su tipo…», pensaba. Me recogí el pelo en uno de esos moños de bailarina y me sequé el flequillo con secador, pero a los diez segundos se había abombado por la humedad del verano y era igualita que Sammy Hagar.

En el autocar me senté a una fila de Tyler y empecé a sudar a través de aquella ropa escogida con tanto esmero y a quedarme enganchada a los asientos de escay verde, que estaban rasgados y pintados por imbéciles con malos padres. Yo escuchaba Roxette en el walkman y procuraba parecer interesante y distante, como Brenda en *Sensación de vivir*, en quien me he inspirado la mayor parte de mi vida. Brenda era la reina de las combinaciones imposibles. Parecía haber nacido inocente (yo) aunque supuraba sex-appeal (yo, sin duda), y quedaba la mar de bien haciendo algo tan puro como cantar en un coro, pero solo si al final Dylan arremetía contra ella por detrás debajo del escenario. Dulce con un punto oscuro y sucio, como yo a los catorce años. Pero qué va. Además, a mí nunca me habían metido un dedo y en aquella época tenía un aspecto de lo más atroz. De todas formas, me moría por ser la horma de su zapato, la clase de persona imposible que era Brenda. En cualquier caso, cuando el autocar paró en el campamento, dejé de verme por un momento como el centro de atención de la cafetería Peach Pit, bajé las piernas del asiento y salí del autocar. Fuimos todos a la vez a recepción, mientras yo intentaba canalizar una energía del tipo «seremos un grupo guay y divertido todo el verano, ¿verdad, gente? Yo soy una más, pero sientes algo por mí. Caerás rendido ante mí hacia el 4 de julio, ¿queda claro, Tyler?».

Mientras me acercaba al mostrador donde nos dirían qué grupo nos habían asignado, solo tenía dos deseos: 1) que a Tyler y a mí nos hubiese tocado el mismo grupo y 2) que yo tuviera al grupo de campistas más pequeños y monos, las niñas entre cinco y ocho años, que se llamaban Junior 3. Los grupos se dividían por sexo y edad, y yo ya había visto a las Junior 3 en el folleto cuando me planteaba si hacer el voluntariado. Quería ser la hermana mayor guay que dejaría una huella imborrable en sus vidas. Eran adorables y me imaginé participando en el concurso anual de talentos, riendo y abrazándonos. Las llevaría a todas a caballo y Tyler diría: «Ostras, estarás dolorida... ¿necesitas un masaje?». Y yo diría, como una heroína: «Claro, pero quizás después. Primero tengo que llevarlas a todas». Y después le haría yo un masaje a él, resbalaría, me caería encima de su pene, me quedaría embarazada, lo tendría pillado y saldría en la primera temporada de *Teen Mom (Madre adolescente)*.

—¡Sénior 10! —dijo la mujer mayor a la que yo había tomado por un hombre hasta que me ladró.

—¿Perdón? —le ladré yo a ella.

—Estarás con el grupo Sénior 10, es decir, las mujeres de treinta y cinco años para arriba. Allí están —dijo señalándome un montón de mujeres que parecían más *Las chicas de oro* que unas niñas.

Estaba confundida.

—No sabía que hubiera campistas mayores que yo —objeté.

La mujer, que se parecía a mi abuelo cuando se dejaba crecer el pelo un poco demasiado, me dio una inexpresiva respuesta inexistente.

—Qué sorpresa más graciosa —dije.

Yo era un bicho raro y me caló. Había ido a Camp Anchor a ligar con chicos y a tener algo que poner en las solicitudes de las universidades, y ella lo sabía. A través de mi flequillo de Chia Pet vio que mi corazón era frívolo y frunció el ceño. Me dio los papeles y me mandó a donde tenía que ir.

Me acerqué despacio a otra voluntaria, una chica latinoamericana preciosa de una ciudad cercana.

—Hola, me llamo Carli —dijo, sonriendo con bondad.

Pensé que ella estaba allí por lo que había que estar. Carli era una chica guapa y de alma pura y yo era un desastre de nariz chata. Era una Brenda con un toque, incluso más guapa. Era sexy sin parecer una fresca y, encima, era generosa. En aquella época, este tipo de perfección todavía no me enfurecía, pero hacía que quisiera ser exactamente igual que ella. Luego estaba Dave Mack, un chico guapísimo del que me habría enamorado de inmediato hasta las trancas a lo West Beverly High si no fuera porque vi que él ya se había fijado el objetivo de Carli. «Joder, igual si hubiese llegado antes, me lo habría quedado», me mentí a mí misma. Pero él era listo y se daba cuenta de que Carli era un ángel personificado con una piel perfecta de color aceituna y un culito la mar de mono.

La jefa de nuestro grupo, Joanne, era una mujer guapa de pelo rubio y crespo y nariz pronunciada al estilo italiano que llevaba riñonera y tenía una gran delantera. Era la única que cobraba, aunque no creo que fuera mucho dinero. Era una mujer fuerte y amable que tenía experiencia con aquellas señoras. Era seria, pero aun así se reía con todos los demás cuando pasaba algo ridículo. A menudo, por tanto.

Todos los días dedicaba mucha energía mental a querer resultarle atractiva a Tyler o a querer ser tan perfecta como Carli. Pero las chavalas del grupo Sénior 10 con las que pasaba todo mi tiempo, tenían estrategias mucho mejores. Por lo general, no gastaban energía ocultando quiénes eran o fingiendo ser quienes no eran. Estaba Mona, que llevaba siempre una gorra de béisbol y una enorme camiseta ceñida con un dibujo de Mickey Mouse. Era fuerte y masculina y con su sonrisa era capaz de iluminar una habitación. Mona tenía síndrome de Down, llevaba el pelo cortado como un chico y se pasaba días contando chistes sencillos de niños. Casi nunca entendía el final, pero era tan feliz contándolos que no podías dejar de reír con ella.

Otra campista, Debbie, era abiertamente coqueta y estaba loca por gustar a los chicos. Llevaba el pelo recogido en trenzas perfectas para sentirse guapa. Regordeta y juvenil, era como una Julieta en busca de su Romeo. También tenía síndrome de Down. Blanche tenía la cara larga, delgada y pecosa. No le importaba ser mala y desde el principio dejó muy claro que yo no le gustaba ni un ápice. Yo lo respetaba y no me metía en sus asuntos. No malgastábamos energía fingiendo nada.

Enid era esquizofrénica y me recordaba a Woody Allen en la voz y en los movimientos. Tenía el pelo pelirrojo y corto, con tirabuzones muy marcados, y era muy neurótica. A menudo caminaba nerviosa y hablaba sola. Una vez le di un codacito para decirle que era la hora del almuerzo y me contestó:

—No me interrumpas. ¿No ves que estoy hablando?

Joder, es que tenía razón. No permití que volviera a pasar. No toleraba charlar sobre temas triviales, pero tenía la gentileza suficiente para entablar algunos buenos debates conmigo. Era tan brillante que me olvidaba de sus enfermedades. Como una estoica hermana mayor, Enid a veces no quería saber nada de mí, pero otros días éramos uña y carne. Al final del verano éramos muy buenas amigas.

Un día soleado me pidieron que estuviera con una campista que se llamaba Beatrice, un encanto de mujer de sesenta y seis años que hablaba como Gollum de *El señor de los anillos* y que estaba más enamorada de Dave que yo si cabe. Dave y Beatrice eran amables el uno con el otro. En todos los bailes que se organizaban, se daba por hecho que nadie podía bailar con Dave excepto la Gran Beatrice. Medía solo 1,20, pero pesaría unos noventa kilos, y a pesar de que por lo general sus palabras eran incomprensibles, daba gusto escucharla hablar. Farfullaba algo que sonaba como si solo pudiera tener sentido en la Comarca, se reía sin complejos sola y se daba una palmada en la rodilla.

Ese día concreto, teníamos pensado montar un gran juego de Marco Polo para los campistas en la piscina. No hay nada más veraniego que un juego basado en un mercader veneciano que puede que viajara, o no, por Asia entre los siglos XIII y XIV. Yo estaba de lo más preparada para ganar el juego: era más joven y más rápida que mi grupo de séniors 10 y sabía que podía dominar esa piscina. Había una motivación extra, porque sabía que cuando te ponías el bañador, los campistas se volvían más tocones con los demás, sobre todo conmigo. Les parecía gracioso tocarme los pechos, y si alguno podía conmigo, me exprimía las tetas como si fueran limones en una parada de limonada. No es que no me guste el cariño, pero las cogían con fuerza y a mí me salen cardenales enseguida. Con todo, antes de que el juego empezara, Joanne me pidió que llevara a Beatrice al baño y que la esperara mientras se ponía el bañador.

La llevé al caluroso baño y mientras ella estaba en una cabina del vestuario cambiándose, me miré al espejo empañado. No me reconocía. Mi cuerpo se encontraba en ese estado adolescente en el que tenía a menudo dolores de crecimiento en las piernas. Un día parecía larga y desgarbada, y exactamente al siguiente, rellenita y estilo patata. En aquella época la única constante era la diferencia en el tamaño de los pechos. El derecho iba muy en cabeza. El izquierdo no lo alcanzaría durante muchos años y nunca lo ha alcanzado del todo. El espejo cada vez se empañaba más y yo seguía allí, de pie, esperando y esperando.

—¡Beatrice! —grité.

—Ggjjjrrr —refunfuñó ella a lo Jodie Foster en *Nell* desde la cabina.

—Bea, ¿qué pasa, amiga? Vamos, que nos perderemos el juego.

Al cabo de unos minutos, la puerta se abrió de golpe y por ella salió Beatrice, preparada para el cloro con el bañador y las sandalias Teva. Solo había un problema: se había puesto el bañador al revés. Llevaba el escote por delante, lo que significaba que veía de frente y sin ningún impedimento lo que venían a ser los pechos de Beatrice. Eran largos y viejos. Por aquel entonces, no había visto nada que se aferrara tanto a la vida como aquello. Parecían esas serpientes de mentira que salen de falsas latas de cacahuetes. Beatrice tenía las latas enganchadas al pecho, y las serpientes, del color de su piel, colgaban sueltas hasta casi el suelo. Miró todo el baño, a todas partes menos a mí. Yo la observaba fijamente. Estaba pasmada: yo, que temía que los campistas me cogieran de los pechos, de repente me hallaba ante aquellos. Vi perfectamente que ella no era nada consciente de aquel despropósito en la vestimenta y se fue derechita a la puerta.

—¡Espera, espera, espera! —grité para intentar que se detuviera.

Beatrice sabía que algo iba mal, pero estaba entusiasmada con la piscina.

—Mojo, mojo —dijo en referencia a las ganas de bañarse y no a un mojón. Creo.

—Tienes que ponerte bien el bañador. Lo llevas del revés, cielo.

Me miró enfadada con aquellos ojos que tenía siempre rojos. Entendí que estaba preparada para salir y que no permitiría que yo se lo impidiera. Darle la vuelta al bañador no le interesaba. Era la hora de jugar.

Bloqueé la salida con mi cuerpo, la llevé con dulzura pero con firmeza de nuevo a la cabina e hice lo que había que hacer. Cogí los tirantes del bañador y tiré de ellos para bajárselos. Fue una lucha. El bañador le venía tan estrecho que tuve que ponerme de rodillas y usar el peso de mi cuerpo para quitárselo. Allí estábamos, Beatrice desnuda, observando y parpadeando, y yo intentando coger y tirar del bañador de elastano con la cara a pocos centímetros de sus genitales y pechos, que para entonces ocupaban, más o menos, la misma zona general. Los pezones, suaves y largos, me tocaban los hombros quemados por el sol mientras le giraba el bañador y le decía que volviera a meterse en él. No me hacía caso. Seguramente soñaba despierta que el año que viene pasaría las vacaciones con Dave en Martha's Vineyard. Sin amilanarme, le cogí y le levanté el pie blanco y suave, de aspecto de porcelana, y se lo metí por el agujero de la pierna del bañador. Luego hice lo mismo con el otro y, al final, con todas mis fuerzas, tiré de aquel bañador diminuto para que le cubriera el cuerpo con forma de pera.

Cuando acabamos, yo estaba sudada de arriba abajo y el baño podía pasar perfectamente por una sauna de vapor. Salimos cogidas de la mano hacia la piscina. Por fin, alguien del campamento quería darme la mano. Creo que Beatrice sabía que lo necesitaba. Casi silbando, me llevó a la piscina, pero yo estaba demasiado agotada y alucinada para jugar a Marco Polo. Lo que hice fue sentarme en una hamaca y me quedé allí con la mirada perdida, sin moverme, mientras Beatrice se bañaba con las otras señoras. Una de ellas probablemente me cogió del pecho, pero no noté nada durante las siguientes cuarenta y ocho horas.

Encontrarme frente a frente con las partes pudendas de Beatrice ni siquiera fue el momento más memorable que viví en el baño de Camp Anchor. Ese momento está reservado a Sally, que era una Sénior 10 con alguna clase de trastorno del envejecimiento. A pesar de que tenía cuarenta años, Sally tenía el cuerpo de una niña de siete y la cara de una mujer mucho mayor. Tenía el pelo negro cortado a lo

Peter Pan con algunas canas entremezcladas, muchísimas pecas, el ceño fruncido y los ojos negros y de mirada dura. Era muy delgada, hablaba como una niña y siempre estaba sola. Que se animara a participar en alguna actividad de grupo era misión imposible. Recuerdo que una vez me acerqué a ella y, reuniendo todo el falso entusiasmo que pude, le dije:

—¡Sally, nos vamos al toldo de arte y manualidades a hacer marcos de fotos!

Ella me miró a los ojos hasta penetrar mi alma. Le daba igual. Sabía que a mí me daba igual. Sabía que yo sabía que a ella le daba igual. En ese momento asentimos con la cabeza e hicimos un pacto silencioso para dejar de comportarnos como unas falsas.

Un día de la última semana de campamento, se organizó a última hora de la tarde una reunión ociosa para todos los voluntarios. Yo llevaba unos pantalones vaqueros cortados y una camiseta con las mangas cortas obligatoriamente arremangadas. Había planeado una vestimenta especial porque sabía que Tyler acudiría sin duda (lo sabía porque se lo había preguntado a él y a todos sus amigos trescientas veces). Ya me había fijado en que era la única persona que no llevaba zapatillas Converse (como una imbécil), por lo que me compré un par de color azul y blanco casi idénticas a las de Carli. Ella se dio cuenta.

—¡Qué guay! Tenemos las mismas zapatillas —dijo, sin molestarse lo más mínimo.

¿La perfección de esa chica no tenía límites? ¿Podrías meter la pata alguna vez, Carli? Un pedo vaginal, algo. Cualquier cosa que demuestre que eres humana y no una Nancy de tetas perfectas.

A aquellas alturas del verano yo estaba bastante segura de que ella y Dave eran pareja, porque encontraban excusas para tocarse y reír tontamente cuando no estaban con todo el mundo. Aquella noche, Dave le susurraba algo al oído a Carli, y yo estaba sola con mis zapatillas nuevas y unos calcetines que eran demasiado grandes para ellas, de pie alrededor de un piano con las chicas en la carpa de la música, sin lograr aprenderme la letra de «We Didn't Start the Fire». Hubiese hecho lo que fuera por estar en el lugar de Carli. Mi horma no era la de su zapato. Ella era Cenicienta y yo era una de las hermanastras intentando ponerme a la fuerza el zapato de cristal para que el príncipe se casara conmigo. De repente, de la nada, Sally me tiró de la manga y me señaló el lavabo. Era una mujer de pocas palabras y era evidente que tenía que ir. A los miembros del grupo Sénior 10 siempre había que acompañarlos al lavabo, y en aquella ocasión Sally decidió que yo fuera la afortunada acompañante. La verdad es que me sentí honrada de que me escogiera para llevarla. Fuimos hacia el lavabo juntas en silencio. Entonces éramos como compañeras de trabajo. Era unos veinte años mayor que yo y lo había dejado bien claro: nada de cumplidos, capulla. Y yo se lo agradecía un montón.

Hicimos la fila para el concurrido baño de cuatro cabinas donde ya habíamos estado decenas de veces, y mientras ella esperaba, me tiró de nuevo de la manga y bajé la vista para mirarla (no mediría más de 90 centímetros). Ella me observaba fijamente, como si me estuviera hechizando. Pero no puedes preguntar a gritos a una de tus campistas si te está hechizando, por lo que, en lugar de eso, le pregunté: «¿Qué pasa, Sal?». Ella no me contestó, y es que no lo necesitaba. Miré abajo, al suelo, y vi que había mierda líquida bajando no por una, sino por sus dos piernas, hacia mis zapatillas recién estrenadas. Pude evitar el impulso de salir del baño gritando y correr hacia el lago más cercano. Lo que hice fue seguir mirándola fijamente a los ojos hasta que hubo acabado. En aquel momento parecía que quería contacto visual y se lo di, vaya si se lo di.

Cuando acabó, me centré en respirar por la boca mientras tiraba mis Converse a la basura. El juego había acabado. Nunca sería Carli. Metí a Sally en una cabina y le dije: «Tranquila, Sally, todo va bien». Pero ella no estaba preocupada. Ella me miraba, como diciendo: «¿Y ahora qué, basura?». Mi respuesta a aquello fue…

—¡¡¡Joanne!!!

De esta forma pasé mi último momento memorable de Camp Anchor: de pie, descalza sobre excrementos humanos y pidiendo ayuda. Joanne acudió y me sacó del apuro, pero cuando el campamento se acabó algunos días después, volví a casa sola en la parte trasera del autocar. Se había corrido la voz de que me había llenado de mierda hasta las rodillas y, aunque no os lo creáis, la gente no se mataba por pasar un rato con la buena de Schumer, la que no tenía zapatos. Aquella noche no logré charlar con los otros voluntarios y sigo sin saberme ni una sola frase de «We Didn't Start the Fire». Nunca estuve cerca de salir con Tyler o Dave. Cuando volvimos al instituto en otoño, Tyler salía con una rubia guapa hasta decir basta que se llamaba Stacey. Eran el Brad y la Angelina de nuestro instituto. Si hubiese habido una revista del corazón sobre ellos, me habría suscrito. Parecían hermanos, lo que me daba igual, pero visto ahora da escalofríos y también explica por qué me atrae *Juego de tronos*.

Aquel verano viví cosas que no me esperaba. No logré mi objetivo de que el chico que me gustaba se enamorara de mí, estuve a punto de quedarme sin chistes de Chris Farley para Tyler, y Dave apenas reparó en mi existencia, pero obtuve una recompensa mucho mayor que saber que unos porreros adolescentes que me gustaban podían empalmarse un poco al verme. Pasé tiempo con las mujeres de Sénior 10. Vivimos una guerra. Vencimos juntas y para mí sería un honor volver a las trincheras con cualquiera de ellas. Excepto Martha, la mayor del grupo. Se vestía como Marilyn Monroe y olía como una bolsa de pollas dejadas al sol un año. Lucharía en su bando, pero tendrían que ponerme de francotiradora y destinarme lejos. O algo así.

Veinte años después sigo conservando sus rostros y sus nombres en el corazón. Son gente y tienen sentimientos —y cuerpos—, como todos los demás. Y a veces, esos cuerpos producen una tonelada de caca y tienes que pisarla, y a veces tienes que meterles de nuevo las tetas en bañadores puestos del revés. Y a ellas les importa todo un pimiento. Y al final, a mí también. Para una adolescente como yo, aprender a que todo te la sople fue una auténtica revelación.

A menudo la gente tiene una visión romántica de los niños y adultos con necesidades especiales, como si fueran criaturas inocentes pero sabias que pueden darnos una lección de humildad y convertirnos en seres humanos mejores. En primer lugar, nadie puede ser inocente y sabio a la vez. Es una combinación imposible. Es tan inalcanzable e improbable como Brenda. O Carli. Y en segundo lugar, no sugiero que las señoras de Camp Anchor fueran ninguna de las dos cosas en particular, pero tenían sus defectos, y agradezco haberlas conocido cuando tenía solo catorce años. Me fui del campamento conociendo a un puñado de mujeres que no temían reclamar al chico con el que querían bailar y que no cambiaban ni un ápice por los hombres que querían. No se avergonzaban de sus necesidades fisiológicas y no se mentían, ni a sí mismas ni a los demás. No tenían paciencia para temas triviales o para fingir nada. Se reían cuando querían como si no hubiera un mañana y lloraban hasta quedarse sin lágrimas cuando sentían la necesidad. Por fin había dado con mi gente.

CÓMO PERDÍ
LA VIRGINIDAD

Siempre soñé con perder la virginidad de la manera como creo que la mayoría de las chicas prevén sus bodas: rodeada de mis amigos y mi familia, con un clérigo presente. Es broma, es broma. Ahora en serio, nunca he sido de esas que sueñan con su futura boda. Nada de vestidos blancos o de la manera como iría hasta el altar. Entre mis fantasías nunca ha habido nada de eso, no sé muy bien por qué. De todas formas, sí que pensaba en el súper momento en el que perdería la virginidad. Me imaginaba mirando al hombre de mi vida directamente a los ojos y besándole, sonriendo y entrelazando los dedos. Luego los dos nos convertiríamos en uno y todo sería bonito y lento. Un montón de suaves susurros de amor y amor puro, como si se rompiera un dique de buenas sensaciones, orgasmos y lágrimas de felicidad. Pensaba que los dos seríamos vírgenes hasta el momento en el que respiraríamos hondo y entonces... ya no lo seríamos. Después lloraríamos y nos abrazaríamos toda la noche. Creía que nos reiríamos del notición de que por fin acabábamos de hacerlo y que pasaríamos el día siguiente cogidos de la mano y andando por nuestro pequeño mundo privado sintiendo una nueva clase de calma y dicha hasta que pudiéramos escondernos de nuevo juntos y repetir nuestra manera perfecta de hacer el amor, y en el mundo todo fluiría. Pero eso no es lo que pasó. No logré vivir un momento así.

Aproximadamente un año antes de que acabara pasando, había querido perder la virginidad con un chico que se llamaba Mike. No era un novio «oficial», pero estaba loca por él y llevábamos saliendo y dejándonos desde que teníamos trece años. A los dieciséis me sentí preparada. Hablé con mi madre y con mi amiga Christine y les dije: «Creo que estoy preparada y quiero hacerlo con Mike». Visto ahora, me doy cuenta de que acudir a tu madre para que te anime a perder la virginidad en el instituto es raro. Sin embargo, me criaron sin límites, por lo que en aquel momento me pareció algo normal. La verdad es que con mi madre hablaba mucho de sexo. Siempre que tenía una pregunta, ella y yo nos íbamos al restaurante de marisco Bigelow's y se la hacía mientras me zampaba un bol de sopa de almejas de Nueva Inglaterra. Cuando sorbía ruidosa y le hacía preguntas obscenas, mi madre se reía. A toro pasado, es evidente que nada de aquello estaba bien ni era pertinente, pero sin duda me ayudó a ser quien soy. De todas formas, durante una conversación sobre sexo en concreto, mi madre y Christine me dijeron: «No, no lo hagas. Tienes que esperar, que sea algo especial».

Mi madre señaló lo mal que me sentiría si él se enrollara con otra persona el fin de semana siguiente. Lo pensé y tenía razón. Yo no era una *groupie* avezada que seguía a su grupo favorito de gira. Era una adolescente, así que les hice caso y me aferré a mi himen un año más.

Justo por aquella época, empecé a salir con un chico que se llamaba Jeff. Era el típico chico guapo y popular, aunque también tenía algo distinto. Estaba más enfadado que la mayoría de chicos adolescentes y era un poco incomprendido. No hice caso de las señales de que probablemente fuera un poco inestable. Señales como cuando le dieron una hamburguesa de pescado en el McDonald's en lugar de una Big Mac. Se enfadó tanto que lloró. Perdió del todo los papeles. Eran lágrimas de rabia, que en teoría a los chicos solo les salen cuando ven una película que les hace pensar en los problemas con su padre. (Casi todas las películas, pues.) ¿No es curioso que digan que la mayoría de chicas tiene una relación problemática con su padre cuando la realidad es que son los chicos los que la tienen? De todas formas, aquel chico tenía problemas con su padre, su madre, el perro y las hamburguesas de pescado. Yo pensaba, sin más: «En fin, no puede evitarlo, pero le entiendo. Estoy aquí para él». A pesar de que por lo general los dos caíamos muy bien, cuando estábamos juntos era nosotros contra el mundo.

Hasta hace poco no he roto el patrón de sentirme atraída por el típico chico «tú eres la única que puede estar conmigo». No es bueno sentirse atraída por estos chicos, y no es ninguna coincidencia que a nadie —incluidos todos tus amigos, tu familia y tu perro— le caigan bien. Sin embargo, Jeff era encantador, me quería y yo le quería a él. Él era Bieber y yo Selena, aunque no teníamos dinero y ninguno de los dos tenía ningún talento especial por aquel entonces.

No sé cómo, nos habíamos acostumbrado a ver *Monday Night Raw*, que era un programa televisivo de lucha en el que salía un malo vestido con mallas cortas que se metía con un bueno vestido con otras mallas cortas. Los dos se involucraban mucho emocionalmente y hacían grandes demostraciones de fuerza durante algunos minutos antes de que un árbitro calvo y tripón levantara el brazo de uno de los dos. Yo no lo pasaba bien, porque a pesar de que ahora soy amiga de algunos luchadores e incluso salí con uno, no es lo mío. Sé apreciar la condición de deporte y la interpretación que supone, pero… no está hecho para mí y ya.

Me gustaba que Jeff y yo tuviéramos nuestra propia tradición, que metiéramos litronas a escondidas en mi habitación y que nos enrolláramos un poco. Vivía para aquellas noches. Para mí todo era muy nuevo. El mes antes había tenido mi primer orgasmo, sola, por supuesto. Había aprendido a masturbarme viendo la película *Maniquí*. No es que esa película me excitara de manera especial (no te juzgo si a ti sí), pero la estaba viendo sola en el sofá un día, me metí la mano en las bragas, froté la parte superior de mi vagina y al final me corrí. Estaba excitadísima. Era como un juguete nuevo. Intenté hacerlo otra vez enseguida, pero pronto aprendí que tienes que esperar una media hora. Deseo de todo corazón que las chicas tengan orgasmos. Si no tienes, chúpate el dedo y frota con movimientos circulares donde te sobresale un bultito hasta que te corras. Enséñale al chico con el que estás cómo tiene que hacerlo, así no te molestará que él sea el único que se corre. De nada, ¡te lo mereces! También deja que te lo coma. Que no te dé vergüenza. Vive tu vida.

¿Por dónde iba? En fin, ahora creo que estuve a punto de tener un orgasmo con Mike, pero resultó que la sensación me confundió y pensé que tenía que mear. (¿Alguien está conmigo en esto? ¿No? De acuerdo.) Me disculpé, fui al baño y me sequé todo lo mojado, algo que me pareció humillante. Después me explicaron que lo mojado era bueno. «Gracias a Dios», pensé, porque todos aquellos viajes al baño empezaban a parecer sospechosos.

De todas formas, en aquel momento todavía no había practicado mucho sexo con Jeff. Habíamos llegado a comernos todo, como se dice, y yo había intentado hacerle pajas muchas veces, pero nunca había funcionado y aquello se había convertido en motivo de gran frustración para ambas partes. A mí se me estaban poniendo los brazos de Michelle Obama, pero era lo único bueno de aquello. Yo creo que él tenía un sentimiento religioso de culpa con todo lo relacionado con el sexo y se bloqueaba mentalmente. O quizá es que yo lo hacía fatal. En cualquier caso, esta cuestión parecía enfurecerlo o avergonzarlo. Yo entendía que para un chico podía resultar delicado, y él era mi novio y lo quería mucho, por lo que una vez le pedí que se hiciera una paja delante de mí para que superara la vergüenza. Mientras le daba a la manivela, yo le apoyé hasta que acabó, a pesar de que me dio cierto asco. Con todo, el plan funcionó. Le sirvió para soltarse, y yo (por fin) pude ayudarlo a llegar al orgasmo. Para mí esto era importante, porque quería hacerlo con él, aunque primero había que dar los pasos previos. No sé por qué se me metió eso en la cabeza. Quizá fuera porque en el instituto se habla tanto de dar un paso tras otro que me parecía que había que hacerlo todo siguiendo un orden. Para mí, crecer era que los chicos siempre intentaran ver qué «nos sacaban» desde el punto de vista sexual. Por resumirlo, las chicas estábamos condicionadas a pensar que teníamos que resistirnos porque si no, nos pondrían la etiqueta de putas. Yo no quería ir «hasta el final» porque no estaba preparada, sin más. En el sexo quería ir avanzando, paso a paso.

Después de aquel lunes de *Monday Night Raw* y paja exitosa, Jeff y yo continuamos quedando y viendo combates todas las semanas.

Mankind y Stone Cold Steve Austin fingían darse palizas y nosotros bebíamos cerveza. Una noche, mientras estábamos tumbados
en mi cama con las luces apagadas viendo lucha, yo dormitaba. La
combinación de la hora de la noche, el contenido del programa y la
cerveza provocaba que fuera echándome cabezadas. Estaba tumbada
de espaldas sin prestar mucha atención y, de repente, noté que Jeff
me metía un dedo. No habíamos estado haciendo nada, por lo que
pareció extraño que fuera directo a eso. Empezó a dolerme, cosa
que nunca me había pasado, por lo que miré abajo y me di cuenta
de que me había metido el pene. No me estaba metiendo un dedo,
estaba penetrándome. Sin preguntarme antes, sin besarme, sin nada
parecido a mirarme a los ojos. Ni siquiera había confirmado si estaba
despierta. Cuando me sobresalté y miré abajo, él se apartó enseguida
de mí y gritó de pronto: «¡Pensaba que lo sabías!». A mí me pareció
muy extraño que él protestara con tanta vehemencia con una frase
tan preparada y defensiva, y eso que yo no había dicho ni una palabra.
Miré abajo y vi un poco de sangre en mi cama. Estaba confundida y
dolida. Él se fue poco después y yo me acurruqué y lloré.
    Al día siguiente se disculpó. Estaba muy tocado. Decía que se ha-
bía sentido fatal y que quería hacerse daño a sí mismo por lo que
había hecho. Hice lo que pude por consolarlo y me preocupé de
veras. Quería que se sintiera mejor. Yo estaba muy confundida. Me
confundía el porqué me había hecho eso de aquella manera, pero
la sensación que predominaba en mí era que el chico del que estaba
enamorada estaba tocado y quería ayudarlo. Apoyé la cabeza en su
pecho y le dije que no pasaba nada. ¡Yo lo consolé a él! Deja que lo
repita: ¡yo lo consolé a él!
    Aún sangraba un poco y me sentía dolorida y de lo más confundi-
da. Lo que había pasado se estaba asentando y pensar en ello me daba
ganas de vomitar. No había por dónde cogerlo. Yo era su novia, habíamos hablado de sexo y éramos muy abiertos cuando hablábamos
en serio de cosas así. Acababa de ayudarle yo a él a tener un orgasmo
delante de mí. Recuerdo que yo era la más sexual de la pareja. Si me
hubiese pedido que lo hubiésemos hecho aquella noche, creo que
le habría dicho que sí. No entendía por qué lo había abordado de

aquella manera. ¿Sentía que debía colármela en el sentido más literal? Recuerdo que tenía un fuerte sentimiento de culpa asociado a la actividad sexual y mucho miedo. Quizá pensó que era una manera de hacerlo libre de culpa y de vergüenza. Quizá, como las sesiones de pajas, para él fuera más fácil hacerlo si yo no era una participante activa. No lo sé, pero tomó la decisión sin mí. No se trataba de nosotros, sino de él. Me sentía triste y traicionada. Pensaba que yo le importaba de verdad, pero aquello no me pareció nada que pudiera hacer una persona a quien le importas. De todas formas, seguía queriendo que nos lleváramos bien.

Lo más raro es que a pesar de que Jeff se disculpó y me explicó lo mal que se había sentido por aquello, no recuerdo echarle la bronca por cómo me había hecho sentir a mí. Hice lo que hacen la mayoría de las chicas y seguí. No sabía lo suficiente sobre la cuestión. No sabía que es muy habitual que el sexo no sea consentido. De hecho, el abuso sexual está tan extendido que en la actualidad hay grandes campañas con las que se pretende enseñar a los niños y a los jóvenes lo que significa el consentimiento.

Entonces yo tenía diecisiete años y quería gustarle a mi novio. Seguía queriendo estar con él y lo estuve. Seguimos saliendo y empezamos a hacerlo con regularidad un par de meses después. La segunda vez que lo hicimos, intenté fingir que era la primera vez. Incluso fui después a la habitación de mi madre y le dije que había perdido la virginidad, pero era mentira. Y también mentiría ahora si negara que tuve la sensación de que la experiencia en su conjunto se había echado a perder. Mi confianza se había hecho añicos, y no solo mi confianza en él, sino que, en muchos sentidos, mi confianza en todo el mundo. Me habían arrebatado de golpe la fantasía de un momento memorable, bonito e íntimo entre dos personas. Y había sido él. Entonces no lo sabía, pero ahora sé que me endureció de una forma irreversible. Durante muchos años, en la cuestión sexual no disfruté del lujo de ser yo y ya está. La mitad del tiempo estaba demasiado a la defensiva y cautelosa, porque daba por hecho que el chico quería hacerme daño o tomar demasiado. El resto del tiempo, estaba demasiado indiferente, casi hasta el punto de la disociación, como si el acto sexual no me importara mucho. Me decía a mí misma que podía hacerlo con cualquier chico que quisiera, aunque no me gustara. Ninguna de estas versiones de mí era real.

En la actualidad me gustaría poder decir que en mi caso por fin el sexo está libre de esta forma de inhibición y autoprotección, pero no es así. Si no estoy en una relación seria, me pongo muy en guardia. Quiero ser la que tome todas las decisiones. Tengo que llevar un tiempo con una persona y confiar de verdad en ella antes de que el sexo sea divertido y despreocupado por completo. Y luego ya me encanta. Sin duda soy una chica muy sexual, pero mi primera experiencia no me preparó exactamente para un viaje libre de problemas al lugar en el que me encuentro ahora. Las mujeres, como los hombres, merecen disfrutar del sexo y entenderlo como ellas quieran.

Muchas chicas tienen noches como mi «primera vez», o peores. Algunas se despiertan mientras un amigo o un novio las está penetrando. A algunas las atacan con violencia en público o en sus propias casas. Una de cada seis mujeres sufre una violación. De ellas, el 44% son menores de edad.

Cada vez que alguien cuenta en público una agresión sexual de algún tipo, se vierten muchas opiniones al respecto. La gente opinará sobre este capítulo. Algunos dirán que no fue gran cosa o que fue culpa mía porque estuve bebiendo, que él era mi novio y que yo estaba tumbada a su lado.

¿A que es triste que cuando una chica dice que la han agredido sexualmente nuestro primer instinto sea pensar que es probable que mienta? Las estadísticas y los hechos nos dicen justo lo contrario. Exigimos «víctimas perfectas» que es mejor que no hayan bebido o ido a una fiesta con una minifalda o un vestido atrevido o de las que no se sepa que alguna vez han disfrutado del sexo.

En mi caso, los hechos siguen estando muy claros: él estaba dentro de mí de una manera para lo que yo no había dado el consentimiento.

Muchas chicas siguen sin contar sus experiencias, y es lo que ellas deciden. Yo me estoy sincerando sobre «mi primera vez» porque no quiero que algún día le pase a tu hija, a tu hermana o a tu amiga. Quiero usar mi voz para decirle a la gente que se asegure de que tienen el consentimiento de la otra persona antes de hacerlo con ella. Espero que todos los padres y madres hablen con sus hijos del consentimiento y, cuando lo hagáis, no cometáis el mismo error que mi madre, por favor. No habléis del tema ante un bol de sopa de marisco, porque es desagradable y asqueroso.

Ojalá en aquel momento hubiese hablado con un progenitor o un adulto para poner orden a mis sentimientos de confusión y traición. Ojalá me hubiese hecho valer más y le hubiese dicho a Jeff que lo que había hecho estaba mal. No debería haber ocurrido así. No quiero que alguien que lea esto piense: «Mi hijo no se enfada fácilmente y no llora de rabia por una hamburguesa de pescado, así que probablemente entienda que necesita el consentimiento de la chica antes de introducirle el pene». De todas formas, es algo que pasa tan a menudo que es evidente que hay que hablar de ello. Todo el mundo debería entender que no hay excusas para el sexo no consentido. La gente que comete agresiones sexuales debería pagar por las consecuencias de sus actos. Antes tenía un monólogo sobre este aspecto conflictivo. Lo llamaba «grape»[31], por las dudas que a veces genera. No estamos hablando de un adicto al crack que salió de detrás de unos arbustos en Central Park y me violó. Yo no grité que no. Él no estuvo dándole a la fuerza hasta que acabó, sino que estuvo dentro de mí muy poco tiempo, pero no está bien que ocurriera de esa manera. La virginidad no debería ser algo que «pierdes» o que «das». El sexo es algo que se comparte. No hacía falta que mi primera vez fuera perfecta, pero me habría gustado saber que iba a pasar, o haber participado en la toma de la decisión. En cambio, él solo se sirvió mi virginidad... y yo no volví a ser la misma.

---

31. «Grape» es la combinación de «grey», gris, por «zona gris», y «rape», violación. La palabra resultante también significa «uva» en inglés. [N. de la T.]

COSAS QUE
NO SABES DE MÍ

Elaborar una lista de las cosas que no sabes de mí es bastante difícil, porque soy un libro abierto, pero he aquí un intento:

1. Tengo una cicatriz fea en la pierna izquierda de un accidente de surf. Era adolescente. A mí me parece molona, pero en el fondo sé que es desagradable.
2. Hablo la lengua de signos. No tengo una fluidez flipante, pero puedo comunicarme bastante bien. A base de palos he aprendido que no todas las personas sordas quieren hablar contigo solo porque signas.
3. Las arañas me aterrorizan y los hurones me dan ganas de potar.
4. No soy alérgica a ningún alimento, pero las berenjenas me lastiman la boca.
5. Lo tengo para dentro, no para fuera (hablo de mi coño).
6. Mi método anticonceptivo es el NuvaRing. (Nunca me han pagado para promocionarlos, pero creo que deberían. Lo mismo digo del chardonnay Rombauer.)
7. Nunca he estado embarazada, aunque parezca que sí.
8. Nunca he practicado el sexo anal. (Me encantaría, pero dicen que no puedes comer en las dos horas previas y no me parece factible.)
9. Nunca se me ha corrido nadie en la cara (aunque creo que en todos los demás sitios, sí).

10. Mi comida favorita es la pasta con parmesano, que me gusta comer mientras me quedo dormida.
11. He hecho paracaidismo, pero no me gustó porque tienes que saltar de un puto avión, joder.
12. Ya no voy al templo, pero me gusta ser judía y disfruto con los platos judíos más asquerosos, como la ensalada de pescado blanco y el pescado *gefilte*.
13. Me gustan mis pies y mis orejas. Sé que tengo la boca muy pequeña, pero me gusta, y gracias a ella he evitado tener que chupársela a varias personas.
14. Mis actores vivos favoritos son Samantha Morton y Mark Rylance.
15. Me gusta fumar marihuana y me gusta fumar marihuana.
16. He comido setas un par de veces (divertidííííísimo).
17. Nunca he tomado éxtasis, cocaína o ácido, pero siento que ya voy de todas esas cosas.
18. Adoro a Ani DiFranco. Te vas a hartar de esto porque sale mucho en el libro. He ido a sus conciertos desde que tenía trece años. No quiero conocerla nunca. Empezaría a llorar y le fastidiaría el día.
19. No soporto la voz de Rod Stewart.
20. La séptima cosa que no sabes de mí es que soy muy buena con los números.
21. Mi hermana midió mi CI cuando estudiaba el máster de Psicología y, según los resultados, soy un genio en la mitad de las categorías y casi tengo discapacidad cognitiva en la otra mitad.
22. Hasta la fecha me he acostado con veintiocho personas. No recuerdo todos sus nombres, pero recuerdo los motes que les puse (Tercera Bola, Amante de los Pit Bull, mi Primito... Es broma, es broma, es broma, es broma).
23. Fingí caerme en un montón de barro para dejar de correr un quilómetro y medio en clase de educación física. Me eché en el barro hasta que alguien me encontró.
24. Mi poetisa favorita es Anne Sexton y mi poema favorito es «Consejos para una persona especial».
25. De lo que más tengo es vino, pero mandad más, por favor.

26. Por algún motivo me he leído *Tortilla Flat* diez veces. He visto *Los Tenenbaums* cien veces.

27. Mi escena cinematográfica favorita es cuando Billy Crudup conoce al personaje de Samantha Morton en la fiesta diurna de *Jesus' Son*, que se celebra en una casa, y ella está bailando la canción «Sweet Pea».

28. Si hay una fiesta, seguramente puedas encontrarme... en casa. Odio las fiestas.

29. En lo que más pienso es en mi familia.

30. Siento debilidad por los chicos que tienen los dientes separados.

31. Mi bisabuela paterna fue estraperlista en la ciudad de Nueva York.

32. No estoy segura de la vez que me he reído más de mi vida, pero estoy segura de que cuando ocurrió, estaba con mi hermana.

33. La mejor compra que he hecho en mi vida: una cama cómoda.

34. Las dos cosas a las que cada vez que me las ofrecen digo que no son la cocaína y el jamón de York.

35. En general, odio estar en museos, excepto el American Museum of Natural History. Me gustan los dinosaurios y los dioramas de animales y venden helado de astronautas en la tienda de recuerdos.

36. El lugar de los Estados Unidos que más me ha gustado ha sido Nueva Orleans. La música, la comida y la gente son increíbles. El lugar que más me ha gustado fuera de mi país es Altea, un pueblecito de pescadores de España.

37. No soporto las películas de miedo porque paso mucho miedo, pero siempre me olvido y las veo sin querer. Me invento una excusa para justificar por qué mi hermana tiene que dormir en la misma habitación que yo. A ella no le importa, pero sabe que es porque soy una pringada integral.

38. No sé si quiero tener hijos. Quizás no.

39. Una de las cosas que más me gustan es ir a bailar *twerking* tan bien como pueda con Amber Tamblyn.

40. Nunca me he enrollado con una chica, excepto ante la cámara para mi programa de televisión, pero parece divertido. Esto no está relacionado con el punto número 39.

41. Medito dos veces al día veinte minutos cada vez. Me ayuda a aclarar ideas, librarme del estrés y coger energía.

42. Mi hermana y yo fuimos una vez a la Oktoberfest en Múnich, nos colamos en las carpas y pasamos uno de los mejores ratos de nuestras vidas.

43. Soy una mentirosa patológica.

44. Es broma.

SOY UNA LISTILLA[32]

He sido una listilla toda mi vida. Sé lo que estás pensando. «Frena, Amy, que no eres Jay-Z», pero es que es verdad. No puedes ser cómica y hacer reír a completos desconocidos si no eres muy pilla. Yo siempre lo he sido, sin duda. Desde el primer día. Hay pruebas de ello ya en los primeros meses de vida. Como la mayoría de recién nacidos, nunca me apetecía dormir y, por supuesto, no quería que me dejaran en una habitación durmiendo sola, así que ideé una forma de engañar a mi madre para que durmiera en el suelo junto a mí. Lloraba todo lo fuerte que podía y no paraba hasta que la tenía a mi lado exactamente donde yo quería. Estoy convencida de que la idea no entusiasmaba a mi padre, pero durante meses hice este paripé y dicté las pautas de sueño de gente que era décadas mayor que yo. Panolis.

A menudo he sido listilla en cosas relacionadas con la comida porque, igual que a los animales de compañía y a los bebés, la comida me motiva, algo que viene bien saber de mí. Desde muy pequeña he convencido a la gente para conseguir la comida que he querido. A los dos años, logré abrir por la fuerza el armario de la cocina para comer Cheerios. A los seis, mentí a mi bondadoso abuelo a la cara y le dije

---

32. En inglés este capítulo se titula «*Can't knock the hustle*», que podría traducirse como «no puedo dejar de ser listilla». Hace referencia a una canción de Jay-Z en la que el rapero explica que de pequeño tuvo que ser pillo para salir adelante. [*N. de la T.*]

que mi madre me había dado permiso para comerme otro yogur.
Dejé que pringara él y, después de aquello, entre nosotros nada nunca
fue igual. A día de hoy sigo haciéndolo. La semana pasada sin ir más
lejos, me iba del piso de Kim a la una de la madrugada después de una
velada de tele y me pilló llevándome a mi casa una bolsa de palomitas
para microondas que tenía en la despensa.

De pequeña, ser listilla es ultranecesario. Tienes muy poco control sobre lo que te dejan hacer: lo que comes, lo que vistes, adónde
vas o con quién juegas o a qué. Es una pesadilla. Así que empecé
bastante pronto a elaborar tácticas de negociación con adultos. Fui
afianzándome en ellas en las casas de mis amigos, porque sus padres
no estaban acostumbrados a mis métodos y estrategias. Los miraba
fijamente a los ojos, más seria que un ajo, y, como táctica de negociación, les llamaba por el nombre de pila.

—Mire, Laura, ahora su preciosa hija y yo nos vamos a comer un
bol de helado después de la tarta. ¿Nos lo sirve usted o lo sirvo yo?

Como a Laura, cogía a la mayoría de padres y madres desprevenі-
dos y se reían nerviosos.

—Ja, ja, ja… Me llamo Sra. Booker, Amy —decía Laura.

—Ya sé cómo se apellida, Laura. Y bien, ¿me da un taburete para
que pueda rebuscar en su nevera nuestro segundo postre? —respon-
día yo.

A veces me daba cuenta de que mis intentos de llegar a un acuerdo
hacían reír al adulto. Y hacer reír a los adultos era el mejor poder que
podía tener, porque me hacía sentir como uno de ellos, que sostenía
algunas de las riendas que siempre sujetaban ellos, en especial con las
figuras masculinas de autoridad, que siempre parecían echarme la
bronca de algún modo. Bien fueran profesores que me veían hablando en clase o policías que me pillaban con cerveza en la mochila en la
playa, yo siempre tenía la sensación de que la única manera de salir ai-
rosa y poder volver a casa era haciendo reír a todo el mundo. Aquello
siempre desarmaba la estructura de poder en segundos. ¡Ser divertida
era lo que me convertía en una listilla de primera! Una vez que el Sr.
Simons, un profesor del instituto, no me dejó salir del aula para ir al
baño (de acuerdo, en realidad era para pasearme por los pasillos y en-

contrarme con mi novio, y el Sr. Simons sospechaba de mí), dije bien alto, delante de toda la clase: «Guay, Sr. Simons, me quedaré aquí a pesar de que noto que la sangre de la regla me sale de la vagina y está a punto de traspasar los pantalones y manchar la silla». El Sr. Simons se puso rojo, todos los demás se rieron y yo salí del aula tan ufana.

Aparte de hacer reír con mis chistes a públicos numerosos, diría que la mayor pillería que he cometido en la vida ha sido robar en tiendas cuando era adolescente. No es algo de lo que esté orgullosa y, de hecho, al final resultó ser un fracaso espectacular. A pesar de todo, es probable que no lo borrara de mi historial porque, aunque esto va a sonar extraño, aprendí un montón de tomarme el viejo arte de chorizar como si fuera un trabajo. Todo formaba parte de mi proceso de poner a punto los instintos y de aprender a coger lo que merecía en esta vida. No me malinterpretes: no apruebo el hurto en tiendas. Una de las cosas que aprendí de la experiencia en su conjunto fue a no robar, precisamente. Y soy consciente de que cuando la gente te da el sabio consejo de que cojas la vida por los cuernos y te quedes con lo que es tuyo, suele referirse a que debes pedir ese ascenso que te has ganado a pulso o a que busques tiempo para disfrutarlo a solas, no a que robes la persiana de unos conocidos grandes almacenes. Pero de adolescente, me tomé el consejo de forma literal.

Empecé robando caramelos aquí y allá, nada demasiado grave. Cuando oigo a la gente hablar de sus incursiones en el mundo de los hurtos (es bastante común entre los adolescentes), suelen contar que robaron unos pendientes largos horteras o una revista y siempre se sienten muy culpables por ello. Yo no tenía esos sentimientos porque iba a por las grandes cadenas de almacenes. Nunca robé nada de un negocio familiar o de una persona. (En la actualidad, aún dudo sobre si contar a la gente que en el pasado hurté en tiendas, porque cuando falte algo sé que sospecharán de mí, pero nunca he robado nada a una persona, excepto comida de la cocina de Kim.)

Para cuando íbamos al instituto, mis amigas y yo teníamos un máster en robar bañadores de tiendas del centro comercial porque no les ponían alarmas y era fácil cogerlos. También robábamos maquillaje de tiendas de conveniencia. No cogíamos esas cosas porque las necesitáramos: no usábamos maquillaje y no íbamos mucho a nadar. Las cogíamos porque robar hace que los adolescentes se sientan guays y con poder. Incluso las chicas blancas de los barrios residenciales quieren ser malas, y si eso significaba privar a J. Crew de un bañador de cuadros vichí, pues adelante. Supongo que podría decirse que, poco a poco y con esfuerzo, a fuerza de ir robando brillos de labios de sabor pomelo, fui volviéndome una adolescente insegura.

La primera vez que me pillaron, tenía catorce años y había ido a Sacramento con el equipo de voleibol del club para un torneo. Formar parte de un equipo de voleibol de club significaba que cuando se acababa la temporada normal de voleibol en el instituto, competía en equipos con chicas de otros institutos, lo cual implicaba que jamás dejaba de jugar al voleibol. Sin duda aquello forjó mi ética del trabajo (y mantuvo alejados unos buenos quince quilos), pero significaba que te perdías un montón de historias divertidas de los findes por sudar la gota gorda en una pista mal iluminada, comer ensalada de pasta y echar cabezadas entre partidos. Todavía hoy, de repente me doy cuenta de que me duermo y me muero por comer ensalada de pasta si estoy en un gimnasio grande de alguna escuela, o en un gimnasio normal, o en una biblioteca, o en casa, o ahora.

Así es como pasé la mayoría de los fines de semana de instituto:

• Me recogían el sábado a las cinco de la mañana y viajábamos entre dos y cinco horas hasta un torneo.
• Llegábamos y nos poníamos la equipación para jugar hasta que nos eliminaran.
• Se da a entender que, Dios nos libre, si llegas a la final, juegas hasta doce horas y luego te llevas a casa un trofeíto de plástico que tendrás que empaquetar y llevarte al piso en el que vivas hasta que te deshagas de él a regañadientes a la edad de veinticuatro años.

Si lo piensas, no es muy distinto de la producción de cine o televisión, excepto que tus padres están contigo todo el día y no hay normas del sindicato, por lo que tienes que jugar y jugar hasta que las pequeñas rodilleras se rompen o sangras. Devoras lo que sea que te hayan llevado tus padres para ser mejor que las demás. En aquella época, la salud no preocupaba a nadie, por lo que nos comíamos enormes bocadillos de albóndigas de pollo y pasta minutos antes de tener que arrojar nuestros cuerpos de nuevo a la pista.

Volvamos al hurto de Sacramento. Había salido a conocer la ciudad con las compañeras de equipo. Fuimos a parar a una zona llamada Antiguo Sacramento, que estaba llena de tiendas donde vendían trastos chorras para turistas: vasos de chupito, tazas de café, camisetas en las que ponía el nombre de la ciudad y también frases desternillantes como «Yo no soy gay, pero mi novio sí». Llevaba un par de meses robando y tenía cierta reputación entre mis amigas más íntimas del instituto. Como aquel viaje lo hice con el club de voleibol, aquellas chicas no me conocían tan bien y no se habían dado cuenta de que era una malota de primera. Me moría de ganas de demostrárselo.

Quería que las tres chicas más guays del equipo me consideraran popular, así que las hice venir y les conté cómo había aprendido a robar. Estaban de lo más impresionadas con lo fácil que hacía que pareciera y empezamos a acumular los objetos más buscados en las tiendas: tops *tie-dye* en los que ponía «*Lacrosse* mixto nudista», bolas de nieve y, por supuesto, los codiciados vasos de chupitos en los que pone «1 tequila, 2 tequilas, 3 tequilas, SUELO». (¿Quién escribe estas cosas? ¿El mismísimo Mark Twain?)

Al saqueo de Antiguo Sacramento nos apuntamos unas seis del equipo. Cuando acabamos, me metí en la habitación del hotel y dejé los tesoros encima de la cama. Miré todo el botín. Visto ahora, ni una de aquellas cosas nos habría costado más de 1,99 dólares. Pero si yo estoy presente, ni hablar, porque los presentes son gratis.

Daba la casualidad de que mi madre me acompañaba en aquel torneo y llegó al hotel aquella noche. Cuando entró, me abrazó y me dijo que tenía una noticia inquietante. Parecía muy disgustada porque habían descubierto a algunas de mis compañeras robando y las habían llevado a comisaría. Me hice la inocente, en parte porque no soportaba defraudarla, pero también porque me daba pánico que me pillaran y tener que devolver mis nuevas y preciadas posesiones (sobre todo el sombrero del que colgaban rastas falsas).

Por la mañana vi a las tres chicas a las que había metido en aquel lío y supe que iban a sentarlas en el banquillo todo el torneo. Se habían pasado toda la noche despiertas llorando. Me miraban como diciendo: «¿Cómo has podido hacernos esto, Amy?». En sus caras veía la ira, me odiaban. Todo el plan de caerles bien se había girado en mi contra de la peor manera que podía imaginar.

En realidad, el cargo no iba ni siquiera a aparecer en sus antecedentes, porque eran todas menores, pero aun así, estaban furiosas. La verdad es que yo también estaba un poco furiosa con ellas, por robar tan con el culo. «Novatas de los huevos», pensé, «no debería haberlas acogido en mi regazo de infractora.» Luego reflexioné sobre el tema un poco más y me acordé de la Hermandad del Elastano del Voleibol Itinerante y decidí que lo que tenía que hacer, tanto por las otras chicas como por mí, era reconocer que yo también había robado. ¿Existen los pillos con conciencia?

Como era de prever, estuve en el banquillo todo el torneo. Me quedé de pie en la línea de banda con las rodilleras en los tobillos, combatiendo miradas asesinas de las chicas cuya aprobación tanto había deseado. Había volado a Sacramento desde Nueva York para no jugar ni un minuto de voleibol y para robar unos vasos de chupito asquerosos que no podría rellenar más que con agua durante los próximos siete años. Supongo que era lo que me merecía. La popularidad y el cariño no se pueden comprar, te los tienes que ganar a la manera antigua, no a la manera del Antiguo Sacramento. Aquel fin de semana creo que aprendí una valiosa lección sobre el trabajo en equipo, la hermandad y la amistad. De todas formas y por desgracia, no acabé de aprender que no había que robar: para eso necesité que en mi expediente constara un delito.

Todo ocurrió en unos grandes almacenes serios que podríamos llamar Fulanodale's. Los hurtos se me habían ido de las manos. Esto fue cuando mi familia pasó de ser Nueva Rica a ser Nada Rica y ya no nos podíamos permitir comprar las cosas secundarias de la vida que cuando eres adolescente crees que tienes que tener, por lo que usaba todas mis aguzadas habilidades de pilla para conseguir lo que Kim y yo «necesitábamos» Se trataba de una situación de ganar-ganar, porque Kim lograba satisfacer su cuota de rebeldía adolescente ¡y yo lograba hacerme con un mono blanco! Empezamos a robar cada vez más. Además, tenía el beneficio añadido de que aquello nos hacía sentir invencibles y poderosas. No creo que mi periodo de ladrona de ropa cara sea gracioso o comprensible de ninguna de las maneras, pero tampoco es sorprendente. Cuando eres adolescente, sobre todo si tu familia se ha roto y no tienes dinero, de repente descubres y eres completamente consciente de hasta qué punto eres insignificante en este mundo. Y lo que es peor: empezaba a sentir que me acercaba cada vez más a ese punto de enfado —al que la mayoría de las mujeres llegan durante la universidad o quizás durante su primer trabajo— en el que te das cuenta de que no solo importas muy poco en ese momento concreto, sino que se trata del momento de tu vida en el que quizá importes más. Desde ahí todo va para abajo. Tienes dieciocho años y es tu última oportunidad de coger todo lo que puedas. Todo. Sé que nada de esto es excusa para robar en tiendas, de verdad que no creo que sea algo que esté bien hacer, pero tampoco es de extrañar que nos hiciera sentir tan poderosas e invencibles.

Después de hacerlo varias veces, teníamos la sensación de que teníamos montado un timo importante. Nos llevábamos dos prendas iguales a los probadores y allí metíamos una en una bolsa o nos la poníamos debajo de lo que lleváramos y la otra la dejábamos en el perchero.

—¿Cómo ha ido ahí dentro? —me preguntaba la dependienta.

—No demasiado bien —contestaba yo, intentando interpretar a la típica mujer que se odia, que es como se siente la mayoría de las mujeres al salir del probador.

Sin embargo, en realidad celebraba que era un genio por mi plan «coge dos y roba uno», cuyas genialidades tuvieron un final abrupto el día que a mi hermana y a mí nos metieron en el asiento trasero de un coche patrulla.

Estábamos en el centro comercial Roosevelt Field de Long Island, un centro comercial típico, quizá de los elegantes, en la medida en la que pueden serlo. Con los años, habían abierto en él una tienda Gucci y una de Valentino, pero esa zona de los pasillos de mármol parecía especialmente vacía, por lo que Kim y yo decidimos quedarnos en la zona más cutre y más viva. A mí dame una tienda de discos Hot Topic y un *pretzel* de Auntie Anne's, que eran más de nuestro rollo. Kim y yo pasábamos por delante de Fulanodale's.

—Deberíamos entrar. Aquí es muuuuy fácil coger lo que quieras. ¡Sobre todo ropa interior! —dijo Kim.

Yo debería haber pensado: «No es buena idea. Este sitio no lo tienes estudiado y no queremos acabar en la cárcel». En cambio, pensé: «¡Ostras, necesito ropa interior!».

Así pues, lo hicimos. Lo hicimos sin miramientos. Nos volvimos majaras, aquello era una juerga sin límites. Y no nos conformamos con la ropa interior. Cogimos chaquetas, bufandas... ¿Qué es esto? ¿Que Dolce & Gabbana ha sacado un perfume nuevo? ¿Un pijama con estampado de leotardo? Muchísimas gracias, muy amable. ¿Jerséis de cachemira? ¿Siete vaqueros? En fin, ¡es que creo que me los merezco! Kim había echado el ojo a una camiseta de tirantes con un símbolo del dólar tachonado con bisutería, y ¿por qué no podía tener unos pantalones de pijama con esposas de blonda blanca a conjunto? Y si no cogía aquel sujetador de verdad sin tirantes entonces, nunca volvería a disfrutar de la oportunidad de tener uno. ¡Era entonces o nunca! ¿Y el plato fuerte? Un sombrero fedora de piel. Nos llevamos todo eso al cambiador.

Recuerdo embutirme dentro de un par de vaqueros Guess demasiado pequeños mientras acariciaba con cariño un mono Juicy Couture. «Lo guardaré para ocasiones especiales», pensé. Mientras quitábamos las etiquetas de todos los artículos con meticulosidad de locas, estábamos de subidón por la adrenalina. Yo saqué el perfume de la caja y me lo escondí en el bolsillo del abrigo. «Bien pensado, eres un genio», pensé, dándome palmaditas en la espalda. Pusimos todas las etiquetas de todos los artículos de los que, orgullosas, íbamos a ser las nuevas propietarias en la caja de perfume vacía y cargamos con todo. Nos sonreímos, nos abrazamos, respiramos hondo y salimos por la puerta.

Pasamos por delante de una chica guapa con una melena castaña hasta los hombros y los ojos oscuros que había estado merodeando por el pasillo. «Es mona, pero da mal rollo», pensé. Kim y yo nos dirigimos hacia la salida del Bloomingd... (uy, casi lo digo) que nos daría acceso al resto del centro comercial. Nos cogimos de la mano, sintiendo en el torrente sanguíneo las mismas reacciones químicas que los ludópatas, los pilotos de Fórmula 1 y Tom Cruise y fuimos a pasar por los detectores. No sonaron. Lo habíamos conseguido. Triunfo. Tenía el corazón acelerado, pero no sudaba ni hacía nada que pudiera delatarnos (a esas alturas ya éramos unas profesionales). Había sido una excursión perfecta. Y para rematarlo, teníamos entradas para ver aquella noche a nuestra cantante favorita, Ani DiFranco. ¿Qué conjunto nuevo me pondría? ¡Lo que estaba claro es que estrenaría el sombrero fedora de piel!

Y entonces...

Vinieron de golpe cinco personas vestidas de paisano. Una era la chica de los probadores y otro un chico al que había sonreído mientras dábamos vueltas por la tienda. Un montón de infiltrados. Era como aquella escena de *Blow* en la que resulta que todos los camareros trabajan para la DEA. Nos rodearon, gritando «¡no os mováis!», pero no nos tocaron. (Después supe que no pueden ponerte la mano encima, por lo que todavía me arrepiento de no haber echado a correr. Si hubiese sabido que no podían tocarnos si corríamos, habría hecho un Forrest Gump y me habría largado de aquel centro comercial y no habría mirado atrás hasta que hubiese llegado al mar o a Robin Wright.)

Nos tuvieron formando aquel extraño patrón de espera hasta que salieron los vigilantes de la tienda y se nos llevaron. Nos acompañaron de nuevo a la tienda, a una salita que había en sus tripas. Imaginar aquel momento ahora todavía me revuelve el estómago como ninguna otra cosa. Con Kim me puse en modo protector y hermana mayor y me preocupaba cómo llevaría ella la situación, pero sobre todo sentía vergüenza. Nos habían descubierto. No podíamos abandonar aquella salita. No podía salvar a mi hermana. No podía sortear aquello contando chistes. Teníamos que rendirnos y ya está.

Los cinco vigilantes de la tienda entraron en tropel en la sala. Se rieron, celebraron la victoria y nos vacilaron un poco. Fue humillante. Kim no tenía buena cara. Pequeña y espabilada, siempre había sido mi compañera de fechorías, pero sabía que llevaría aquella situación peor que yo. Ella hacía poco que había adquirido el mecanismo familiar de afrontamiento del estrés y la ansiedad mediante la disociación, que era efectivo pero algo perturbador. Aun así, era buena hasta resultar peligrosa. Básicamente, se había aislado de su entorno inmediato y había entrado en una especie de estado catatónico. Veía que se quedaba dormida y que la perdía. Tenía que hacer algo.

Y ahí demostré de verdad mi capacidad de ser pilla. Hice lo que casi siempre puedo hacer para mejorar las cosas: la hice reír. Mientras los vigilantes extendían la ropa en el suelo para poder calcular los cargos, me vine arriba. Señalé un par de pantalones de cuadros escoceses de franela que había robado Kim.

—¿Dónde te los ibas a poner, Kim? ¿Te has apuntado a un club campestre y no me lo has dicho? —le pregunté.

Me puse en plan comedia del insulto. Ridiculicé lo que había decidido robar, la consolé con comentarios socarrones sobre su gusto y Kim se rio y siguió allí entre nosotros.

—¡Es hurto agravado! —exclamó la castaña guapa, y los vigilantes chocaron las manos. Pensé que cuanto mayor era el cargo, mayor era la prima. La puerta se abrió de repente y entró un hombre de mediana edad que tenía el torso mayor de lo que le correspondía por su cara de pitbull. Tenía canas en las sienes, pero no en la parte superior de la cabeza. Desprendía suficiencia, como si trabajara en un Genius Bar de Apple el día del lanzamiento de un producto.

—¿Así que os pensabais que podíais entrar aquí y robar en mi tienda? —preguntó.

Los ojos de Kim empezaban a flaquear y yo sabía que estaba a punto de entrar en un agujero negro. Antes de que aquel hombre empezara a formular la siguiente pregunta megalómana, intervine.

—Hombre, Sr. Bloomingdale —el secreto ahora es un secreto a voces—, en primer lugar, es un honor conocerlo. En segundo lugar, ¿vive en la tienda?

Kim soltó una carcajada y luego se contuvo.

Huelga decir que mis bromas no nos salvaron. No culpo al Sr. Bloomingdale de no apreciar mi sentido del humor. Nos cayó el cargo mayor. Nos llevaron a la comisaría del centro comercial, que no es baladí, en los asientos traseros de un coche de policía camuflado. Los agentes que nos llevaron eran simpáticos. Pusieron alta «Comfortably Numb» de Pink Floyd y yo me sentí muy aliviada porque Kim ya no estaba petrificada[33] y la había podido hacer reír a pesar de que nos dirigíamos al trullo. Íbamos en el coche mirándonos y cogidas de la mano. Era finales de noviembre, por lo que el pavo congelado de Acción de Gracias de uno de los policías estaba allí entre nosotras. En la comisaría nos tomaron las huellas dactilares, nos hicieron fotos y luego nos sentamos en un banco mientras intentaban llamar a nuestra madre. No cogía. Gracias a Dios.

—Bueno, señor, es que en realidad el que se ocupa más de nosotras es nuestro padre —dije.

Menuda mentira. Llamaron a nuestro padre y le dejaron un mensaje. Expliqué que era probable que no devolviera la llamada en horas y que nuestra madre era una especie de figura ausente en nuestras vidas. Menuda mentira.

En aquel momento sentí que tenía que ser mi propia protectora. Mis padres no podían ayudarme. Y también tuve una sensación inequívoca de determinación: tenía que cuidar de Kim y ayudarla a superar aquello. Les solté a los polis que lo había robado todo yo. Que lo había hecho sola. Que eran mis cosas. El policía del centro comercial nos dijo que, como Kim era menor, si el cargo aparecía en su ficha no pasaba nada. Entonces retiré todo lo que había afirmado e intenté echarle toda la culpa a ella.

Cuando ya estuvo todo el bacalao cortado, acabaron condenándonos a servicios comunitarios, pero la cosa no fue demasiado mal. Incluso aquella noche pudimos ver a Ani DiFranco en el Beacon Theatre, donde cantamos a voz en cuello para celebrar nuestra libertad. ¿Qué mejor manera para conmemorar nuestros últimos días de rebeldes que pasar la noche gritando las letras de la cantante que era, por resumir, la Juana de Arco de todas las niñas blancas de dieciocho años? Recuerdo que durante la canción «Swan Dive», Kim y yo cantábamos a grito pelado «me da igual que me coman viva, tengo cosas

---

33. «Numb» en el original. [N. de la T.]

mejores que hacer que sobrevivir» y nos pareció más estimulante que ponernos todos los tops ceñidos robados del mundo.

Y, al final, que nos descubrieran en Bloomingdale's corrigió mi juego muy en serio. A fin de cuentas, la pillería en la que me esfuerzo por mejorar no tiene nada que ver con robar, mentir o hacer amigas mediante atracos horribles que salen mal. Y, desde luego, tampoco tiene nada que ver con coger lo que es de otra pèrsona solo para sentirme yo más poderosa. Tiene que ver con ser mi mejor defensora y saber cómo coger lo que merezco en la vida sin molestar a nadie más. Tiene que ver con hacer reír a mi hermana cuando estamos las dos con mierda hasta el cuello. Ahora que soy adulta y ya no hago subir el precio de cacharros cutres en Antiguo Sacramento, tengo un máster en la pillería máxima: hacer reír a la gente. Es algo que aún estoy perfeccionando: bordear las reglas, escribir chistes sobre las montañas de mierda de la vida… todo para que la gente sonría y se sienta mejor. Aquí no hay ningún juego de manos ni ningún truco de magia. Hay que trabajar mucho, sin atajos. Lograr que el público se ría es mucho más difícil que salir de Bloomingdale's con un fedora debajo de la camisa que solo puede ponerse Ving Rhames. Aun así, es una pillería que no puedo dejar.

EXTRACTO DE MI DIARIO
DE 1999 (DIECIOCHO AÑOS)
CON ANOTACIONES DE 2016

Querido diario:
Estamos a lunes y sigo en casa. Estas vacaciones han sido muy divertidas. Han sido una experiencia en la que sobre todo he aprendido. Es el momento de que reflexione sobre este último mes[34].
La noche del martes al miércoles de la semana pasada algunas fuimos al Gormans[35]. Fue divertido. Las conversaciones estuvieron bien y bailamos[36]. El jueves fuimos al Roulettes. Fue divertidísimo. Alcanzamos todas un buen nivel de borrachera[37] y bailamos como no habíamos bailado nunca[38].

---

34. Muy profundo, Amy. ¿Reflexionas sobre un viaje de voluntariado a Guatemala? ¿Sobre cuando fuiste voluntaria en un albergue? No, reflexionas sobre todos los bares a los que fuiste. Tienes una mente privilegiada. Continúa.

35. Un bar en el que servían alcohol a los menores de edad.

36. Diría que las conversaciones serían algo así como «Me gusta la camisa que llevas. ¿De dónde es?». «Armani Exchange.» «Ah, por eso pone 'Armani Exchange'.» «Me ha gustado que nos hayamos puesto al día.»

37. Muy probablemente con lagunas.

38. Nunca seré capaz de expresar cuánto agradezco que no haya ninguna grabación.

Bailamos como lesbianas. Fue muy divertido[39]. Todos los chicos que había se habrían muerto por cualquiera de nosotras[40]. Justo antes de irme me encontré a Nick[41]. Me alegré mucho de verlo. Era exactamente lo que quería en aquel momento. Un chico que estuviera interesado de verdad en mí y con el que a mí me gustaría tontear. Estuvo de lo más amigable. Le dije que me llamara. Me llamó al día siguiente y me pidió que fuera a un bar de Long Beach. Dije que quizás, pero que ya vería[42].

Vi la película Inocencia interrumpida con mis amigas[43]. Es muy buena. La noche del sábado invité a unas cuantas chicas, tres de las cuales van a la universidad con Jess Sap. Nos emborrachamos bastante y fuimos a la cita con Nick. Se alegró mucho de verme[44]. Nos invitó a beber toda la noche[45]. No pagamos nada de nada[46]. Yo estaba guapísima[47] con una falda tubo de Zara que se anuda a la espalda[48]. Nick me dijo cosas muy bonitas[49]. Cuando ce-

---

39. Quiero pedir disculpas a todas las lesbianas. Las lesbianas no bailan como nosotras bailábamos ni de lejos. Debimos de incorporar la antiquísima técnica de intentar que los tíos se fijaran en nosotras fingiendo que estábamos a punto de dejar que la música («Come On Eileen» con toda probabilidad) se apoderara de nuestra alma y nos hiciera olvidar la que sabíamos que era nuestra sexualidad y nos empezáramos a lamer entre nosotras en la pista de baile de aquel bar de mierda.

40. ¿Tenías el ego subido, Amy? Me gustaría montar un vídeo de cómo me veía a mí misma aquella noche y de lo que pasó en realidad. Culpo al programa The Grind de la MTV por hacernos pensar a todas que éramos Daisy Fuentes.

41. Era un tío que estaba muy bueno y muy cachas. Recuerdo que se parecía a Superman o a Chris Klein.

42. Claro que sí, joder. Estoy segura de que empecé a prepararme en ese momento y no paré en veinticuatro horas.

43. En resumen, un documental sobre todas nosotras pero en versión tías buenas.

44. Cuidado.

45. Mucho cuidado.

46. Extremo cuidado.

47. Me muero de la risa, porque sé qué pintas tenía a esa edad. Lo único increíble de mi aspecto es que la gente pudiera identificarme como persona de sexo femenino.

48. Recuerdo la falda. Era de lana y tenía en la parte de la espalda unas tiras delgadas de piel marrón que se lazaban. Picaba hasta decir basta y me causó un sarpullido por todo el cuerpo. Parecía lo que llevaría una pobre plebeya violada por un soldado en Juego de tronos. Era demasiado corta, así que se me salía la barriga. Yo no tenía cintura y mi silueta se parecía bastante a la de una radio antigua, por lo que supongo que quería acentuarla.

49. Pues claro, yo llevaba un blanco en la cabeza, o más bien encima del culo.

rraron el bar, volvimos todos a mi casa. *Todo el mundo se fue y Nick y yo nos
metimos en mi habitación. Estuvimos enrollándonos unas tres horas*[50].

*Me gustó cómo besaba, pero era muy agresivo y basto. Intentaba «impre-
sionarme» todo el rato metiéndome un dedo por el culo y otro por la vagina*[51].
*No pude bajar la guardia. Era distinto, no estaba del todo mal, pero no
quería que hiciera eso*[52]. *No se lo he dejado hacer a ninguno de mis novios,
¿por qué iba a dejarle a él?*[53]. *No paraba de intentar que me tocara yo sola*[54] *y
yo le hacía bromas del tipo: «Creo que aún no hemos llegado a esa fase de la
relación»*[55]. *Lo más extraño que me hizo fue que, después de comerme el coño,
y cuando yo llevaba ya un minuto chupándosela, intentó meterme un dedo
del pie*[56]. *Yo le dije «no, gracias», y me preguntó por qué, en serio*[57]. *También
me mordió los pezones a lo bestia*[58]. *Al día siguiente me enfadé muchísimo,
porque los tenía muy irritados, como la vagina, de meterme el dedo con tanta
fuerza*[59].

*Se quedó a dormir. Le pregunté si le gustaba tener su espacio mientras
dormía y me dijo que sí. Salí desnuda de la cama y me fui a dormir a la ha-*

---

50. Ahora esto me parece una pesadilla, un agotador intercambio de bacterias sin más. Paso.

51. Gracias, Dra. Schumer, muy sexy. Me temo que no escatimaba mucho en detalles. De todas
formas, qué bien escrito. ¿No tienes la sensación de que estás en la habitación conmigo? Es como
si estuviéramos todos sentados sobre su dedo mientras intenta metérmelo por el agujero del
culo.

52. Siempre ha sido la manera de tomar la temperatura que menos me gusta.

53. Es lógico, ¿no? Nadie a quien quisiera o de quien me fiara tuvo el honor de tocarme el agujero del culo por dentro. Imagino que mi filosofía era «La reina tiene que concederte el título de
caballero antes de meterme un dedo por el culo».

54. Vago.

55. Creo que este comportamiento es más típico ahora, con la generación que ha crecido viendo
porno, pero en aquel momento era bastante raro, en mi opinión.

56. O, como decían en la antigua China, «flotal el pinlel».

57. Querría entregarle a este chico la medalla a los huevazos más gordos. ¿Por qué? ¿Quieres
saber por qué no quiero que me metas el dedo del pie? Quizá porque es desagradable de cojones
y mi coño no es tu zapato. Así que hasta que Crocs no invente un modelo nuevo que se llame
Zapato de Cinco Dedos para Chochos, ¡deja los pies exactamente a una pierna de distancia de
mis partes femeninas!

58. Los tíos que hacen esto deberían ser los últimos reclusos de Guantánamo.

59. Si quieres que una chica se acuerde de ti, quizá deberías escribirle un poema y ya está.

bitación de mi madre[60]. *Me desperté un par de horas después y lo llevé a casa en coche. Hice que Kim nos acompañara*[61]. *Me dio un beso de despedida en la mejilla y me dijo que lo llamara. Después hablamos por teléfono y me dijo que tenía la sensación de que lo quise echar de casa. Estaba muy en lo cierto*[62].

La noche siguiente no hice nada. Esta semana he trabajado en el Forever 21 del centro comercial. Me han puesto en la caja, que es más ameno[63].

---

60. Ja, ja, ja. No estaba en casa, claro. Repito: mi madre NO estaba en su cama. De todas formas, me encanta que a los dieciocho ya evitara lo de acurrucarme con alguien después de enrollarnos.

61. ¡Joder, Amy, tu pobre hermana! «Oye, quieres dar una vuelta por Long Island con este tío que me ha usado como marioneta toda la noche?» ¡Kim tenía catorce años!

62. Vaya, estaba muy al tanto de lo que quieren las mujeres.

63. Sigo entendiendo que me emocionara esta promoción. Lo que no sabía es que llevaría su uniforme hasta bien entrada la treintena.

MENTÍA HASTA
QUE LO CONSEGUÍA

No hay nada mejor que trabajar para uno mismo. Bueno, sí hay algo mejor: no tener que trabajar nada. Eso es mucho mejor. De todas formas, yo he tenido muchos trabajos en mi vida y he vivido todas las humillaciones exclusivas y concretas que conlleva cada uno de ellos. Incluso cuando me contrataban para algo indigno, me gustaba la sensación de hacer algo útil. Ya de pequeña quería demostrarle a todo el mundo que podía cargar con todo (nunca pesé menos de sesenta y ocho kilos, incluso cuando iba a primaria). Que yo recuerde, siempre he buscado trabajo. Cuando era niña, me sentía ahogada e inútil, quería contribuir y los puestos de limonada no cubrían las expectativas. No soportaba ser demasiado pequeña para tener trabajo o para apuntarme a un gimnasio, y es increíble que estas dos cosas que quería a toda costa sean de los ámbitos en los que menos destaco en mi vida adulta. Entonces quería participar. Quería disfrutar de la satisfacción de ganar mi dinero y aportar cosas.

Antes de cobrar como artista, la mayoría de cosas por las que me pagaron fueron trabajos normales de mierda mal remunerados y bastante poco glamurosos. Trabajé en al menos una docena de bares o restaurantes solo en Manhattan y durante la universidad trabajé un tiempo pintando casas. Todos los fines de semanas, a las seis de la mañana estaba subida a una escalera con un rodillo y pinceles, pintando el interior de la casa de alguien, un restaurante chino o una escuela.

Sin embargo, todos los trabajos me gustaron, incluso si odiaba alguno, siempre me encantó la sensación que tenía cuando los acababa: la
cerveza al acabar un turno o la sensación de mirar el reloj y ver cómo
la manecilla cambia al minuto en el que puedes irte, algo que es muy
liberador. El momento en el que ya puedes salir por la puerta es una
experiencia que no se puede reproducir. Lo siento mucho por la gente
que nunca ha tenido que trabajar, porque nunca conocerán esta sensación. La gente que nace rica, con sus días a lo Gatsby, pasados abani-
cándose sin hacer nada, preguntándose si deben ir a la ciudad. Nunca
conocerán la euforia pura que sientes cuando tu superior en un restaurante especializado en carnes te dice: «Ya estarás cuando acabes de
ordenar y preparar todo para mañana». Menuda sensación la de enro-
llar frenéticamente cubiertos en servilletas y dar ese primer paso a la
calle, respirar el aire, saber que ya disfrutas de tu tiempo. Es el paraíso.
   Mi primer trabajo fue de modelo infantil, porque era una bebé de
lo más mona. Es broma, es broma, es broma. Era una bebé muy normalita, y por «normalita» entiendo que parecía más un doguillo que
un bebé, pero mis padres necesitaban una modelo para los muebles
que vendían. Como eran mis padres, pensaban que yo era adorable
(eso y que sabían que trabajaría gratis). Posé en un montón de cunas
y salí en la portada de su catálogo, y probablemente ese sea el motivo
de que la empresa quebrara. Fue el principio y el final de mi carrera
como modelo de catálogos. Siempre he querido volver a dedicarme
a ello.
   Mis padres siguieron aprovechándose de mi ética profesional cuando me usaron de modelo para su segunda tienda, Calling All Girls, en
la que vendían regalos, ropa y muñecas que parecían poseídas, todo
para niñas. Fue una buena idea solo si la comparamos con el plan de
negocio inicial, que consistía en vender zapatos. (Zapatos Schumer
me habría fastidiado la existencia cuando era adolescente.) El eslogan
que mi madre ideó para Calling All Girls fue «¡Prohibidos los chicos!»,
pero debería haber sido «¡Prohibidos los clientes!», puesto que nadie
jamás compró nada. Rechazar de entrada al cincuenta por ciento de
la población no fue una gran estrategia de marketing. En cualquier
caso, «¡Prohibidos los chicos!» se imprimió en chapas y camisetas que

Kim y yo llevábamos siempre como si fuéramos pequeños anuncios andantes de nuestros padres. Supongo que con el eslogan pretendían incrementar el poder del marketing entre «el sexo más débil», pero más que ir a favor de las chicas, era un eslogan contrario a los chicos, sin más. O se podía interpretar de forma equivocada, como si dijeran «¡Chicos prohibidos, pero hombres bienvenidos!». El eslogan se prestaba a muchas interpretaciones erróneas y a pocas buenas. Yo era una niña de once años que invitaba a los hombres a que se me acercaran. Parecía un anuncio andante de ese programa en el que intentaban cazar a pederastas. Debería haberme pagado el presentador, Chris Hansen, no mis padres. Sea como fuere, supongo que, en teoría, «¡Prohibidos los chicos!» era la forma no demasiado sutil de mi madre de decirnos que los hombres eran malos. Yo nunca me lo tragué, pero podría decirse que mi madre fue clara como el agua. Y como las camisetas y las chapas, en realidad.

Con la tienda nueva no me pidieron que fuera modelo de catálogo, sino que me pidieron, o más bien dijeron, que pasaría los fines de semana en el Javits Center, un gran centro de convenciones donde se organizaban ferias comerciales los fines de semana. Mis padres exhibían sus existencias usándonos a Kim y a mí de expositores. Llevábamos camisetas de «¡Prohibidos los chicos!» con un dibujo de una cerradura y una llave, y las camisetas se vendían con una llave que llevabas colgando como un collar. Visto ahora, todo aquello era un poco inquietante. Supongo que a mi madre le pareció inteligente que fuéramos unas cabroncetas remilgadas que «cerrásemos» el paso a los chicos y que llevásemos colgando delante de ellos la llave de nuestros bienes. Además, el mensaje involuntario tenía una vaga implicación contra las violaciones. Hay países en los que venden a las niñas pequeñas para que sean esclavas sexuales y cuya virginidad se compra, y allí estaba yo, a los once años, junto a mi hermana de siete, con una llave al cuello y un letrero enorme que rezaba: «No tienes acceso a esto». En fin, Kim y yo nos pasábamos horas y horas en nuestro expositor, y estoy segura de que no ayudábamos a vender ni una camiseta extra de la tienda de mis padres. No recuerdo lo que me pagaban, pero me gustaba pensar que era modelo.

A mi madre se le giró en contra convertirme en el centro de atención, porque cuando llegué a la primera adolescencia, empecé a exigir una sesión de peluquería semanal para mi pelo crespo y rizado. La mayoría de las niñas de doce años no van mucho a la peluquería, pero en mi ciudad odiaban a los judíos y yo quería disimular mi pelo a lo afro, por lo que empecé a pensar cómo podía ir más a la peluquería. No eran baratas, por lo que se me ocurrió barrer pelo en la peluquería después del colegio si, a cambio, me secaban y peinaban el pelo una vez a la semana. No sé durante cuánto tiempo mantuve este acuerdo, pero en aquel momento me parecía muy valioso. Supongo que a los de la peluquería, como a mis padres, no les preocupaban mucho las leyes de trabajo infantil. Aquel trabajo también me encantaba. Formaba parte de un equipo y me sentía útil, pero no había mucha clientela. Me sentaba inquieta, observaba cómo los estilistas cortaban el pelo y esperaba a que cayera un poco al suelo. Cuando esto ocurría, iba corriendo a por el pelo, como una máquina de pulir hielo humana o un jugador olímpico de curling. La gente se quejaba de que era demasiado impaciente y me despidieron.

Fue el primero de una larga lista de despidos del todo justificados a lo largo de mi vida. Estaba tan impaciente por trabajar «que mentía hasta que lo conseguía», aunque no estuviera nada cualificada para el puesto. Al final, acababan despidiéndome, cuando descubrían que no tenía experiencia. La segunda vez que me despidieron fue cuando mentí en una entrevista para otra peluquería y me ofrecieron el puesto de la chica del champú. Pensaba que iba bien hasta que la cagué por completo con mi primer cliente calvo. El hombre solo tenía un poco de pelo en la parte de delante de la cabeza, en el centro, y una franja delgada en la parte inferior trasera, como un payaso. No es mi intención ofender a los que tienen este tipo concreto de calvicie masculina, pero no miento si digo que ese hombre tenía pelo de payaso de manual. Yo empecé a lavarle el pelo —solo el pelo, no aquella cantidad considerable de cuero cabelludo calvo— y él me gritó, pronunciando mal la ese:

—Por favor, quiero que me 'lavez' toda la cabeza.

—¡No! —contesté—. ¡Si lavo las zonas que no tienen pelo, el agua rebota hacia atrás y me mojo la cara!

Se fue directo a la propietaria y en pocos minutos me habían despedido.

Estoy muy agradecida a los jefes que de forma deliberada pasaron por alto mi falta de habilidades y me contrataron basándose solo en mi seguridad y mis bravuconadas. Trabajé en un restaurante especializado en carne en Grand Central Terminal, un lugar muy caro y de manteles blancos dirigido a gente de negocios que habla rápido, gente que viaja diariamente a Nueva York y turistas. No estaba en absoluto cualificada para trabajar allí y no tenía ninguna experiencia en restaurantes de lujo, pero mentí y dije que sí. No superé la primera entrevista, pero cuando me estaba yendo oí por casualidad a alguien que había ido a la segunda y se me ocurrió presentarme allí al día siguiente y repetir lo que había oído. «Miente hasta que lo consigas», pensé. Al día siguiente aparecí allí.

—Hola. Tengo una segunda entrevista con Frank —dije con seguridad.

Me miraron de arriba abajo, confundidos, pero me senté y esperé a Frank, fuera quien fuera. El director general salió y me hizo algunas preguntas. La que recuerdo es «¿Cuál es el ingrediente principal del tequila?». Contesté «¿El triple seco?». Me dijo que estaba muy equivocada y que era el agave, y me contrató de igual forma, todavía no sé por qué. Quizás mi falsa seguridad hipnotizara.

Durante la mayor parte de los nueve meses que trabajé allí fui la única mujer. Era una plantilla completamente masculina llena de camareros especializados en carne y con experiencia. Tenía que llevar chaqueta y corbata. La chaqueta era blanca, por lo que el polvo de Grand Central se iba asentando en mí. Para cuando acababa el turno, la chaqueta era gris y tenía que rascarme la cara hasta que parecía que tuviera lepra. Era demasiado joven y tenía demasiadas manchas en la piel para trabajar allí, pero mentí hasta que al final conseguí ser bastante buena. Estaba entre los camareros que más vendían. Ofrecía cosas que no estaban en la carta, como el «mar y montaña», que solo significaba que les cobraría una langosta y un solomillo. Era una cabrona de cuidado.

Hubo otras ocasiones en las que empecé sin cualificación alguna y acabé haciendo un gran trabajo. Como la vez que en la universidad enseñé aerobic —o, como dicen algunos, «ejercicio en grupo»— a chavalas como yo que no paraban de coger kilos de más durante el primer año fuera de casa. Es cierto que tenía un título para enseñar kickboxing y fui capaz de aprovechar eso para dar clase de otras muchas cosas que ni siquiera había probado, como yoga, pilates, *spinning, step* y baile. Antes de que tomes el camino que te lleva a pensar que no me escogerías como instructora de *fitness*, deja que te cuente que a mis clases iba mucha gente y que eran muy divertidas. Hacía que las chicas gritaran los nombres de sus ex o de la persona con la que estuvieran enfadadas mientras daban patadas y puñetazos. Conseguí algunos fans que me seguían de clase en clase. La condición física y la experiencia que me faltaban las compensaba completamente con simpatía y gritos motivacionales.

Hubo un trabajo para el que no podía fingir la condición física, aunque lo intenté igualmente. Tenía veintiún años y vivía en la costa oeste con Dan, que resultó no ser el mejor novio (hablaré de ello más adelante). Quizá mi infeliz vida familiar con él me llevó a tomar la extraña decisión de trabajar de conductora de velotaxi. Para los que no sepáis qué es un velotaxi, básicamente es un carruaje tirado por un caballo, excepto que la que hace de caballo es una persona en bici. No sé qué se me metería en la cabeza para pensar que era una buena idea. Desde el punto de vista técnico, para hacerlo solo necesitabas una bicicleta, porque la empresa de velotaxis te alquilaba el carruaje por veinte pavos al día. Te ayudaban a enganchar el carruaje a la bicicleta, y pedalear por la ciudad en busca de seres humanos que transportar ya era cosa tuya. En una colina enorme había una calle principal y yo subía hasta arriba del todo con la esperanza de que la gente quisiera pagarme por que les bajara. Nunca ocurrió, por supuesto. Me sentaba allí y esperaba una hora y luego bajaba hasta abajo del todo donde, como es normal, la gente siempre me paraba para que la llevara. No estaba muy en forma, por lo que cuando llegaba a media ladera siempre sentía que estaba a punto de dar la voltereta hacia atrás (carruaje, pasajeros y todo). Entonces paraba y gritaba «¡Todos fuera!» y los pasajeros tenían que ayudarme a empujar el carruaje colina arriba. Debido a una extraña ordenanza municipal, no podías proponer a los pasajeros una tarifa, sino que, en teoría, tenías que dejar que pagaran lo que quisieran. ¿Te imaginas que las prostitutas también tuvieran que regirse por esta ley? «No ha estado nada mal, toma cinco relucientes centavos.» ¡Sí, claro! Yo les decía lo que valía, como una pequeña y amable prostituta.

Hice este trabajo unos cuantos meses y solo perdí un kilo y medio, más o menos. Fue más de lo que perdí dando clases de aerobic, aunque lo normal sería pensar que adelgazaría más. De todas formas, acababa mi turno tan hambrienta que me ponía hasta arriba de comer. Luego bebía hasta perder el conocimiento para olvidar que al día siguiente tenía que trabajar. De ese trabajo disfruté la bonita camaradería que se respiraba entre todos los conductores de velotaxis. Nos encontrábamos en un punto de la ciudad, aparcábamos los carruajes, fumábamos cigarrillos y hablábamos de lo duro que era nuestro trabajo.

El no va más de la situación falsa de mi currículum fue la vez que trabajé en un bar de lesbianas. Todas las camareras y yo salíamos y nos emborrachábamos a tope antes de cada turno, porque a pesar de lo que yo imaginé que sería, servir solo a mujeres era una pesadilla de cojones. Lo único peor que los dramas de borrachas y las indecisas a la hora de pedir era el hecho de que nunca me entraba nadie. Todas las demás camareras eran heterosexuales, pero al cabo de una hora de haber empezado nuestro turno, estaban poniéndoles los cuernos a sus novios con clientas. Cuando acababa la noche, las camareras estaban incluso más borrachas que al principio, así que contar el dinero y las propinas era imposible. Además, nos hacían bailar en la barra. Era humillante. Yo no bailo bien en las barras. Me ponía unas bragas rosas con la frase «Me quiero», me subía la falda para enseñar el mensaje y me balanceaba por ahí riéndome. Al final me despidieron, pero no porque bailara de forma grosera o por mi contundente heterosexualidad, sino por cerrar antes sin permiso. Una vez, cerré el bar a las siete de la tarde porque me apetecía y punto.

En el trabajo siempre hacía lo que me daba la gana. A veces es demasiado difícil esconder tus sentimientos solo porque los que mandan son otros. Como en un restaurante en el que trabajé, donde decidí dejar de hablar con los clientes porque eran muy pijos y maleducados. No pude más con ellos. Con todo, para ser camarera tienes que hablar con los clientes, por lo que me relegaron a no tener contacto directo con ellos. Estaba quieta en un sitio y solo preparaba bebidas para que los camareros las sacaran a sala. Y ahora que soy la jefa y que puedo ser abiertamente sincera sobre mis sentimientos en el trabajo, intento ser un buen ejemplo para mi plantilla y les hago saber que ellos pueden hacer lo mismo. En el set de mi programa de televisión todo el mundo es libre de sentir lo que sea. A veces, cuando estoy supersensible porque son esos días del mes, cojo el altavoz y anuncio a todos los actores y trabajadores que tengo la regla. En el trabajo, todos deberíamos poder ser nosotros mismos y ser auténticos, independientemente de lo que sintamos.

Una vez, a los quince años, cuando trabajaba en una tiendecita de comestibles junto a la parada del tren, sentí que mi cuerpo me pedía que me comiera un montón de perritos calientes de la tienda, y me los comí. No sería tan extraño si no fuera porque siempre trabajaba en el turno de las cinco de la mañana, antes de ir al instituto. La verdad es que no estaba nada preparada para ese trabajo porque, a pesar de que en teoría debía vender y registrar perritos calientes, café, tentempiés y periódicos, no tenía ni idea de dar el cambio. Si el café costaba 1,85 dólares y me daban un billete de cinco dólares, reaccionaba mirando el billete, esperando que mediante magia negra la cantidad exacta de cambio saliera flotando suavemente de mi mano hacia la del cliente. Soy una gran vendedora, pero los números me frenan. Me consolaba comiéndome muchos más perritos calientes. Aquellos estaban riquísimos. Mi paga era mucho menor de lo que esperaba porque me cobraban la enorme ingesta de salchichas.

Los jefes eran dos hombres indios de casi cincuenta años que ~~pensaban~~ sabían que era imbécil. Lo que les hacía sentirse bien era denigrarme. Se colocaban uno al lado del otro detrás del mostrador y me ponían de vuelta y media. No los culpo, porque era una empleada horrible. Lo dejé en cuanto llegó el verano, y poco después la tienda cerró para siempre. Aquel era un trabajo honesto y sencillo, y creo que si no hubiera tomado este rumbo profesional, me gustaría volver allí a pasarme el día comiendo perritos calientes. Y a aquellos dos hombres les agradezco que, a pesar de reírse de mí todos los segundos que estuve allí, nunca me despidieran.

Una de las cosas que he aprendido al ser yo ahora la jefa es a tener muchas expectativas de la gente, pero sin perder la realidad de vista. No puedes esperar que alguien trabaje más allá de sus posibilidades. Si has contratado a alguien con la capacidad matemática de una piedra y se te come todos los perritos calientes y no sabe dar el cambio, intenta descubrir cómo y en qué destaca y deja que sobresalga en ese terreno. Yo intento ser paciente y comprensiva con la gente que contrato, como lo son ellos conmigo. Respeto mutuo. De todas formas, cuando me doy cuenta de que no valen para el puesto, me porto bien con ellos y dejo que se vayan. Siempre pienso en la cita del pez de colores que suele atribuirse a Einstein: «Todo el mundo es un genio, pero si valoras a un pez por su capacidad de trepar por un árbol, vivirá toda su vida pensando que es idiota». Deja que el pez de colores vaya a algún sitio donde pueda apuntarse a una escuela y luego contrata a un escalador de verdad.

Todavía me encantan los perritos calientes y las lesbianas como a cualquier hijo de vecino, pero para mí fue un gran alivio poder dejar de trabajar para otros y concentrarme en trabajar para mí. Nada me gusta más que llevar el programa sola. Supongo que casi todos los que estáis leyendo esto sabéis la de dignidad personal que cedes con tu firma cuando trabajas para alguien que no te cae bien o para una empresa que te da igual. De todas formas, tengo que aplaudir a todos los jefes horribles para los que he trabajado en el sector de los servicios, puesto que la mayor parte de lo que sé como jefa hoy en día lo saqué de esas experiencias y de aprender a no ser nunca como ellos. Todos esos jefes malvados que denigraban a los camareros y esos encargados de restaurante sociópatas que mandaban a base de miedo e intimidación, ejerciendo su minúsculo poder para asustar que te cagas a cualquier empleado que necesitaba tomarse un día libre hasta por el motivo más legal... Todos esos gilipollas me enseñaron distintas versiones concretas de la persona en la que no quería convertirme si algún día mandaba yo. Así que supongo que los nueve millones de trabajos de camarera que tuve al final sirvieron de algo. De todas formas, a veces también está bien aprender con ejemplos positivos. Saqué más rendimiento de solo un día grabando con Tina Fey y de dos con Lena Dunham que de cualquier otro trabajo largo que haya tenido.

Ahora que paso la mayor parte del tiempo en platós o en escenarios, por fin puedo decir que me encanta mi manera de ganarme la vida. Con todo, la mayoría de días me muero por acabar y poder irme, algo que ocurre pocas veces. Y a pesar de mi pobre trayectoria en restaurantes, bares, peluquerías y sucursales de correos (sí, una vez me echaron de una sucursal de correos por tirar las cartas), puedo decir orgullosa que nunca me han despedido de ningún trabajo del mundo del espectáculo. Una vez, cuando interpretaba un papel en televisión, me dijeron que me largarían si no dejaba de improvisar chistes inapropiados, pero eso es lo más cerca que he estado. Y ahora que soy la que mando y que contratar y despedir forma parte de mi trabajo, sé lo que se siente al tener en tus manos el destino de otras personas. No es una sensación que disfrute. Resulta que estar del otro lado también puede ser muy humillante y duro, aunque sigue siendo mejor que trabajar para otros. Y cuando te acostumbras a llevar las riendas, no hay vuelta atrás.

❧

La primera vez que probé un poco lo de estar al mando fue a los diez años, cuando era árbitra de baloncesto en una liga de niños pequeños. Todos los sábados por la mañana madrugaba, me ponía la camiseta a rayas y me colgaba el silbato del cuello como una pequeña jefa de mí misma. Físicamente aún era una niñita y todavía no me había venido la regla, pero estaba hecha para aquel trabajo. No era fácil, porque los padres y las madres querían sangre y estaban locos. Los niños tenían seis años y ni siquiera podían atarse las zapatillas, pero sus padres exigían faltas técnicas. Expulsaba a unos cuantos cada vez. Pitaba pasos a uno de los chavales y el padre se me acercaba y me decía a la cara —a mi cara de niña de diez años y 1,10 metros— «¡Fatal pitados!». Entonces yo tocaba el silbato y señalaba la puerta, y el adulto enfadado se iba de la pista de morros. Era el trabajo más difícil que había hecho hasta la fecha, más difícil incluso que llevar a tres hombres obesos desde Green Bay colina arriba en un velotaxi. De alguna manera, creo que este trabajo me preparó para todo lo que hago ahora. Me preparó para mandar siendo mujer en un sector que aún dirigen sobre todo hombres. Me preparó para que me llamaran gorda, fea y mala en internet (porque te aseguro que todos los troles de internet son todavía más virulentos y desagradables que los adultos que se enfrentaban a mí en la cancha de baloncesto). Y me preparó para levantarme temprano, trabajar duro y atenerme a mis decisiones.

En la actualidad me despierto casi todos los días con demasiado trabajo por delante y sin suficientes horas para acabarlo todo. Me preocupo por la gente que tengo en plantilla, porque si yo no trabajo bien, puede que se vean afectados. Intento tratar a todo el mundo de la misma manera (mal). Es broma, solo de la misma manera. Me esfuerzo por tomar decisiones que sean justas y buenas para mí y para todos los demás. Estoy cansada y derrotada muchas veces, pero, con todo, me sienta de puta madre saber que independientemente de quién me venga o de lo que me pase, esta es mi cancha y yo tengo el silbato.

EXTRACTO DE MI DIARIO
DE 2001 (VEINTE AÑOS)
CON ANOTACIONES DE 2016

He llegado a casa hacia las 2:50[64]. Hoy he ido con mi madre y con Kim a ver a Jay a LaGuardia. Hemos podido conocer a su gran amiga de la universidad, Eileen.

Jay se ha pasado todo el fin de semana haciendo las bromas de siempre sobre mi gordura[65]. Kim estaba tan guapa y delgada[66] y yo me sentía tan pesada que la mezcla de todo ha hecho que decida intentar desarrollar un trastorno alimentario[67]. Esperemos que salga bien sin ningún peligro[68]. Estoy harta de sentirme segura y luego, de repente, acomplejada[69]. Es demasiado duro. Me he convertido en algo que nunca imaginé. Nunca había tenido ningún problema grave con el peso, pero veré a Dan dentro de tres semanas y estoy harta de que me vea como la chica grandota. Quiero saber cómo es

64. Ostras, qué precisión. ¿Esto qué es, *Ley y orden*?

65. Sinceramente, no recuerdo que mi hermano se riera de mi peso en absoluto. Lo recuerdo asegurándose de que mi ego estuviera controlado y de que no me lo tuviera muy creído.

66. No tenía ni idea de que en aquella época combatía un trastorno alimentario.

67. ¡Gran idea, Amy! Muy inteligente y nada peligrosa. Qué inspiradora. Por cierto, mi intento de tener un trastorno alimentario duró menos de un día. Creo que me salté una comida y luego decidí que no, que a la mierda.

68. Como salen siempre.

69. Pues vete acostumbrándote, capulla, es para toda la vida.

que te consideren una tía muy buena. No soporto que me importe tanto, pero ahora mismo es así[70].

Me imagino leyendo esta entrada cuando me recupere del trastorno y engordando de nuevo, pero tengo que intentarlo[71]. Lo he intentado todo[72]. Si mi aspecto no mejora mucho, renunciaré a ver a Dan. Al verlo, quiero sentirme delgada y guapa. Si no, no lo veré[73].

Es muy humillante poner esto por escrito, pero estoy un poco deprimida. He trabajado duro y así es cómo me siento. Que sea lo que tenga que ser, ya veremos qué pasa.

Un abrazo,

Amy

P.D.: Supongo que Dan tiene demasiado poder sobre mí. Necesito otra cosa. He estado planteándome de verdad el AmeriCorps (esto es: ¡Qué guay!)[74]. Ojalá fuera ya. Debería estar disfrutando de la universidad, no rezando para que se acabe[75]. A la mierda. Me muero por ir a la Universidad de Nueva York[76]. A Towson que le den, Baltimore da asco[77]. Quiero salir de aquí,

---

70. Entiendo lo que quería decir. Creo que este sentimiento es recurrente en las chicas, y a esa edad, piensas que hay otra versión de ti que está esperando a salir y que hará que le estalle la polla a todo el mundo. Me alegro mucho de que esto pasara hace casi quince años y que ahora me conozca a mí y a mi cuerpo. Chicas de esta edad: lo siento, pero si podéis, saltaos el autoodio y el esfuerzo por ser otro tipo de chica. Que esa fase pase de largo y quereos como sois. No perdáis energía en esto. Si queréis perder un poco de peso, genial. Tenéis que estar sanas, pero coño, pasad de lo demás. Estáis buenas y la persona que os querrá no reparará en cinco kilos. Os lo digo muy en serio.

71. No solo estaba convencida de mi capacidad para desarrollar un trastorno alimentario eficaz, sino que estaba también segura de que lo superaría. ¿Crees que me adelanto a los acontecimientos?

72. Excepto dejar de beber como Nicholas Cage en *Leaving Las Vegas*.

73. Este era el novio que me hacía sentir mal por mi cuerpo y por mí misma para que tuviera la autoestima baja y él no me perdiera. Hablaré más de esta joya después.

74. Es como el Cuerpo de Paz, pero en Estados Unidos. Mi hermano estuvo y yo no me planteé hacerlo ni por asomo. ¿«¡Qué guay!»? ¡No me jodas!

75. Esto no es verdad, eso es exactamente lo que tenía que estar haciendo. En mi modesta opinión, la gente que disfruta demasiado del instituto o la universidad es lamentable.

76. No recuerdo haberlo pensado jamás.

77. En esto no estoy de acuerdo conmigo. Baltimore no da asco; ha acabado encantándome.

joder[78]. *Como cualquier relación sana, no ocurre de repente y, a veces, solo se concreta después de varios intentos fallidos de tener trastornos alimentarios.*

Algunos días después:

Querido diario:
Han pasado dos semanas desde mi última confesión. Ja, ja, ja[79]. *Acabo de leer entera la entrada anterior del diario. Me da ganas de vomitar*[80]. *Ahora mismo no siento eso en absoluto. Me gusta mi cuerpo*[81]. *Nunca tuve ningún problema con él antes de salir con Dan*[82]. *Si continúa haciéndome sentir acomplejada, no quiero volver a hablar con él, en serio*[83]. *En estos momentos me siento bastante bien conmigo misma y mi peso. En cualquier caso, estoy en un avión yendo a visitar a Dan, ja, ja, ja. De nuevo, ha bastado mencionar la palabra visita para que coja un avión y vaya a ver a ese cabroncete*[84]. *Espero que lo pasemos en grande. No quiero tomármelo demasiado en serio*[85]. *Es un amigo al que quiero a un nivel más profundo que a otros amigos. Está claro que el sexo lo remata todo, pero no es más que un factor de nuestra amistad*[86]. *Estoy emocionada por ver cómo va el fin de semana. Hoy estamos a jueves y me quedo hasta el domingo*[87].

78. Mucha gente cree que tengo una seguridad inquebrantable, así que espero que este vistazo a mis pensamientos más íntimos confirme la idea de que quererse a uno mismo lleva tiempo.

79. Menuda escritorzuela. Y yo me pensaba que era Woody Allen.

80. Mis vaivenes emocionales entre los veinte y los treinta eran casi como los de una persona con trastorno de personalidad múltiple.

81. ¡Ah, claro, bu, bu!

82. Empezaba a darme cuenta de que este tío me trataba como el culo.

83. ¡Así se habla, joder! Quiero saltar del sofá y celebrar lo de esta chica. ¡Esto es un ejemplo, señoras!

84. Resulta que tenía razón. Era un cabrón. Véase el capítulo titulado «La peor noche de mi vida».

85. ¿Pero tú lees esto? La táctica de «solo voy a pasarlo bien, nada de vínculos» nunca ha funcionado, hermanas, y nunca funcionará.

86. Joder, en esta página casi se oye cómo me miento a mí misma.

87. De acuerdo, lo he buscado en Google y esto cuadra. Era un jueves. También era el cumpleaños de mi hermano. ¡Felicidades con retraso, Jay!

GUAPA Y FUERTE

Antes de ir a la universidad, en el instituto, era la jefa. Sabía dónde aparcar, dónde comprar el mejor bocadillo de albóndigas de pollo y qué encargados de mantenimiento tenían marihuana. La gente me conocía, caía bien. Era deportista, buena amiga y me sentía guapa. Me sentía vista. En el instituto había desarrollado todo mi potencial. Tenía una identidad, me consideraban fuerte, divertida y justa. Me encontraba en ese momento tan agradable de la vida en el que no pasaba mucho tiempo cuestionándome mi valía. Me merecía lo que tenía y lo demás me daba igual.

Luego fui a estudiar a la universidad Towson de Maryland, donde las chicas resultaron elegidas las novatas más buenorras del país en una votación de la revista *Playboy*. No fue gracias a mí.

De la noche a la mañana, ser ocurrente y carismática no significaba una mierda. Día tras día, notaba cómo la seguridad desaparecía de mi cuerpo. Yo no era lo que aquella gente quería. Las querían más delgadas, rubias, tontas. Mis lápices de ojos atrevidos solo funcionaban con los trabajadores de la cafetería, a los que visitaba con demasiada frecuencia, por lo que en lugar de engordar los siete kilos de rigor del primer año fuera de casa, engordé catorce en un tiempo récord. Ningún hombre se fijaba en mí y aquello me estaba matando, aunque me dé vergüenza decirlo.

Lo más cerca que estuve de llamar la atención de alguien fue con un tal Brett. Tenía cinco años más que yo y a mí me parecía de las Juventudes Hitlerianas. También era un «superveterano», que es una manera guay de decir que ya debería haberse licenciado pero que necesitaba o quería otro año antes de entrar en el mundo real. Apenas hablaba, lo que era perfecto para todos los proyectos que tenía previstos para él.

Captar la atención de un chico mayor mono era como un éxito. Me ponía nerviosa si lo veía por el campus: el corazón se me aceleraba, sonreía cuando pasaba, le miraba a los ojos y sentía cómo toda la sangre me subía a la cara. Luego pasaba el tiempo analizando esa interacción y pensando qué me pondría la próxima vez que lo viera. «¿Debería ponerme unos simples zuecos o las sandalias Reef? ¿Estará esta noche en el bar?» «¡Esto pide una minifalda con estampado de cebra y un top ajustado!»

Quería que me llamara, pero no me llamaba nunca. Y de repente, un día, llamó. Eran las ocho de la mañana y sonó el teléfono de mi residencia.

—Amy, ¿qué tal? Soy Brett. Ven.

«Joder, ya está», pensé. «Se ha despertado pensando en mí. Se ha dado cuenta de que nuestro sino es empezar una vida juntos, que deberíamos dejar de fingir que no estamos hechos para querernos el uno al otro. ¿Dónde criaremos a nuestros hijos? ¿Quiere formar una familia en Baltimore? Yo me instalaré donde él se sienta más cómodo. No necesito criarlos en la fe judía, pero no los bautizaré, desde luego.»

Me afeité las piernas en el lavabo y me eché un poco de agua en las axilas. Mi compañera de habitación me observaba desde debajo de las sábanas mientras corría arriba y abajo por nuestra habitación de mierda, que, vista ahora, no era distinta de una celda: luz de fluorescente, compañera de habitación asignada al azar y ventanas cerradas herméticamente para que no pudiéramos saltar y licenciarnos antes de tiempo.

Fui corriendo a la cita, preparada para pasar el día juntos. ¿Qué haríamos? Era suficientemente temprano para ir a pescar. O quizá su madre estaba en la ciudad y quería que los acompañara a desayunar.

Toc toc. Sonreí a la puerta. Toc toc. «¿Me cogerá y me hará entrar en brazos? Seguro que se está arreglando el pelo mientras le dice a su madre: 'Tranquila, puede que esta sea la elegida'.» Pensé que sería muy dulce con ella, pero que también me mostraría segura, para que no pensara que tendría que ocuparse por completo de todas las cenas durante las vacaciones que pasaríamos juntas. La llamaría por el nombre de pila demasiado pronto para que se diera cuenta de que no me andaba con chiquitas. «Rita, este año las judías de Acción de Gracias las haré yo.»

Toc toc. Toc toc. ¡Toc! Por fin la puerta se abrió. Era Brett, pero no estaba ahí de verdad. Tenía la cara deformada por la ingesta de alcohol y lo que fuera. Parecía que los ojos hubiesen abandonado el cuerpo. No podía fijarlos en mí. Brett estaba de pie a mi lado, intentando verme desde ahí, como un tiburón.

—¡Hola! —gritó, un poco demasiado alto, y me dio un abrazo tan fuerte que me dolió.

De todas formas, yo estaba demasiado ocupada levantando la barbilla, sacando las tetas y metiendo tripa para darme cuenta de esa enorme señal de alarma.

Estaba como una puta cuba. Enseguida me di cuenta de que yo no era la primera persona en la que había pensado aquella mañana. Era la última persona en la que había pensado la noche anterior, porque para Brett aún era la noche anterior. Me pregunté cuántas chicas no habían contestado antes de llegar a la novata gorda que era yo. ¿Me tenía en el teléfono como «Schumer»? Seguramente tardó un rato en llegar a la ese. Pero allí estaba yo, en su habitación, con dieciocho años y queriendo que me abrazaran y tocaran, queriéndome sentir deseada. Quería estar con él e imaginé que íbamos por el campus juntos, cogidos de la mano, demostrando que yo era adorable y que era imposible que fuera el muñeco trol en el que yo creía que me había convertido, porque le gustaba a un chico guay y mayor. Pensé: «Me quedaré hasta que esté sobrio y nos podamos reír de todo esto y darnos cuenta de que nos gustamos».

Brett puso música y nos metimos en la cama. Bueno, él me empujó a la cama como maniobra sexy, el movimiento que los chicos hacen tan a menudo para comunicarte «Prepárate, esta vez cojo yo el timón y voy a hacer que alucines». Casi nunca viene nada detrás de eso. Brett olía a Heineken mohosa. Bueno, a Heineken, a moho y a hamburguesas Micro-Magic, que tenía pensado encontrar y comerme en el baño cuando él se hubiese dormido. Cuando se me acercó, me rasguñó la cara con su barba de nueve de la mañana (sabía que después de eso parecería que tuviera la boca sucia de ponche durante días) y sus besos hinchados por el alcohol me hacían sentir como si me metiera la lengua alguien que acabara de tomar novocaína.

La música estaba demasiado alta. Me embargó la sensación de que no tenía cara ni nombre, solo era un cuerpo caliente, pero sentí un frío tremendo cuando me metió los dedos dentro como si estuviera buscando unas llaves. Luego vino el sexo. Uso la palabra en un sentido amplio. Tenía el pene duro como una piel de plátano sin la fruta dentro. Pocos minutos después de entrar en esa habitación supe que no había ninguna posibilidad de ningún tipo de coito, lo cual era bueno, porque en realidad no estaba preparada para acostarme con él. Había más posibilidades de que un bebé escalara el Everest que de que ese tío me penetrara.

Durante ese festival de apareamiento, examiné la habitación en un intento de distraerme o de, Dios mediante, disociarme. Aquel lugar parecía decorado por un diseñador de platós entusiasta en exceso que había llevado el comentario «temporal y sin ningún fundamento» demasiado lejos. Vi un póster de *Scarface*, que, por supuesto, era obligatorio. ¿Algo más? No. Nada más. Aquel tío blanco normal hijo de contable que jugaba a videojuegos y a pelotas *hacky sack* más de lo que a mí me gustaría sentía una gran conexión con un narcotraficante refugiado de Cuba.

Empezó a comerme el coño. «Qué ambicioso», pensé. ¿Sigue considerándose que te lo han comido si el tío se duerme a los tres segundos de mover la lengua como un anciano que se come sus últimos copos de avena? Lo único mojado que salió de mi entrepierna eran sus babas, porque se había quedado completamente dormido y me estaba roncando dentro. Quería gritarme a mí misma: «¡Lárgate de aquí, Amy! ¡Eres guapa, eres inteligente y vales más que esto!». Suspiré y oí cómo se me rompía el corazón; estaba intentando no llorar. Sentía que me convertía casi por completo en la chica que estaba en aquella cama. Entonces noté un cambio de música. Era una canción en la que solo sonaba una gaita.

—Brett, ¿qué es esto? —lo zarandeé hasta despertarlo.

—La banda sonora de *Braveheart* —contestó.

Por supuesto. Debí haberlo imaginado. Seguro que el póster de Mel Gibson estaba en camino, llegando por correo para colgar de la pared, orgulloso, junto a Al Pacino.

—¿Puedes poner otra cosa, por favor? —pregunté.

Se puso de pie malhumorado, se cayó al suelo y se arrastró. Le miré la raja del culo, que se le veía. Era un abismo oscuro y descuidado por el que yo estaba cayendo. Me faltaba la respiración. Me sentí paralizada. Su ano era un cañón y aquellas eran mis 127 horas. Necesitaba deshacerme de la roca y marcharme.

Brett se levantó y puso otro CD. «*Darling, youuuuuuuu send me.*» Volvió a la cama e intentó chafar lo que en ese momento era su tercera pelota en mi vagina. Al cuarto empujón desistió y se quedó dormido otra vez sobre mis pechos. La cabeza le pesaba mucho y su aliento era tan agrio que tuve que girar la cabeza para que no se me saltaran las lágrimas. De todas formas, ya estaba llorando por el disco. Menudas canciones.

—¿Quién es? —pregunté.

Era una música preciosa. Las canciones me destripaban. «*Cupid, draw back your bowwww.*» La banda sonora que había escogido para nuestra mañana no podía ser menos oportuna, y es que su pobre intento de «hacer el amor» había sido más Mel Gibson que William Wallace. Después sonaron las canciones de amor más bonitas que había oído en mi vida, mientras ese chico-hombre yacía en mis brazos tras reducirme a un último intento de una serie de llamadas para follar. Escuché y lloré.

Me miré a mí misma desde el ventilador del techo, como si fuera mi propia hada madrina. Esperé hasta la última nota perfecta y luego me deslicé por debajo de él con suavidad y salí por la puerta. La cerré desde fuera y me salvé.

No he vuelto a saber nada de Brett, por lo que no he podido darle las gracias por presentarme a mi nuevo yo y a mi nuevo amor, Sam Cooke.

———◆———

Trece años después, todavía adoro a Sam Cooke y de vez en cuando todavía necesito a esa hada madrina. En mi programa de televisión tengo una sección que se titula «Amy se pone profunda», donde entrevisto a gente que tiene trabajos o estilos de vida interesantes. Una vez entrevistamos para la sección a una celestina profesional, aunque al final no se emitió. Además de dejar que le preguntara cosas sobre su trabajo, quiso buscarme pareja. Justo después de grabar nuestra charla, iba a conocer al hombre que había escogido para mí.

Fue la escena de «Amy se pone profunda» más inquietante que he grabado. Recuerda que he hablado con alguien que niega el cambio climático, con un artista del ligue y con un sociópata diagnosticado. Con todo, esta mujer dejó planeando sobre mí un nubarrón negro, y aún me hace sentir enfadada y desmoralizada. Antes de conocernos, me había evaluado a partir de fotos de internet y de algunas grabaciones de actuaciones. Me contó muy poco del hombre con el que quería emparejarme, pero hizo énfasis en que era un buen partido. Lo describió como chico guapo de 1,80 que hacía ejercicio. Me aseguró que era divertido y que siempre hacía reír a la gente con las cosas perspicaces que escribía en Facebook. Luego pasó a informarme de los beneficios de esa cualidad, como si estuviera hablando con una extraterrestre que no hubiese experimentado las emociones humanas. «Cuando se bromea mucho, es muy divertido y fácil... y sientes cómo se produce la química sexual.»

Escuchar a esa mujer «instruyéndome» a mí —una cómica de treinta y cuatro años— sobre atracción sexual y humor de una forma tan controladora y disciplinada hacía que me subiera la bilis por la garganta. Me preguntó cómo rompería el hielo con el tío. Le pregunté si creía que tenía que «bajarle la cabeza como cuando enciendes dinamita».

—No —contestó ella, sin ningún sentido del humor—. Porque en teoría es el chico el que tiene que hacer eso. Tú eres la mujer —me informó—. Tienes que ser una señora. Tienes que hacer que le gustes, que haya alguna pista de lo que puede venir luego. Yo creo que tú solo tienes que relajarte y dejar que él tome el control.

Luego me informó de que mis numerosos chistes sobre sexo eran la causa más probable de que siguiera soltera. A ver cómo digo esto como una señora: ¡cómeme la polla!

Si has visto mi programa, sabes que en la pantalla pongo al descubierto cada parte de mí. Llevo vestidos feos y enseño mi cuerpo desde todos los ángulos. Escribo sobre cosas que me preocupan mucho y a menudo soy el blanco de las bromas. De todas formas y sin exagerar, jamás me había sentido tan vulnerable como en la entrevista con la celestina. Escuchar a una «experta» en citas explicarme por qué no resulto atractiva a los hombres y luego tener que salir a conocer a un hombre que ella había escogido y que quizá sí estuviera interesado en mí daba mucho miedo.

Cuando la entrevista acabó, fui a un bar a conocer al hombre, a quien llamaré Rex. Me mareo solo con escribir esto. Esperé en el bar, con toda mi autoestima escapándose a través del sudor de las palmas de las manos, que sostenían una copa de vino como si fuera la única cosa que me conectaba con el resto del mundo. Tuve un mal presentimiento, pero nada podía prepararme para el hombre que entró por la puerta.

Al verlo, sentí que yo era el Titanic y que él era el montón de icebergs que acabarían destruyéndome. Rex entró. Tendría unos cincuenta y tres años, llevaba una camisa vaquera con los botones de las palas del cuello abotonados y un chaleco de piel encima. Mediría 1,75 (unos buenos cinco centímetros menos de lo que había dicho la celestina), llevaba implantes capilares y tenía una barriga prominente. No le importaba dejar a la vista el pelo del pecho, con canas, puesto que llevaba desabrochados los cuatro botones de arriba, lo que también le permitía exhibir —no es broma— un collar con un diente de tiburón. Acababa de blanquearse los dientes y se moría por mostrarlos todas las veces posibles, algo que no era difícil, puesto que estaba tan emocionado con su moreno que no podía parar de sonreír.

Le invité a una bebida después del abrazo de saludo. El corazón me dio tal vuelco que me iba a salir por la vagina y el reloj empezó a correr en el momento en el que nuestras miradas se cruzaron. «Le voy a dar media hora exacta», pensé. Me esforcé al máximo en ser tan amable como pudiera. No me hizo ninguna pregunta, lo que agradecí, porque no tenía ganas de compartir nada. Al fin y al cabo, tampoco había tiempo, porque él tenía que hablarme de su grupo, con el que hacía versiones de Bruce o Billy. Habló mucho sobre el tipo de hombre que era, me miró las tetas y presencié el momento en el que decidió que estaba dispuesto a montárselo conmigo. Yo me concentraba en la respiración y el reloj. Sonreía e intentaba transmitir alegría, pero era difícil porque aquel tío era un chulo y un capullo redomado. Empecé a dar aquello por zanjado a los veintidós minutos más o menos. Le dije que tenía mucho trabajo y que me había encantado conocerlo.

—Eres muy mona. La celestina me dijo que no eras, y cito textualmente, «una modelo», pero creo que se equivoca —dijo exactamente.

Esto hizo que el corazón, que ya se me había salido del coño, empezara a cavar un agujero por la corteza, el manto y el núcleo de la Tierra. ¿Era esta en teoría la gran conversación divertida que la celestina había anunciado? ¿La química sexual estaba a la vuelta de la esquina? Quería asegurarme de que lo había oído bien.

—¿Qué te dijo exactamente? —le pregunté.

—Bueno —empezó a explicar Rex—, no estaba seguro de querer concertar esta cita y estaba nervioso, pero ella me dijo: «Tranquilo, no es ninguna modelo».

Le expliqué que era de mal gusto darme esa información. Podría haber pasado sin oír su valoración de mi aspecto. Se defendió diciendo que no estaba de acuerdo con la celestina. Empecé a exponerle por qué me seguía pareciendo una mierda de comentario que hacerme, pero luego pensé: «Que le den, ¿por qué dedico tiempo a un tío que nació cuando Eisenhower era presidente y al que le gusta llevar partes de tiburón muerto cerca del corazón?». Le agradecí el tiempo dedicado, le di un abrazo de despedida y me fui destrozada, no por mí, sino por todas las mujeres solteras que intentan salir con alguien.

Quería subirme a lo más alto del Empire State y hacer a todas una declaración para que supieran que se merecen muchísimo más que aquello. Que no tienen que agenciarse un cuerpo caliente que se siente junto a ellas únicamente para no pasar solas las vacaciones. Que no deben permitir jamás que una revista, un sitio web de citas o un monstruo del celestinaje les diga que se encuentran en una categoría inferior de mujeres atractivas por su edad, peso, cara o sentido del humor. Que no merecen que las manipulen y les inculquen la idea de que el papanatas en decadencia ese al que habían animado a creer, como a muchos otros hombres, que era un gran premio para alguien como yo no es algo por lo que deban esforzarse. ¿Por qué tendría que haberme esforzado por mantenerlo interesado, como sugirió la celestina que debíamos hacer las mujeres? No era divertido, no era especialmente amable y he estado más interesada en hablar con algunos animales de compañía.

En cuanto a la celestina, se gana la vida redefiniendo los sueños de las mujeres, diciéndoles que rebajen sus expectativas. Crea y confirma lo que ella considera que mereces. Si no eres «ninguna modelo», supongo que piensa que a lo máximo que puedes aspirar es a que te empareje con un hombre que tiene pulso y cuenta corriente, y que debes estar agradecida si logra una erección que lleve tu nombre. Me fui de allí como si el edificio estuviera en llamas y yo hubiera provocado el incendio, pensando «¡Hay que joderse!».

No volveré a tumbarme en aquella cama de residencia de estudiantes de primero o a sentarme en aquel bar con Rex y su chaleco. Y a las que alguna vez han buscado amor y solo han encontrado un tío que lleva pantalón y camisa vaqueros con toque de piel e injertos capilares quiero decirles: «¡Quereos a vosotras mismas!». No necesitáis a ningún hombre, niño ni persona que afirme ser experta en el amor para que os diga que no valéis. La fuerza de cada uno proviene de lo que es y de lo que hace. No necesitas todo ese ruido, ese murmullo por detrás que te dice si eres buena o no lo suficiente. Solo te necesitas a ti, tus amigos y tu familia y, si es lo que quieres, ya encontrarás a la persona adecuada para ti, la persona que respete tu fuerza y tu belleza.

En la actualidad me siento guapa y fuerte casi siempre. Camino orgullosa por las calles de Manhattan, soy la misma que era durante el último año de instituto. La gente a la que quiero me quiere. Soy una gran hermana y amiga. Hago que la gente más divertida del país se ría. Mi vagina ha disfrutado de una lista de invitados impresionante (una relación de hombres de lo más inspiradora). He luchado por hacerme un sitio entre duras críticas y amenazas de muerte, y estoy viva. No tengo miedo. Casi nunca. De todas formas, todavía puedo convertirme con rapidez en aquella novata de universidad solitaria y vulnerable. Ocurrió aquel día con la celestina y Rex, y estoy segura de que volverá a pasar. Como mujeres, revivimos nuestros miedos todo el tiempo, a pesar de esforzarnos mucho para fortalecernos entre nosotras y querernos de verdad a nosotras mismas. Ocurre, y cuando ocurre, a veces Sam Cooke no es suficiente y no puedo salvar la situación convirtiéndome en hada madrina. A veces quiero dejarlo (las actuaciones no, lo de ser mujer). Después de leer un comentario mezquino en Twitter quiero darme por vencida y decir: «De acuerdo, ya está. Me has calado. No soy guapa, no soy delgada, no merezco que me quieran. No tengo ningún derecho a usar la voz. Empezaré a llevar burka y me trasladaré a una ciudad pequeña del norte del estado a trabajar de camarera en un local de tortitas».

Muchas cosas han cambiado en mí desde que era aquella chica segura y feliz del instituto. En los años que han pasado desde entonces, he estado muy desesperada y he dudado mucho de mí, pero, en cierto modo, he cerrado el círculo. Sé lo que valgo, acepto mi poder. Yo digo si soy guapa, yo digo si soy fuerte. Tú no condicionarás mi vida, lo haré yo. Hablaré, compartiré, follaré, amaré y nunca pediré perdón por ello. Soy increíble para ti, no gracias a ti. Yo no soy la persona con la que me acuesto. Yo no soy mi peso. Yo no soy mi madre. Soy yo. Y soy todas vosotras.

EXTRACTO DE MI DIARIO DE 2003 (VEINTIDÓS AÑOS) CON ANOTACIONES DE 2016

Querido diario:

Siempre es mala señal que no escriba. Lo que significa en realidad es que tengo algo que ocultar o que no vivo en la realidad y no quiero pensarlo[88]. *Estos dos ultimos*[89] *meses no han sido ninguna excepción. Ahora estoy en Nueva York, en un tren, yendo a ver si me dan un trabajo fabuloso de camarera*[90].

He estado viviendo en un mundo que refleja la realidad, pero no he formado parte de él del todo[91]. *He acabado la universidad, bla, bla, bla. ¿Qué*

---

88. Me gusta que creyera que el diario era como un cura al que tenía que confesar mis pecados. Tenía un contrato no escrito por el que con el diario no me andaría con chorradas.

89. También es mala señal que una «escritora» no sepa escribir correctamente. ¡Estás en forma, Amy!

90. Sinceramente, no sé si lo de «fabuloso» era broma o no, pero lo que aprendí rápido es que no hay trabajos de camarera fabulosos, ni de barman, ni de nada del sector de los servicios, a no ser, quizás, que haya profesionales que reciban mamadas. ¿Eso es un trabajo? ¿Te tumbas ahí y te lo comen? Suena fabuloso.

91. Me encantaría saber de qué coño hablo aquí. Debía de haberme leído algún libro fallido del club de lectura de Oprah.

significa eso exactamente?[92] Creo que lo sé, pero he aprendido que la verdad de hoy se convierte en la chorrada del futuro[93].
Los últimos dos meses de universidad han sido intensos pero geniales. La obra fue bastante bien. Podría haber ido mil veces mejor, pero el director no podía ser peor y el reparto también era lamentable[94].
Intento empezar mi vida[95]. Lo quiero todo ahora mismo[96]. Quiero vivir en la ciudad de Nueva York[97], que me paguen[98], actuar y trabajar de barman[99].
He estado solo una semana en casa y ya me muero por nadar en dólares y hacer audiciones[100]. Quiero empezar una página nueva[101].

92. En esto tengo razón. Hasta la fecha sostengo que ir a la universidad no es imprescindible si quieres ser actor o actriz, sobre todo si de verdad quieres actuar. Léete algunas obras y haz un curso intensivo sobre la técnica que te resulte más útil. A mí me gustaba la técnica Meisner, así que la estudié con William Esper durante dos años después de la universidad.

93. Para el carro, Nietzsche. Esto es una gilipollez total, parloteo sin más. Me avergüenzo de mí misma, pero es intrínseco a leer un diario.

94. Bastante dura, Amy Ford Coppola. ¿Qué esperaba? Era una universidad pública de Maryland. ¿Pretendía que Mark Rylance y Meryl Streep la protagonizaran conmigo? Éramos una panda de adolescentes fingiendo ser adultos. Relájate.

95. Recuerdo perfectamente esta sensación. Desde que tenía diez años que quería sentir que la vida empezaba de verdad y que todo era una preparación para eso.

96. Era cierto.

97. Es cierto.

98. Es cierto.

99. Me gusta que fuera realista y que supiera que tendría que trabajar en un bar y que lo incluyera en mi sueño. Subí de la categoría de camarera a la de barman en solo una entrada de diario.

100. Qué poco me imaginaba que las audiciones son el ingrediente principal de las pesadillas. Te juzga una sala llena de gente que no te respeta mientras interpretas un papel que no te darán.

101. Me gustaría que pensaras que estaba siendo poética y metafórica, pero significa, literalmente, que quería empezar una página nueva del diario. Quedaba toda una línea, pero dibujé una flecha porque estaba harta de mirar esa página.

CÓMO HACERSE
MONOLOGUISTA

Lo que más me gusta hacer es humor en directo. Bueno, no es cierto. Me encanta tener orgasmos y ver una buena película o leer un buen libro. Me encanta comer pasta y beber vino. Probablemente estas sean mis cosas favoritas, pero después de eso... Eh, un momento: dormir, me encanta dormir. Y me encantar estar en un barco. Me encanta jugar al voleibol con mi hermana y me encanta ir a un concierto de un grupo o de un músico justo en el momento cumbre de mi adoración por él. Estas son las cosas que más me gusta hacer. De todas formas, bromas aparte, aunque no estuviera bromeando, el humor en directo me proporciona una gran alegría. Sobre todo ahora, porque a pesar de que al final lo haces cada vez mejor, la experiencia no cambia, o al menos así es como lo siento yo.

Ahí de pie, en el escenario, bajo los focos y diciendo algo que tú consideras divertido o importante (o las dos cosas) y que te reciban con risas, aplausos, agradecimiento y aceptación es una sensación que no puedo describir. Soy un ser humano y quiero que me amen y, a veces, solo quiero estar sentada sin hacer nada y ver pelis con mi familia o mi novio. De todas formas, casi todas las noches de los últimos trece años he querido subirme a un escenario.

Mi primer bolo oficial lo tuve a los cinco años. Interpreté a Gretl en *Sonrisas y lágrimas*, aunque ya actuaba antes de eso, desde que empecé a hablar. En mi habitación de pequeña, la cama estaba colocada encima de una plataforma en un rincón empotrado en la pared. El rincón estaba tapado con cortinas con la intención de crear un espacio pequeño y confortable para dormir, pero yo saqué el colchón de la plataforma para que aquello fuera mi escenario. Reunía a todos los familiares que encontraba, salía de detrás de la cortina y actuaba para ellos en mi pequeño escenario. Las actuaciones consistían sobre todo en contar cuentos aburridos llenos de divagaciones sobre conejos, gatos o gusanos. Fingían que les interesaba, a pesar de que debían de estar deseando que cayera un meteorito encima de la casa.

Siempre quise actuar. Mi padre lo grababa todo, algo que me irritaba siempre, incluso de bebé. Interrumpía las actuaciones para pedirle que dejara la cámara. Tenemos un vídeo mío de un berrinche porque no me hacía caso y no dejaba de grabar. Lo normal sería pensar que me habría gustado que me grabaran, pero para mí lo importante de la experiencia era el público y el espectáculo en directo, incluso cuando tenía tres años.

La primera vez que subí a un escenario a actuar en directo lo decidí en el último momento. Tenía veintitrés años y hacía dos que me había licenciado. Una mujer de un grupo de improvisación del que formaba parte, una cómica de unos cuarenta y cinco años, llevaba mucho tiempo haciendo monólogos. Era como Woody Allen en mujer y sin casarse con alguien que había sido su hija en el pasado. Fui a verla actuar una noche y, como todos los gilipollas que van a los clubs de comedia, pensé: «Yo puedo hacer esto».

Poco después de aquella noche profética, descubrí el Gotham Comedy Club. Por aquel entonces estaba en la calle 22 y el aforo era de unas ciento cincuenta personas. Entré y me dijeron que si llevaba a cuatro personas de público (gente que pagara la entrada y consumiera algunas bebidas), podía actuar aquella misma noche. No recuerdo exactamente quiénes fueron las cuatro personas afortunadas. Una fue sin duda mi madre y otra, mi amiga Eileen, batería de jazz, pero no recuerdo quiénes fueron las otras dos. Tuve un par de horas antes de subir al escenario, durante las que hice una lluvia de ideas de la actuación de seis minutos que protagonizaría. El espectáculo era a las cinco de la tarde de un martes. Fuera aún no había anochecido. Era una gran hora para el humor. El público debían de formarlo unas veinticinco personas. Por desgracia, tengo una grabación en vídeo de todo. Llevo el pelo muy rizado y lo único peor que mi ropa eran mis chistes. Llevaba una blusa blanca de estilo mormón, de manga corta y con las palas del cuello abotonadas, y unos vaqueros que le habrían venido bien a la versión original de Jared, el de Subway, y rajé de la publicidad aérea.

—Da mucha rabia —dije—. Siempre se desvanece y no puedes leerla bien. Si un chico me pidiera que nos casáramos así, le diría NOoooooooo. Así que este verano hacedme un favor —añadí—. Ponédmela a la altura de los ojos.

Ese fue mi ingenioso resumen. «Ponédmela a la altura de los ojos.» Puaj.

Podría vomitar pensando en lo horrible que fue mi actuación, pero no me había puesto nerviosa. Llevaba haciendo teatro desde los cinco años, por lo que no tuve miedo escénico. Me sentí bastante segura para ser una recién llegada con ninguna idea original y menos ritmo si cabe. La gente se rio bastante. Se rieron porque era joven y optimista, y notaban mi energía y entusiasmo. Se rieron para ser amables. De todas formas, lo único importante es que se rieron. Me había metido en aquello. Algunos de los humoristas de verdad que había allí me felicitaron. Me dijeron que si me lo curraba, podía mejorar. Quizá intentaban acostarse conmigo. Un momento, acabo de acordarme de la ropa que llevaba. No, no querían acostarse conmigo.

Desde aquel día empecé a actuar un par de veces al mes. Siempre era de las que tenía que llevar entre ocho y doce personas de público y comprar bebidas a cambio de seis minutos de tiempo de escenario. Es un sistema algo chanchullero, pero todo el mundo saca lo que quiere. Todo el mundo menos el público. Para alcanzar mi cuota de público, solía contar con mi familia y amigos de Long Island y con los compañeros con los que servía mesas en aquel momento. Era atroz necesitar algo de la gente todo el tiempo. Más adelante, en cuanto dejé de tener que llevar a gente para el público, borré unos cien números de mi móvil. Estaba emocionada por no tener que volver a escribir: «¡Hola! ¿Te apetece venir a mi espectáculo?». Como he dicho antes, soy una persona introvertida y después de las actuaciones, solo quiero irme a casa y pensar en lo que he hecho, pero entonces tenía que ir a un bar con toda la gente que había ido a apoyarme. Hacer un espectáculo ya es algo muy exigente, pero tener luego que estar de charla amable con la gente era demasiado. Parecía más sencillo bailar en el regazo de un puercoespín que ir por ahí con mis compañeros del restaurante a oír lo que pensaban de mis chistes.

Mi primer año de actuaciones en vivo caminaba por el aparcamiento que había fuera del Gotham antes del espectáculo. Pasaba una y otra vez por delante de los aparcacoches y repasaba el texto para mis adentros de la misma manera que un actor repasa un monólogo: una y otra vez. Después, cuando faltaban pocos minutos para subir al escenario, aparecía la diarrea. Cada vez. Era casi un ritual. Me entraba el pánico solo de pensar que me llamarían cuando aún estuviera en un baño frío limpiándome al borde de la muerte, pero siempre iba bien de tiempo. No sé cómo, sistemáticamente lograba vaciar los intestinos, limpiarme y tirar de la cadena antes de que me llamaran. Incluso antes de salir al escenario me sobraban algunos segundos para estirarme como un corredor de larga distancia. Lo hacía siempre, hasta que un día vi a alguien que boxeaba con un contrincante imaginario antes de actuar y me pareció tan penoso que dejé mi ritual de estiramientos.

Ahora puedo estar completamente dormida o en plena conversación y salir al escenario, pero entonces tenía tantas supersticiones espeluznantes que era como sacrificar un cordero. La más rara era verme a mí misma. Por quince dólares, podías comprar una cinta VHS con tu actuación a un tío del Gotham. Yo en casa no tenía reproductor de vídeos, por lo que llevaba la cinta a una tienda que rima con West Buy y la introducía en uno de sus aparatos para ver mi actuación y tomar notas. Los clientes que estaban comprando pasaban por allí muy confundidos, porque no entendían por qué una chica había llevado un vídeo de ella misma a una tienda y escribía sobre ello. Una vez alguien pensó que yo salía en un programa modesto de televisión y que por casualidad había visto que lo estaban emitiendo. Lo cierto es que no me podía permitir un vídeo con todo el dinero que me gastaba en minutos de escenario y en el alquiler.

Tardé un tiempo en pasarme a los espectáculos de micrófono abierto. Estos son un paso importante, porque allí no llevas tú a gente y casi siempre el público está formado solo por otros cómicos. Me pareció que un buen lugar para lanzarme a la piscina sería un sitio llamado Underground de Harlem, en la calle 106. Fui muy segura de mí misma. Llevaba meses actuando delante de públicos de verdad de doscientas personas, por lo que pensé que podía enfrentarme a treinta cómicos. (Voy a cantar estas dos palabras) *¡Noooooo podíaaaaaaa!* Fracasé. Mucho. Ni una sonrisa.

No hay nada como tu primer fracaso. Lo notas perfectamente. Primero piensas que quizá el sonido no funciona bien, pero no es eso. Eres tú. Tú eres el problema. Tú y tus chistes horribles que no son divertidos. Te das cuenta de que todo el mundo te ha mentido. Entre el público no hay amigos riendo para no herir tu autoestima. Es un mar de caras antipáticas, gente que hace lo mismo que tú, así que no piensan que eres lista. Piensan que eres aburrida y que les haces perder el tiempo. Lo único que les interesa es su actuación y que deberían haber llegado más lejos en el mundo de la comedia. Cuando bajé del escenario estaba mareada. Me senté a no hacer nada con algunos otros cómicos que me sonrieron con cara de «te acompaño en el sentimiento». Estuve de lo más avergonzada el resto del espectáculo y me di cuenta de que me quedaba mucho por hacer. No lloré, pero tenía la seguridad hecha pedacitos esparcidos por aquel suelo sucio de Harlem. Vale, de acuerdo, lloré. Y me bebí varias cervezas calientes.

A partir de aquel momento, empecé a actuar un par de veces a la semana: un micrófono por aquí, un espectáculo al que llevar público por allá... Acababa la actuación y me iba a casa a cenar con mi novio, Rick, con quien vivía feliz en Brooklyn. Los dos éramos actores y nos habíamos conocido trabajando de camareros, lo que significaba que ambos nos presentábamos a audiciones para papeles de mierda en obras de mierda y no nos daban ninguno. Recuerdo que pensaba que era extraño que muchos de los otros cómicos que conocía hicieran más de un espectáculo por noche. Sentía su apetito insaciable por tiempo de escenario y me daban lástima. ¿Qué pretendían? Como si una actuación más de cinco minutos en una peluquería (sí, hay espectáculos en todas partes) delante de otros diez artistas del micrófono abierto borrachos cambiara nada.

Y de repente me pasó a mí. Se me ocurrió mi primer chiste bueno. Ese que te hace sentir que tienes que subir al escenario a contarlo. Me pasó en un vagón de la línea L de regreso a mi casa de Williamsburg hacia la una de la madrugada. Estaba sentada al lado de una mujer negra mayor y estábamos charlando amigablemente de nada importante. Era anciana a lo Guardián de la Cripta, como una pasa de California. No es racista. Si hubiese sido blanca, habría parecido una pasa de California amarilla. En fin, que de repente me soltó: «¿Has oído la buena nueva?». En ese momento vi que llevaba uno de esos panfletos religiosos con dibujos y me di cuenta de que intentaba salvar mi alma. Amortigüé el golpe explicándole que era judía y que no me reuniría con ella en el reino de los cielos. Eso fue todo. Pensé que solo era una mujer amable con la que había conexión, pero me estaba usando con el fin de conseguir puntos para salvarse. Ella no sabía que yo era una judía turbia e impía. Fui a casa andando desde la estación del metro, pensando en aquella interacción, y escribí un chiste. Un buen chiste.

A la mañana siguiente llamé a mi hermana temprano y la desperté. Kim odia que la despierten, pero duerme con el móvil encima y como lo sé, ring ring ring. «Kim, escucha, ¡tengo un chiste nuevo!», a lo que ella contestó con un «adiós» de apoyo. De todas formas, conseguí que se quedara al teléfono y escuchara mi chiste, que era:

Una señora anciana me preguntó en el metro: «¿Has oído la buena nueva?». La mujer intentaba salvarme.

Yo le dije: «Señora, lo siento, pero soy de origen judío».

Y ella contestó: «Tranquila, eso es que todavía no habéis encontrado a Jesús».

A lo que repliqué: «Me temo que sí lo hemos encontrado. Lo que pasa es que usted no ha oído la mala nueva».

Escuché la reacción de Kim al teléfono, como muchas otras veces antes. Pude contar hasta tres lentamente y entonces Kim dijo:

—Es gracioso. Adiós.

Y colgó, pero no necesitaba nada más. Mi chiste nuevo me encantaba. Lo probé aquella noche en una actuación de micrófono abierto y fue bien, pero empecé a trabajar en él. Quizá si añadía un par de intentos fallidos de adivinar cuál era la buena nueva, sería más divertido. Fui a otro micrófono abierto, y luego a otro.

Al cabo de dos semanas escribí un chiste nuevo:

Mi novio siempre enciende la luz cuando hacemos el amor. Yo siempre la apago y él vuelve a encenderla.

El otro día me dijo: «¿Por qué eres tan tímida? Tienes un cuerpo precioso».

Y yo le contesté: «¡Qué mono eres! Crees que no quiero que tú me veas a mí».

Este chiste me encantaba. Quería contarlo un millón de veces, y lo hice. Descubrí que había clubs en los que podías «ladrar», lo cual significaba que te colocabas en una esquina, repartías publicidad y le hablabas a la gente de un espectáculo de humor. «Oye, ¿te gusta la comedia en vivo?» ¿Has oído a esa gente tan pesada cuando vas a Nueva York? Pues yo hacía eso. Estábamos a doce grados de temperatura y me ponía en la calle, en una esquina, a intentar que entrara suficiente gente en el club para que me dejaran subir al escenario. Necesitaba cuerpos, hablaran inglés o no.

Me había picado el gusanillo. Me había vuelto completamente adicta a las actuaciones en vivo, a ir mejorando, y la cosa funcionaba. Resulta que si haces un millón de actuaciones de micrófono abierto y llevas a gente, y si ladras, y si te produces tus propios espectáculos y si otros cómicos van a verte a tus espectáculos, y si te invitan ellos a los suyos, y si lo haces todas las noches varias veces, y si el tema te obsesiona por completo, mejorarás un poco. «Poco» es la palabra clave.

En última instancia, toda la gente que hace comedia en vivo se engaña o es masoquista. Se requiere mucho trabajo y mucho tiempo para ser bueno. Para que la gente se ría de verdad, se necesitan años y años. Yo mejoraba poco a poco. Un cómico, Pete Dominick, al que conocí en un espectáculo de llevar a gente en el Gotham, me animó a trabajar a tope para mejorar.

—Tienes que conocer los nombres de todos los clubs de Nueva York y tienes que subir al escenario siempre que puedas —me dijo—. Tiene que ser una obsesión.

Tenía razón. Jessica Kirson era la persona más graciosa que había visto en mi vida. Siempre la veía cerrar los espectáculos del Gotham.

Lo petaba de una forma como no había visto hacer a nadie. El público estaba físicamente agotado de reír. Cuando bajaba del escenario te dolía la cara. Fue la primera persona que me dejó hacerle de telonera en una gira. Habría ido a cualquier sitio gratis. Ella me dio cincuenta pavos para ser amable, pero para mí era suficiente emoción que me llevara con ella.

Luego, un día —cuando llevaba en esto unos dos años y medio—, asistí a un seminario para humoristas nuevos en el Gotham Comedy Club, el lugar donde hice mi primer monólogo. El propietario, Chris Mazzilli, había organizado un encuentro con un representante y un cómico famoso a nivel nacional para que contestaran las preguntas de los aproximadamente cien cómicos que habíamos acudido. Yo tomaba apuntes con frenesí mientas Chris hablaba de la importancia de trabajar mucho. Nunca olvidaré lo que dijo al grupo de cómicos ansiosos.

—Un buen ejemplo de cómica que trabaja duro es Amy Schumer —afirmó—. Ella todavía no lo sabe, pero la voy a recomendar para que sea una cara nueva en el festival de comedia de Montreal.

Yo no sabía nada. Me encantó que hasta supiera cómo me llamaba. Casi me puse a llorar, porque fue la primera persona con autoridad que me dejó claro que sentía que yo tenía algo especial.

Justo después tenía una actuación de micrófono abierto en un bar. Salí a la lluvia para dirigirme hacia allí y fue como la escena de *Cincuenta sombras de Grey* después de que Anastasia conozca a Christian. Sí, la he visto, y tú también. Lo que pasa es que no me sentía así por un tío bueno que iba a dominarme y a follarme por todos los agujeros. Me sentía así por la comedia. No recuerdo cómo fue aquel micrófono abierto o si aquella noche funcionó alguno de mis chistes. Solo recuerdo sentir que estaba como volando, que sabía que no importaba cómo saliera aquella actuación. Las veinte personas del público podrían haberme lapidado, me hubiera dado igual. Por mis venas corría muchísima adrenalina y creía que tenía una oportunidad de verdad de conseguirlo. No sabía lo que eso significaba, pero sentía que algo iba a pasar.

Poco después, en el año 2006, conseguí un representante de universidades. Me pagaban cien dólares por abrir para otros cómicos en universidades, y para llegar a algunas de ellas tenía que viajar ocho horas. Mi primer espectáculo en una universidad fue en Bryn Mawr en Pennsylvania, donde hice de telonera de un humorista que se llamaba Kyle Dunnigan. La mitad del público se fue durante mi actuación y la otra mitad, durante la suya. Ahora, diez años después, Kyle es uno de mis mejores amigos y ha sido guionista de mi programa de televisión durante cuatro años. Es una de las personas más divertidas que conozco.

A finales de 2006 empecé a ser cabeza de cartel en espectáculos universitarios. El día que supe que iba a ganar ochocientos dólares por una hora, me puse a correr por mi piso de Brooklyn, pensando: «¿Seré tan feliz si algún día tengo un hijo?». Creo que la respuesta era no. Después de eso, conseguí hacer un especial de siete minutos en un programa del canal Comedy Central llamado *Live at Gotham*. Lo peté y perdí el conocimiento de la emoción. No me podía creer que estuviera haciendo monólogos en la televisión después de solo dos años y medio.

Y luego, cuando hice las pruebas para el programa *Last Comic Standing* de la NBC, un *reality show* del estilo *American Idol* para cómicos del que estaban a punto de grabar la quinta temporada, ocurrió algo de lo más inverosímil. Yo pensaba que, si tenía suerte, quizás usaran la grabación de mi prueba como parte del montaje del primer programa, o que quizá al menos podía sentar las bases para meterme en el programa algunos años más adelante. Eso era lo que yo pensaba de verdad. La prueba consistió en un monólogo delante de tres jueces. Después de esta primera fase, descartaban a unas doscientas personas e invitaban a unas treinta a actuar en la siguiente, que era un espectáculo de noche que se celebraba aquel mismo día. Llamé a mi madre y a mi novio y los dos acudieron al espectáculo. Al final de la noche, nos ponían a todos en humillantes filas en podios para anunciar quiénes recibirían los «sobres rojos», que contenían billetes a Los Ángeles para actuar en las semifinales. Allí estaba, sabiendo que no me iban a dar ningún sobre y que tendría que estar callada hasta que hubiesen hecho bajar a todos los ganadores, uno por uno. La cara se me estaba poniendo del color de los sobres, pero de repente, ¡leyeron mi nombre! Se me salieron los ojos de las cuencas y corrí hacia adelante

como un participante al que llaman en *El precio justo*. Me entregaron
mi sobre y no me lo podía creer. No podía apartar la mirada de él. Me
sentía como Charlie y su cupón dorado. Miré a mi madre y a mi novio. Todos gritábamos por la emoción y la sorpresa.

Durante los dos meses que faltaban para las semifinales de Los Ángeles hice mucho ejercicio todos los días en el gimnasio y actué todas
las noches sin excepción. Me instalé en Los Ángeles sola, en un hotel
con cómicos de todos los Estados Unidos y algunos de otros países.
Era un dechado de vida y energía. «¡El hotel tiene piscina!», anuncié
durante una comida en una mesa llena de cómicos que llevaban viajando el mismo tiempo que yo llevaba viva. Todo el mundo era muy
amable conmigo, a pesar de lo irritante que debía de ser. Era la que
tenía menos experiencia del grupo.

Cuando llegó el momento de la gran grabación en directo por la
que se establecería qué diez cómicos competirían en el programa, yo
estaba preparada. Llevaba una camiseta con cuello en uve de Express
y poco maquillaje. Alguien me dijo que en el público habría novecientas personas. El máximo número de personas para las que había
actuado eran unas doscientas. Un productor del programa dijo «Amy,
ocho millones de personas verán esto por la tele», pero por algún motivo eso no me importaba tanto como las novecientas personas que
me verían en directo sentadas delante de mí.

Di por hecho que me eliminarían, así que solo me prometí a mí
misma que me esforzaría al máximo y disfrutaría cada segundo del
momento... y lo hice. Al final, cuando llegó el momento de anunciar a los diez mejores cómicos que competirían, leyeron el mío en
noveno lugar. «¡Amy Schumer!». ¡Joder, no me lo podía creer! Salí corriendo al escenario y saludé como si hubiese ganado un concurso de
belleza. Lloré. Lo único que había ocurrido es que había conseguido
entrar en un *reality show* que era, básicamente, un casting. No es que
yo fuera más divertida que el resto de cómicos, solo era un buen «personaje» para el programa. De todas formas, en aquel momento no
sabía nada de eso y me alegro de aquí así fuera.

Estar en el programa fue muy intenso y emocionante. Cada episodio consistía en un reto distinto y, extrañamente, yo era la que estaba

más preparada para todos ellos. Los otros cómicos eran experimentados compañeros de viaje que estaban acostumbrados a confiar en sus chistes bien armados y en las historias largas que contaban en actuaciones de entre sesenta y noventa minutos en giras. Yo, en cambio, solo tenía unos quince minutos de material y todo funcionaba con pequeñas frases cortas, así que era perfecta para un *reality show*. Yo estaba allí porque se me daba bien improvisar delante de gente, y a ellos no.

Del reto final iban a salir los cinco mejores cómicos, que se irían juntos de gira por el país, algo muy positivo para la carrera de cualquiera, la mía en especial. Nos explicaron a todos que el reto consistía en hacer reír a modelos. Iríamos de habitación en habitación, uno por uno, y les contaríamos uno o dos chistes. Recuerdo haber dicho: «¿No estáis cansadas de que solo os valoren por vuestro cerebro?». Se rieron. Sonó una campana para indicarme que tenía que ir a la siguiente habitación. En esa siguiente habitación había un payaso. No había más modelos a las que entretener. Los de producción nos habían engañado, por supuesto, y en las siguientes habitaciones había un sargento instructor, un travestido y una monja. A la monja le conté el chiste de la buena y mala nueva de Jesús y ¡se rio! Hice todo lo que pude, pero di por hecho que me eliminarían.

La gente de cada habitación votó a su cómico favorito y cuando nos pusimos en fila para oír el resultado, me sorprendió que hubiera ganado yo. Gracias al payaso, la monja, las modelos y el travestido, ¡iba a irme de gira! La emoción me duró unos diez segundos, hasta que uno de los cómicos que también había acabado entre los cinco mejores se me acercó y me dijo: «No te lo mereces». Fui corriendo al baño y lloré, porque en aquel momento, le creí. Tenía la paranoia de que no había sido de verdad la más divertida, que quizá los productores habían amañado los resultados para que siguiera en el programa porque era la cómica joven que les venía bien para las audiencias. Querían grabarme mientras lloraba, pero no salí de la cabina. Me negaba a ser una chica de *reality* de televisión que lloraba y era víctima. Quería ser fuerte. Después, cuando vi la emisión del programa, vi sin ninguna duda que había sido la que mejor lo había hecho. Una de las productoras, Page Hurwitz, dijo: «Amy, no has tenido rival. Has ganado tú». No tengo nada malo que comentar del cómico que me dijo que no me lo merecía, aunque... ¡que le jodan pero bien!

Al final me eliminaron en el siguiente programa, por lo que obtuve el cuarto puesto de la clasificación y la oportunidad de ir de gira por el país en un enorme autocar de estrellas del rock con cuatro hombres de cuarenta y tantos. Actuamos en cuarenta y dos teatros ante públicos de entre dos mil y cuatro mil personas, la clase de sitios donde no había actuado en la vida. Fracasé bastante casi todas las noches. Cuarenta y dos ciudades y creo que me la pegué en unas cuarenta. No estaba preparada; no tenía suficiente experiencia en giras. Puedes dar el pego durante siete minutos —hasta durante quince, si tienes el carisma suficiente—, pero cuando actúas durante casi media hora, la gente se da cuenta de qué pasta estás hecha, y en ese momento mi pasta tenía menos de tres años. No solo tenía poco material, sino que todavía no estaba segura de mis chistes, porque era lo que tocaba. No tenía la experiencia necesaria para venderme ahí arriba.

Lloraba en la litera del autocar. Uno de los cómicos dijo que creía que tenía talento, pero que no iba a triunfar como monologuista. Me dolió. Viéndolo ahora, me doy perfecta cuenta de lo implacables que pueden ser los cómicos con experiencia. Es un trabajo duro y a menudo las cosas no salen como crees que saldrán, pero la rabia y los celos que los cómicos pueden sentir cuando otros triunfan es una pérdida de tiempo de lo más tóxica. Me gustaría volver a esa época sabiendo lo que sé ahora para decirle a aquel cómico: «Céntrate en tus objetivos y en cómo conseguirlos. Nadie te ha quitado tu lugar, hay espacio para todos».

En cualquier caso, el autocar y la vida de hotel de aquella gira me resultaron duros. Estaba sola y no me sentía muy bien. Una noche, después de un espectáculo, subí a un ascensor y una viejecita me dijo: «¿A qué planta vas?». No lo sabía. Empecé a llorar porque no me acordaba de dónde estaba. Es un momento triste con el que la mayoría de cómicos que hacen giras, e imagino que músicos también, pueden identificarse. No tenía ni idea de la de veces que volvería a vivirlo a lo largo de los años, porque me pasa constantemente.

De todas formas, a pesar de que fue difícil, aquella gira también fue mi campo de entrenamiento personal para la comedia. Había registrado tantas horas de fracaso y sudor en el escenario que mis moléculas estaban alteradas de forma permanente. La comedia en vivo te recalibra los sensores del miedo. Te endurece la piel de maneras que vienen siempre muy bien. Estar tantas horas bajo esos focos mientras el público ve cada expresión y oye cada inflexión, se agarra a cada palabra porque quiere que le emociones (o porque quiere abuchearte)... Esta experiencia una y otra vez solo puede hacerte más fuerte. Creo que para que alguien sea bueno en algo también hay que fracasar mucho. Y no hay que tener ningún miedo al fracaso, porque si no, nunca pasas al siguiente nivel. En aquella gira, lo hice tan mal durante tanto tiempo delante de tanta gente que dejó de importarme. Me volví insensible a públicos a los que no les gustaran mis chistes. Perdí el armazón protector que nos frena a muchos y empecé a darlo todo. Esto, a su vez, hizo que me apropiara del público. Cuando te apropias de tus chistes y eres fiel a ellos, puedes relajarte. Las tentativas amargan al público. Ven tu miedo y entonces no pueden reír. Quieren divertirse, no preocuparse por tu próximo movimiento. Si tienen que sentir vergüenza ajena o sentirse mal por ti, su experiencia se va al traste y los expulsas por completo del momento. Como cuando te tiras un pedo durante el sexo: claro, puedes acabar y cumplir con las formalidades, pero se ha perdido algo. En cuanto me di cuenta de todo esto y ya no buscaba la aprobación del público, la gente se sentía libre de pasarlo bien, relajarse y disfrutar.

Después de la gira, fui protagonista de mi propio espectáculo durante un año, que es a lo que puedes aspirar si te va bien en un *reality show*. Después volví a actuar tras el presentador del espectáculo y antes del cabeza de cartel. Estuve de gira durante años con Jim Norton y Dave Attell, dos de mis cómicos favoritos de todos los tiempos. Y la respuesta es no, ninguno de los dos intentó nada conmigo. Debería estar ofendida, pero no. El mayor cumplido es que alguien te lleve de gira, que te digan: «Creo que eres divertida y, además, puedo estar contigo y viajar contigo». Jimmy, su guardaespaldas Club Soda Kenny y yo disfrutamos muchísimo durante la gira. Vivían para hacerme pasar vergüenza: gritaban mi nombre en tiendas y vestíbulos de hoteles invitando a la gente a que nos mirara, algo que sabían que odiaba cuando no estaba en un escenario. Les encantaba hacerme poner roja, que es una cosa que me pasaba mucho en aquella época. Cuando estoy en un escenario, soy una pequeña descarada gritona, pero en la vida real me gusta pasar desapercibida, y esos tíos aprovechaban cada ocasión para minar cualquier esperanza que tuviera de no desentonar.

En 2012, volví a ser protagonista de mi propio espectáculo en pequeños clubs de aforos inferiores a doscientas personas. Me pagaban unos dos mil dólares por siete espectáculos. Los fines de semana discurrían así:

- Llego el jueves y actúo a las ocho de la noche.
- Me recogen a las cinco y media de la mañana del viernes para ir a un programa matinal de radio. Alguien relacionado con el club (a veces un adicto al crack) te lleva de emisora en emisora. A veces hay que ir a informativos de televisiones locales. Si tienes suerte, son solo dos de radio y dos de tele, pero algunos clubs dan por el culo y tienes que ir a muchos. Dicen que es para vender más entradas, pero no suele traducirse en ventas y es solo promoción de su club de mierda.
- Regreso a la habitación del hotel a las once de la mañana (eso si tengo suerte y soy suficientemente fuerte para rechazar salir a desayunar o a comer con el chófer adicto al crack o el propietario del club notas que se ha colado en el programa de radio conmigo).
- Cojo una manzana y mantequilla de cacahuete del bufet ininterrumpido que hay en el vestíbulo porque no he llegado a tiempo al desayuno.
- Intento desesperadamente dormirme de nuevo, pero es imposible porque el hotel está en un barrio desagradable y peligroso para que el propietario del club se ahorre setenta y cinco dólares.
- Voy al desvencijado gimnasio del hotel, donde el cloro de la piscina de al lado me provoca escozor en los ojos.
- Voy andando a un Red Robin a intentar comer algo sano a pesar de que en la mayor parte del país no saben lo que son las verdu-

ras. Me cojo un no sé qué con pollo asado que viene con pan de ajo y helado y entiendo por qué los estadounidenses se mueren.

- Vuelvo a la habitación y me siento de lo más sola.
- Mando un mensaje a un ex.
- Veo una película hecha para la televisión sobre una mujer que ha matado a su marido.
- Me ducho y me preparo para los dos espectáculos del viernes. Y sí, sé que probablemente te hayas fijado en que no me he duchado justo después del gimnasio, sino que he esperado a la noche. Tú a lo tuyo y yo a lo mío.
- Hago dos espectáculos, a veces tres.
- Me despierto el sábado por la mañana y repito mucho del viernes, incluido hacer ejercicio en el gimnasio desvencijado otra vez. Espero que la marca roja nueva que me pica en la rodilla sea de un sarpullido del mencionado gimnasio y no de un chinche.
- A veces, durante el sábado, para matar el tiempo, voy a la atracción local que haya: un museo, el sitio donde mataron a alguien famoso, quizás un fuerte.
- Como algún plato típico de la ciudad porque es mi deber hacerlo. Así que si estoy en Philly, como un bocadillo de ternera con queso; si estoy en Brooklyn, una tarta de queso. Si estoy en Cincinnati, voy a un Skyline Chili; si estoy en Tulsa, donde no tienen nada pero siempre alguien te dice «tienes que probar nuestra hamburguesa de cerdo frito» o alguna mierda rara, como eso. Hay que mostrar respeto por la gente, joder, ¡y luego les tuiteo fotos mías en el lavabo para dar las gracias!
- Me preparo para los espectáculos nocturnos del sábado.
- Hago dos espectáculos, a veces tres.
- Como soy una chica, no me enrollo con nadie después del espectáculo. Quizá me tomo una copa con el personal o quizá me vuelvo al hotel y pido que me lleven algo a la habitación, si aún sirven. De todas formas, los hoteles a los que voy no suelen tener servicio de habitaciones.
- Me tumbo en la cama y me arrepiento de haber fumado marihuana porque te hace pensar en lo que haces para ganarte la

vida. «¿Soy una payasa? ¿A qué me dedico? Cuento chistes a desconocidos mientras comen nachos.» Me quedo flipando y me juro no volver a fumar marihuana sola de gira.

- El propietario del club me paga después del último espectáculo. Siento que tardan una eternidad en calcular mi parte del dinero (porque es así) y me tratan como si me hicieran un favor. Me dicen que no me he sacado el extra de cien dólares a pesar de que he visto que todos los asientos estaban ocupados. A veces me dan una factura y me doy cuenta de que creía que tenía la comida y la bebida pagadas, pero solo te hacen un descuento del veinticinco por ciento.

- Vuelo a casa el lunes pronto por la mañana y me siento bien conmigo misma, porque ese fin de semana me he inventado quince segundos de espectáculo nuevos.

A pesar de que ir de gira puede ser duro, es la única manera de hacerse monologuista. Para ser bueno, tienes que lograr estar en un escenario todo el tiempo que sea humanamente posible. Claro, puedes aprender a petarlo con una actuación más corta. Quizá incluso tienes quince minutos buenísimos. O quizá eres bueno en referencias locales de tu ciudad y puede que te vaya muy bien en ella. De todas formas, hay que ir de gira y hacer todas las clases de espectáculo que hay: el que haces para treinta moteros borrachos en un centro de la Fundación de Veteranos de Guerra, el de la comida de mujeres en el Carlyle, la fiesta de Navidad de los bomberos, el ferri que da vueltas a Manhattan y el festival de la comedia de Staten Island. Tienes que hacerlo todo, si no, te estancarás y no irás a ninguna parte, que, si es lo que quieres, está perfecto.

Yo haría lo que fuera a cambio de tiempo en el escenario. Un momento, deja que lo reformule: nunca me he enrollado con nadie para medrar en este oficio. Más bien al contrario, porque algunos de mis novios me han frenado. Una vez mi hermana oyó sin querer que uno de los gorilas que conozco desde que empecé con los monólogos dijo: «A Amy le ha salido mucho trabajo. Me pregunto cómo lo habrá conseguido...». Y entonces hizo como que se metía una polla en la boca. Supongo que este tipo de cosas deberían enfadarme, pero nada más lejos de la realidad. Nunca he conseguido nada de ninguna persona con la que me haya enrollado, ni siquiera una tarjeta regalo de Starbucks, algo que me habría gustado.

Durante la semana que transcurría entre giras, cuando estaba en casa en Nueva York, empecé a actuar en el Comedy Cellar, que es el club que sale en la serie *Louie* y en muchos documentales sobre cómicos. «Me dieron el pasaporte» en el año 2007, y eso significa que logré que el agente me hiciera una prueba. Desconozco el origen de esta terminología, pero solo en el mundo de la comedia puede la gente usar una expresión tan macabra para referirse a lo mejor que puede pasarte en tu carrera. En fin, que si le gustas al agente, te piden que les digas qué disponibilidad tienes para hacer espectáculos. Si no les gustas, te dicen «no, gracias». Hice la prueba en el Cellar el día de mi cumpleaños y Estee, que lleva toda la vida de agente del club, me dio el número de teléfono para que «comunicara mi dispo», y me puse como loca de la emoción. Recuerdo que lo celebré aquella misma noche. Me emborraché tanto que el gorila del bar me llevaba a cuestas y me pasé casi toda la noche encima de él de un lado a otro, riendo y cantando.

Encima del Comedy Cellar hay un restaurante que se llama Olive Tree Café y en la parte de atrás hay un reservado para los cómicos. Durante años no me decidí a sentarme allí. Cuando al fin empecé a hacerlo, me quedaba callada. Con el paso del tiempo fui sintiéndome cada vez más cómoda y ahora es el lugar donde me siento más en casa de todo el mundo: sentada alrededor de la mesa con mis amigos. Cuando soy más feliz es cuando en la mesa están Jimmy Norton, Keith Robinson, Colin Quinn, Rachel Feinstein y Bobby Kelly. A veces, podemos convencer a Bridget Everett para que se pase. Nos metemos los unos con los otros, comemos alitas y nos reímos. Cuando alguien se muere o le pasa algo, lloramos y volvemos a reír. Para mí, hacer monólogos y estar con cómicos es como estar en casa. Sí, fue

de lo más emocionante tener un programa de televisión y escribir y
protagonizar una película, pero salir al escenario a hacer comedia en
vivo siempre será lo que más busco.

Al final, todo lo de las giras me sirvió para conseguir algunos especiales de televisión. En 2010 hice un especial de media hora en Comedy Central y luego, en 2102, hice un especial de una hora, *Mostly Sex
Stuff*. Durante todo esto no dejé de viajar, siempre de gira, siempre
escribiendo más chistes. Es la única manera de mejorar. En los clubs,
cada vez vendía más entradas. Después empecé con los teatros pequeños y luego, los grandes, con un aforo de unas novecientas personas, como en las semifinales de *Last Comic Standing*.

Las habilidades que he adquirido haciendo tantos monólogos son
las mismas que necesito para escribir el guion de una película o para
interpretar un personaje protagonista basado en mí. Haber subido
a escenarios todos estos años y haber tenido tantos ojos puestos en
mí mientras me degradaba todas las noches es el motivo de que no
se me altere el pulso cuando los troles de internet intentan fastidiar-
me día sí, día no. Todavía estoy muy orgullosa de mi especial de una
hora para HBO (*Amy Schumer: Live at the Apollo*) y del hecho de que
pudiera trabajar con Chris Rock de director. Jamás habría trabajado
con él si no me hubiese atrevido a preguntar. Teníamos un trato
cordial hacía años, nos veíamos el uno al otro en el Comedy Cellar,
pero nunca quise molestarlo… porque es Chris Rock. Una noche
hablamos después de actuar los dos en *Night of Too Many Stars*, un espectáculo en el que se recaudaban fondos para el autismo. Mi actuación había sido potente y Chris se pasó por el camerino y se ofreció a
ayudarme si lo necesitaba. Suena asqueroso, pero no lo es. Dijo exactamente lo que quería decir. Cuando sufres la enfermedad de ser humorista y ves a alguien con talento y respeto por la profesión, quieres
ayudar. Él lo lleva en la sangre. Yo lo llevo en la sangre. Un poco más
adelante le tomé la palabra, que era sincera. Empezó a viajar y a ir a
clubs conmigo para ver mi espectáculo, comentarme cosas y ayudarme a mejorar.

Un día me envalentoné y le escribí un mensaje: «¿Quieres dirigir
mi especial para HBO?». De nuevo, este es el tipo de confianza que

solo consigues tras años de reírte de ti misma en el escenario y de que no se ría ni el tato. Cuando Chris dijo que sí, no me lo podía creer. Se vino de gira conmigo y mejoró mil veces mi espectáculo. Para mí, poder trabajar con él en mis chistes era como mi Make-A-Wish[102]. Sé que no es una buena comparación, pero no se me ocurre nada más para transmitir la importancia que para mí tuvo esa época.

Uno de los mejores momentos de mi carrera fue presentar *Saturday Night Live*. Estoy segura de que muchos humoristas sueñan con hacer el monólogo de inicio de ese programa. Yo sé que lo he soñado desde que era pequeña. En una semana escribes, ensayas y actúas. No te dan más. Una semana surrealista e intensísima para vivir tu sueño. Una semana para ir corriendo por los atestados pasillos de ese edificio histórico. Nada de lo que he hecho en mi carrera me ha parecido más emocionante. De todas formas, no quiero mentir: fueron siete días extenuantes, una semana que sin duda puede describirse como «olímpica». Apenas duermes, comes sin parar (bueno, al menos yo) y en toda la semana no haces más que escribir, reescribir, ensayar, probarte pelucas, probarte vestidos y que te cosan a ellos, grabar promos, posar para sesiones de fotos, reescribir, plantearte ducharte, preferir dormir a ducharte, leer el guion con todos, ensayar y memorizar. Y la noche del espectáculo, te pasas toda la hora y media corriendo o yendo de un lado a otro. Los monólogos son actuaciones en vivo, pero en *Saturday Night Live* son actuaciones en vivo yendo de metanfetamina.

El sábado por la noche iba por ahí como una herida en batalla que todavía puede andar, pero nunca había sido tan feliz. Mi escena favorita sin duda era una que escribieron Vanessa Bayer y Mikey Day sobre dos auxiliares de vuelo demasiado alegres (interpretadas por Vanessa y por mí) que cantan los servicios de a bordo antes de ser succionadas fuera del avión de repente, una por una. La televisión en vivo no contempla el uso de dobles, por lo que Vanessa y yo tuvimos que lanzarnos de verdad por la puerta del avión para que la escena

102. Organización sin ánimo de lucro que concede deseos a los niños con enfermedades mortales. [*N. de la T.*]

quedara bien. Yo en realidad soy una payasa, y mi pasado de voleibol de competición me venía muy bien, así que no tuve ningún problema con ello, pero Vanessa dudaba un poco más. Yo deseaba con todas mis fuerzas empezar el espectáculo con ese sketch, así que la cogí por los hombros y le dije: «¡Vaness! Aquí hay que hacerse daño, ¿de acuerdo?».

Después de ensayarlo varias veces, las dos nos sentíamos bastante seguras con la maniobra. De todas formas, el viernes los del decorado montaron el avión en una plataforma, por lo que el espacio de la puerta por la que saltábamos bajó unos buenos veinte centímetros. «No pasa nada», pensé, segura como una idiota. Vanessa subió primero a probar el salto por la puerta nueva y lo hizo de maravilla, pero cuando me tocó a mí, empotré la cabeza contra la puerta. Todo el mundo dio un grito ahogado cuando quedé tendida en la estera, inmóvil. Lo primero que pensé fue: «Tendré que hacer el espectáculo con costras por toda la cara y un chichón en la frente». Lo segundo que pensé fue: «Vamos a hacerlo otra vez, joder. ¡Tiene que salir bien!». A esas alturas de mi carrera, me había vuelto una profesional de caerme de bruces y levantarme más fuerte. Me pusieron hielo en la cara, me dieron ibuprofeno y ensayamos el sketch cien veces más. Cada vez que tenía que lazarme por la puerta y caerme en la estera iba más a saco. Valió la pena. El hombro me dolió cuatro meses después de aquello, pero esa escena es el sketch que más me gusta de los que he grabado en mi vida.

Tras estar en uno de los escenarios más históricos y disfrutar de la mejor noche a la que un humorista puede aspirar delante de un público en vivo de millones de personas, me desperté a la mañana siguiente, preparada para volver a la carretera. Mi episodio de *Saturday Night Live* y mi especial para HBO se emitieron con siete días de diferencia, por lo que volver a viajar era más importante que nunca. Había quemado todos los chistes en esos dos espectáculos y, como se habían emitido por televisión a audiencias enormes, no podía usarlos de nuevo, porque la gente ya se los sabría. A diferencia de los músicos, de los humoristas se espera que siempre tengan material nuevo. Nadie quiere oír los grandes éxitos, así que volvía a estar en la casilla número uno. Este requisito de la comedia es agotador y constituye un reto, pero no lo cambiaría por nada. Tener que empezar de nuevo es emocionante, te baja los humos y la compensación es todavía mejor. Cuando has acumulado suficiente material para un especial entero —un chiste cada vez—, te sientes muy realizada. Y cuando vuelves a ponerte a cero, da igual quién seas, porque empiezas otra puta vez. Es la sensación de mayor vacío y miedo del mundo. Incluso los mejores, los cómicos más avezados, tienen miedo de no volver a escribir un buen chiste jamás. De todas formas, haces tu trabajo.

Eso significa volver a viajar y a subirte a escenarios. Sé que me repito, pero es mi consejo número uno a los humoristas que empiezan cuando me preguntan cómo tener éxito. ¡Sube al escenario! Si en tu ciudad no hay club de comedia, ¡crea uno! Busca un lugar con un escenario y un micrófono y ponte delante de gente todo lo que puedas. Haz tantas horas como puedas. Yo todavía lo hago. No te tomo el pelo: ahora gano dinero, pero incluso en las noches en las que libro, me subo a escenarios de pequeños clubs de la comedia de mierda, de salas de rock, de jazz, lo que sea. Siempre me esfuerzo por mejorar. Adquirí la obsesión hace mucho tiempo y nunca ha disminuido.

Da igual lo que te esfuerces o lo en forma que te mantengas, tu popularidad y las ventas de entradas sufrirán vaivenes, pero estoy muy orgullosa de decir que ahora, mientras escribo esto en el año 2016, actúo en estadios delante de públicos de entre diez mil y quince mil personas. Cuento chistes donde se juega la NBA o la NHL. ¡Agoté las entradas en el Madison Square Garden! (No me puedo creer que haya escrito esto.) En estos espectáculos en estadios, mi cómico telonero es Mark Normand, con el que llevo trabajando siete años. Mi hermano, Jason, también me telonea con su trío de jazz, lo que significa que viajo con su mujer, Cayce, una de mis mejores amigas y la persona que me ha ayudado a preparar este libro. Su hija, mi sobrina, está con nosotros entre bambalinas. A veces también están mi hermana, Kim, y su marido, Vinny. Puedo permitirme alojarme en hoteles buenos, tener un autocar de gira o volar en primera, a veces incluso en jet privado. Me siento muy afortunada y soy consciente de que no debo acomodarme ni pensar que esto durará para siempre. De todas formas, ahora adoro cada minuto. Sienta de maravilla salir al escenario después de que Mark diga mi nombre, abrazarlo, mirar al público y darles todo lo que tengo. Antes de empezar, todas las noches juro hacer la mejor actuación de mi vida. Sigo cagándola, sigo petándolo. Sea como sea, el público te dice la verdad. Es masoquista y es noble, y no quiero parar nunca.

VECES EN LAS QUE ESTÁ BIEN QUE UN HOMBRE NO HAGA QUE LA MUJER SE CORRA DURANTE EL SEXO

1. Si ella es una prostituta y el tío de después está esperando. Incluso así, hay que preguntárselo.
2. Si ella tiene prisa y te dice que no tiene tiempo.
3. En un avión o en cualquier lugar público. Si lográis hacerlo en público, hay que meterla y sacarla. De todas formas, cuando lleguéis a casa, ocúpate de ella.
4. Si os dais cuenta de que vuestros hijos o padres entrarán en la habitación. De nuevo, ocúpate de ella después.
5. Si ella tiene una rampa o hambre.

Nota: No pasa nada si no haces que una mujer se corra durante el sexo si se ha corrido antes. Yo no me corro demasiado con la penetración, ¡por lo que espero que disfrutes de una agradable visita a mi clítoris antes del espectáculo principal!

LA PEOR NOCHE
DE MI VIDA

Muy bien, ha llegado la hora de hablaros de Dan, quien ya ha salido en este libro. Durante mucho tiempo creí que era el amor de mi vida, pero le permití hacerme daño de maneras que todavía no entiendo. Lo conocí a los dieciocho años y me gustó enseguida. Se quitaba la ropa sin ningún motivo y corría por ahí sin vergüenza alguna. Teníamos mucho en común, sobre todo lo de que no nos diera vergüenza la desnudez. Yo creo que la desnudez puede ser bonita y divertida al mismo tiempo, así que siempre que puedo y que una escena lo permite, en mi programa de televisión me marco un Puerco Porky, que consiste, brevemente, en hacer el loco con la típica camiseta larga de tu novio y sin bragas ni nada. En cualquier caso, Dan no estaba interesado en una relación conmigo y yo fingía que no me interesaba tener una relación con él.

Dan me fascinaba. Había crecido en Manhattan, en un loft increíble, y lo habían mandado a un internado a los trece años. Era un niño malo… muchos castigos y sexo. Los menores de edad de Nueva york no beben como hacen los de Long Island, sino que se drogan y follan entre ellos para sentirse adultos. Lo hacía con cualquier chica que aguantara quieta el rato suficiente para que él se corriera, o al menos así me lo describía. De todas formas, niño malo o no, yo tenía la sensación de que era un incomprendido y de que yo era la única persona que podía quererlo de verdad, algo que, como ya sabes a estas alturas, fue mi gran especialidad entre mis veinte y treinta años.

La primera noche que me acosté con él fue en casa de su madre en Nueva York. El piso era increíble: enorme, con techos altos y decorado de forma impecable. Él y su casa tenían muchas cosas que a mí me parecían «guays». Era «guay» que, por la noche, cuando bajaba para dejarme entrar en el edificio, fuera descalzo y en ropa interior. Descalzo en una acera de Manhattan. Era «guay» que tuviera un póster de Dexter Gordon en la habitación. Era «guay» que supiera de arte. Los amigos de su familia eran famosos, gente de la élite cultural. A mí eso me emocionaba. Ya no quería saber nada de mi educación de las afueras, y él y la vida que proyectaba me embelesaron. Sabía que estábamos hechos el uno para el otro, pero él no estaba convencido de que yo fuera su chica. Quizá era porque el único póster que yo tenía en mi habitación era de Ani DiFranco y porque si me preguntabas quiénes eran los amigos de la familia, habría contestado «los Teleñecos». O quizá solo fuera que Dan era de verdad un chico del tipo «no quiero ser de un club que admita a Amy como socia». De todas formas, yo quería resultados a largo plazo, por lo que me tomé el tiempo necesario para conquistarlo. Incluso lo llevé en coche por todo el país cuando se mudó a la costa oeste. Éramos chavales de veinte años cruzando Estados Unidos al volante de un camión de mudanzas y para cuando llegamos a Las Vegas, ya era mío. Cuando por fin lo derroté, noté el cambio en él, que veía en mis ojos mi mirada, que decía: eres mío, colega.

Estábamos juntos y nos estábamos quedando sin dinero, pero aun así, decidió comprarse unas gafas de sol Gucci en un outlet. ¿Señal de alarma? Decidí no reparar en ese tipo de pequeñas rarezas divertidas. Yo creí que como sus padres eran ricos, él era rico. Este rompecabezas no lo resolví del todo hasta un año después, cuando vivía con él y tenía que ofrecer ese horrible velotaxi por toda la ciudad para ganar dinero para los gastos básicos. Dinero que él procedía a gastarse en alcohol.

Y sí, cuando aún estábamos en Las Vegas me gritó todo lo que pudo y me meneó tan fuerte que tuve que huir y esconderme hasta que se calmó. Era la primera vez que le veía comportarse así. Antes no lo

De bebé era la alegría de la casa.

De camino a casa tras nacer.

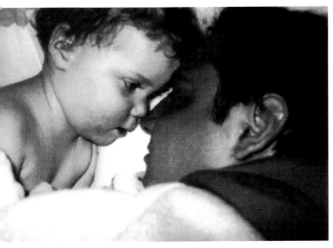

Mi padre y yo.

Gordon y Sandy Schumer.

Jason y yo molando.

Kim, yo, Vinny (mi cuñado) y
Abbott, mi noviete.

«¡Eh, que yo aquí estoy trabajando!»

Campistas felices.

En nuestra casa de campo, dos años y medio.

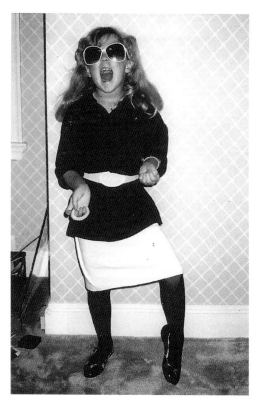

Molando.

Yo a los tres años, siempre con los accesorios perfectos.

En una (mala) prueba de vestuario para una revista.

Yo de modelo infantil = nepotismo. Además, ¿hay adorno más escalofriante para una cuna de bebé que un hombre de peluche de sesenta años fumando una pipa?

Panda, Pokey, Penny, Mouser, Bunny y el oso de dos cabezas.

Cincinnati, trece años.

Papá en la granja.

Papá de visita en la sesión de fotos de la portada de *Vogue*.

Yo montando a caballo en Chicago.

Bahamas, 2016.

Boxeando en Nueva York. Kim vomitó poco después de que nos hicieran esta foto.

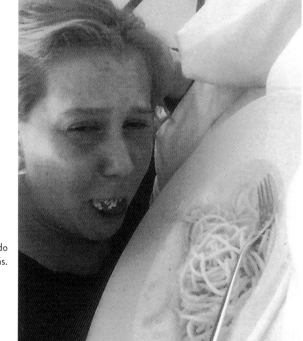

Hermanas.

Una chica comiendo pasta, sin más.

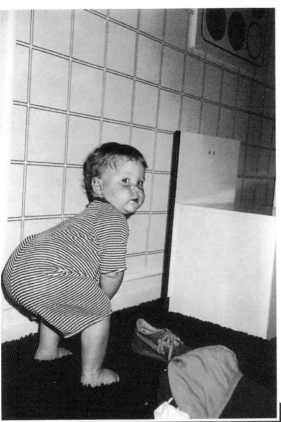

Yo ya bailaba *twerking* antes de que estuviera de moda.

Bailando con mi amiga Kati en Baltimore, segundo año de universidad.

Mi cuñada Cayce y yo yendo a *The Ellen DeGeneres Show* por primera vez. Cayce ha escrito este libro conmigo.

Hermano y hermanas, 2016, Minneapolis.

Hermanos en el rodaje de *Y de repente tú.*

Ensayo de la escena del baile en *Y de repente tú*.

Con Kev, compañero de trabajo y hermanos en otra vida.

Guionistas de *Inside Amy Schumer*, temporada 3.

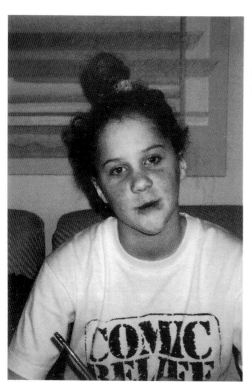

Siempre he tenido
madera de humorista.

Bloomington,
Indiana, 2010.

Veintitrés años.

Una de muchas pirámides con mis amigas más antiguas.

Rachel Feinstein, yo, Bridget Everett y Poppy preparándonos para subir al escenario.

Volviendo a casa desde un espectáculo en Boston con Chris Rock.

Un par de horas antes de grabar mi especial en el Apollo.

Antes de cada espectáculo tenemos la tradición de dar las gracias y decir que nos esforzaremos al máximo.

Charleston, Carolina del Sur, 2016.

Minneapolis, 2016.

había visto ni siquiera un poco alterado. ¿Y cómo premié yo ese comportamiento?

Un año después me fui a vivir con él. Pasamos un verano juntos en la costa oeste cuando yo solo tenía veintiún años. Teníamos un apartamento en una colina, muy cerca de la playa. Todos los días me levantaba temprano y daba una clase de kick-boxing en el YMCA, luego iba a jugar la liga de dobles de vóley-playa femenino y después quedaba con él. Bebíamos, discutíamos y follábamos. No podías pedir más, si lo que quieres es la relación de Penélope Cruz y Javier Bardem en *Vicky Cristina Barcelona*. Y si no has visto esta película, yo era Whitney y él, Bobby. (Rápido reconocimiento público: quería tanto a Whitney que no me puedo creer que ya no esté entre nosotros.)

En cualquier caso, Dan y yo íbamos a *happy hours* con amigos y nos emborrachábamos. Luego él se enfadaba conmigo y me empujaba un poco. A veces, por el empujón, tropezaba con algo, me caía y me hacía daño, pero claro, era un accidente. Aquel año me lastimé muy a menudo en accidentes. Se ponía celoso por algo que yo había hecho y me apretaba tanto el brazo que me salía un cardenal horrible. Por supuesto, era un accidente, y después él siempre se sentía fatal. Yo lo consolaba y seguíamos hasta la siguiente vez que pasaba. Con todo, aquello no era maltrato, ¿vale? A ver, yo no era una chica pasiva. He sabido defenderme con facilidad desde que aprendí a andar. Soy la chica que se metía con los abusones en el colegio, la que defendía a los chavales de los que se reían. Siempre me he preciado de ser fuerte, firme e independiente. A mí no me podía pasar, ¿verdad?

De forma regular, Dan me decía cosas que no permitía que me dijera nadie más, cosas pasivamente hirientes para hacerme saber que no era tan guapa como las otras mujeres con las que había salido. Señalaba partes de mis piernas, brazos y estómago que creía que tenía que trabajar. Corría la cortina de la ducha y se reía de mi cuerpo desnudo. Una vez incluso meó sobre mis piernas y pies mientras se reía. Yo lloraba, salía a pasear y empezábamos de nuevo. Pero anda ya, yo era lista, divertida y una gritona que decía lo que pensaba sin ningún problema. Aquello no era maltrato, ni hablar. Eso solo les pasa a chicas que no creen en ellas, ¿verdad?

La cosa fue a peor, cada vez a peor, y empecé a escaparme del piso siempre que podía. Iba a un Starbucks, me encerraba en el baño, me sentaba en el suelo y lloraba. Sabía que lo mejor era volver al este, pero pensaba que nunca nadie me querría tanto como él. Pensaba que estaba tan loco por mí como yo por él, y que si me esforzaba más por no enfadarlo, lo nuestro iría bien. Pensaba de verdad que me quería. Y yo lo quería mucho. Creo que en algún punto de la relación empecé a confundir su rabia y su agresividad con pasión y amor. Empecé a pensar en serio que el amor verdadero en teoría tenía que ser así. Que cuanto más se gritaba una pareja, más se quería. Que cuanto más física y degradada era la relación, más te compenetrabas con la otra persona. Y que cuanto más quisiera yo mantenerme a su lado, más entendería él que yo le quería de verdad y que teníamos que estar juntos para toda la vida. Y él siempre se sentía muy mal por lo que había hecho después de gritarme o causarme moratones. Sin duda, no se fustigaría tanto si no me quisiera un montón. No es maltrato, si se sienten tan mal después y te prometen que te querrán el resto de tu vida, ¿verdad? ¿Verdad?

Error. Sabiendo lo que sé ahora, está más claro que el agua, por supuesto. Y estar asustada y herida, que te maltraten, no es exclusivo de las mujeres inseguras a las que se intimida con facilidad, de las mujeres que vienen de entornos inestables o de las mujeres que nunca han visto un rol masculino positivo. De una charla TED sobre la violencia doméstica que dio Leslie Morgan Steiner aprendí (y cito casi textualmente) que se ven afectadas mujeres de toda clase y formación. También aprendí que yo era una víctima de violencia doméstica típica por la edad. En los Estados Unidos, las mujeres entre dieciséis y veinticuatro años tiene tres veces más posibilidades de sufrir violencia doméstica que las mujeres de cualquier otra edad. También, en los Estados Unidos, quinientas mujeres de esa franja de edad mueren a manos de su maltratador doméstico. Un maltratador doméstico no solo es una persona con la que vives. El término también hace referencia a cualquier persona con la que tengas una relación íntima. Yo era una estadística.

Lo que hacía que con Dan las cosas fueran tan confusas es que, por lo general, lo pasábamos en grande. Juntos éramos imparables. Él estaba obsesionado conmigo de una manera que me animaba mucho. Lo hacíamos varias veces al día. Yo creía que era porque lo ponía muy cachondo, pero ahora creo que era porque para él era una forma de tener toda mi atención. Nos reíamos hasta que se nos saltaban las lágrimas, follábamos, nos jurábamos amor eterno y al momento estábamos discutiendo a gritos, y me chillaba y apretaba demasiado fuerte.

Una húmeda noche de verano fuimos con nuestros amigos a un bar nuevo. Nos arreglamos, emocionados porque íbamos al nuevo sitio de moda. A mí me encanta bailar, siempre me ha gustado, siempre me gustará. ¿Si bailo bien? ¡Qué va! Pero eso nunca me ha detenido. Cogí a mi amiga y fuimos a la pista. A veces Dan bailaba, pero aquella noche, creo que porque yo llevaba todo el día hablando de lo emocionada que estaba, quería amargarme un poco. Yo bailo como todas las demás chicas blancas: de una forma sexual y sugerente con la que decimos «si me montas, sería así». Es publicidad del todo falsa. Además, yo no lo hago bien, y con los años varias personas negras me lo han dicho… a la cara.

Bueno, mi amiga y yo bailábamos y nos contorneábamos en la pista de baile cuando de la nada apareció Dan y me cogió de un brazo. No le gustaba cómo me miraban los tíos de la barra y pensó que flirteaba con ellos. Me fui de la pista de baile y bebimos y bebimos, nos besamos en un reservado y luego sonó la canción «Real Love» de Mary J. Blige, que tenía que bailar como fuera. No falla: cuando suena esa canción, parece que a todas las mujeres nos hayan lavado el cerebro.

En la pista de baile se me acercó un chico que me pareció gay, me habría jugado el cuello. Cantamos la canción y bailamos juntos. Nos reímos tontamente y movimos un poco las caderas a la vez, pero no hubo contacto real. Fue algo del todo inocente. De camino al baño, Dan pasó junto a mí en la pista de baile y me susurró al oído: «Das asco». Yo estaba furiosa. Pensé «ahora verás lo que es dar asco» y empecé a bailar de forma muy sexual con otro chico en la pista. Cuando Dan salió del baño me arrastró de nuevo al reservado. Y ahí fue cuando hice algo que no había hecho nunca y que jamás volveré a hacer:

le escupí a la cara. No sé si pensé que era un personaje de *West Side Story* o si fue solo el alcohol, que me hacía sentir que los tenía bien puestos, pero lo hice. Y esta maniobra despertó la bestia que había en Dan y mi señal de miedo se encendió al instante. Tenía una mirada en los ojos que me acojonó y me fui corriendo. Salí por la puerta del bar corriendo y no dejé de correr.

Me dirigí corriendo a casa de una amiga nuestra que vivía en la misma calle, pero me alcanzó. Intenté calmarle y le dije que probablemente fuera mejor que pasáramos la noche separados, para tranquilizarnos. Era lo más inteligente que podíamos hacer, y él era inteligente, por lo que estaba segura de que estaría de acuerdo, quizás me llamaría «zorra» y luego, tormenta disipada. ¿Verdad? Pues no, lo inteligente no ocurrió, sino que cuando saqué el móvil para llamar a mi amiga, me lo cogió de la mano y lo aplastó contra un árbol que había allí cerca, con lo que se hizo añicos. Me puso las manos en las mejillas y me apretó la cara con fuerza. Sentía pinchazos en la cabeza y era evidente que aquella noche era distinta. Corría peligro y lo sabía.

Le dije que iría andando a casa de mi amiga y le pedí que me dejara en paz. No se fue, me siguió. El corazón me latía con fuerza mientras oía sus pasos detrás de mí, en las tranquilas calles secundarias. Seguí andando sin parar y, de repente, durante un segundo, no oí sus pasos. Cuando me di cuenta de que estaba justo detrás de mí, era demasiado tarde. Intenté acelerar el ritmo y eso lo cabreó. Me empujó contra el capó de un coche aparcado allí y me di un golpe fuerte en la cabeza y en un codo. Nunca había llegado tan lejos. Era un arrebato violento de verdad, no me había hecho daño «por accidente». Dan había visto el coche y me había empujado contra él adrede. Yo empecé a llorar, me quité los zapatos y me fui corriendo calle abajo todo lo deprisa que pude, escuchando mi propia respiración, intentando disminuir mi frecuencia cardiaca como me habían enseñado a hacer cuando jugaba al voleibol. Creo que Dan se había sorprendido a sí mismo.

Oí voces que venían de un jardín cercano y corrí a la puerta principal de una casa al azar, sollozando, descalza, con el maquillaje corriéndoseme mejilla abajo y con un verdugón en la cara que ya empezaba a volverse cardenal. Aparecí en la sala de estar y allí había

sentados unos ocho pandilleros hispanos enormes que parecían sacados de *Breaking Bad*. Llevaban pañuelos y tatuajes, no se andaban con
hostias, y estaba claro que no me querían allí. Les supliqué que me
dejaran usar el teléfono para llamar a mi amiga y que luego me iría.
Por supuesto, me hicieron prometer que no iba a llamar a la policía.

Oía a Dan llamándome a gritos a través de la puerta mosquitera y
en aquel momento me di cuenta de que me sentía infinitamente más
segura con los pandilleros que con Dan. De todas formas, enseguida
entendí que mi presencia era una amenaza y podía provocar que los
descubrieran haciendo lo que fuera que hicieran. Algunos de ellos
salieron afuera a pedirle a Dan que se largara, pero estaba armando
mucho alboroto y no cedía en absoluto. Fui corriendo al jardín para
calmarlo, pero empezó a darse puñetazos con uno de los pandilleros
hasta que le sangró un ojo y el labio. Mientras el tío daba puñetazos
a Dan, cambié de bando y empecé a defenderlo. Cuando eres víctima
de maltrato, la lógica y el instinto pueden estar así de deformados.
Fue algo parecido a la noche de instituto en la que me di cuenta de
que Jeff se estaba sirviendo mi virginidad y acabé consolándolo a él
por haberme hecho daño a mí, a pesar de que debería haber sido al
revés. Conque allí estaba yo, defendiendo a otro tío que me traiciona-
ba con todas las de la ley. «¡Déjalo en paz!», grité mientras corría hacia
Dan, al que le estaban dando una buena paliza. Los pandilleros nos
echaron a los dos de su casa, temerosos de que llegara la policía.

Fuimos andando hasta su coche en silencio. Parecía que Dan se
había tranquilizado. Incluso se reía un poco al hablar de lo loca que
había sido la noche, y yo también me reí. Quería consolarlo y hacerle
pensar que estábamos juntos en aquello. Nos subimos al coche y yo
conduje el cuarto de hora que tardamos en llegar a casa. Con lo que
había pasado, ya no iba borracha y procuré que Dan siguiera tranquilo. Ese era mi único objetivo. Habló de pedir algo de comida cuando
llegáramos a casa y le dije de una forma muy serena y amable que
aquella noche no pensaba pasarla en nuestro piso.

Y allí empezó de nuevo. La bestia se despertó delante de mí otra
vez, la misma bestia que había visto antes, pero mucho más enfadada. Empezó a darse de cabezazos contra la ventanilla y a chillar.

Me cogió la mano y con ella se dio puñetazos en la cara. Rompió el espejo lateral con la mano y yo empecé a gritar y llorar, a suplicarle y a rogarle que parara. Le dije que dormiría en casa si dejaba de autolesionarse. Fue una mala idea negociar con él en esos términos, porque lo que vino después de acceder a dormir en casa fue mucho peor.

Cuando llegamos al piso, entré y me metí directa en la cama. Estaba agotada y solo quería que aquella noche se acabara. No tenía más fuerzas. Le supliqué que me dejara sola para poder dormir, pero él siguió martirizándome, mirándome desde una silla. Sacudió la cama para asustarme y dijo: «No quiero que te duermas». Le dije que hablaríamos por la mañana, pero que de verdad necesitaba descansar. Le dije que si no me dejaba dormir, me iría. Estuvo callado un par de minutos y yo cerré los ojos. Volví a abrirlos y lo vi allí, de pie a mi lado, observándome. Le dije que estaba harta y me levanté para irme. Fue corriendo a la cocina y rompió una taza —no un vaso, una taza— contra su cabeza y luego empezó golpeársela contra una lámpara que colgaba del techo y que no se rompía. Le gritaba que parara cuando cogió un cuchillo de carnicero de un cajón. Y entonces estuve segura de que iba a matarme. Puede que suene a cliché, pero en mi mente, vi pasar mi vida. Pensé: «¿Así muero? No me lo puedo creer». Pensé en cuando mi hermana y mi madre supieran que la había palmado así, y ese pensamiento despertó la bestia que había en mí. Fue mi momento de lucidez. Tenía que escapar de él, deprisa.

Lancé un vaso contra la pared para distraerlo y salí a toda velocidad por la puerta. Corrí por todo el edificio, llamando a todas las puertas, suplicando que alguien me dejara pasar. Era como en *American Psycho*: él me perseguía y acortaba distancias en cada giro. Llamé a cinco puertas donde nadie contestó antes de que una se abriera. Me lancé adentro y cerré la puerta detrás de mí. Miré al hombre mayor que me había dejado pasar y le dije: «Muchas gracias. Tengo que llamar a la policía». Llevaba meses viendo a ese hombre por el edificio, sobre todo yendo y viniendo del contenedor, y de vez en cuando nos saludábamos. Llevaba un bigote poblado y las cejas negras tenían canas, como el pelo. Parecía un dibujo animado. Era la segunda casa de un desconocido en la que entraba aquella noche. Recuerdo que pensé: «No puede ser mucho peor que el cuartel general de los Latin King».

Era peor. Respiré el aire del piso, que estaba viciado y olía ligeramente a alcantarilla. Me di cuenta de que su mujer, a la que nunca había visto, estaba en una cama de hospital junto a la ventana. Le habían amputado las manos y las piernas y tenía la boca abierta y ladeada, con la cabeza también a un lado. Aún no sé si estaba viva o no, pero creo que sí. Fue una escena espantosa que me desconcertó. Me metí en el baño, lleno de muebles y mugre, y me encerré dentro con su teléfono. Llamé a un taxi y me quedé ahí dentro hasta que llegó.

Cuando el taxi llegó, salí del piso como anestesiada. Dan seguía allí fuera, pero él también se había tranquilizado. Podría haberle mandado a la policía, podría haber presentado cargos, pero no quería. Al verlo ahí, solo, me dio pena. Me preocupó cómo se sentiría al día siguiente. A pesar de todo lo que me había hecho pasar, ni se me ocurría hacer que lo detuvieran. De todas formas, al final sí que vi cuál era mi situación: un caso de maltrato doméstico. Por fin puede sentir empatía por los millones de mujeres que habían vivido esa misma situación. Yo era ellas y ellas eran yo.

El taxi me llevó hasta la casa de una pareja que conocía. Dejaron que durmiera arriba, y el chico de la pareja durmió junto a la puerta principal de la casa con un bate, algo que todavía le agradezco. Al día siguiente tomé un vuelo a Nueva York, todavía preocupada por Dan y por cómo se sentiría. Sabía que se sentiría fatal y solo y que estaría sufriendo muchísimo, pero elegí vivir. Pensé mucho en mi hermana y en que quería ser una persona de la que ella se sintiera orgullosa. No podría enfrentarme a ella si me quedaba un día más con un hombre que creía que acabaría matándome.

El siguiente capítulo horrible de esta historia —y algo que me duele contar— es que después de aquello volvimos a estar juntos otra vez, durante el apagón de Nueva York de 2003. (Con aquel calor, me habría follado a una salamandra.) No duró mucho, pero la soledad de la ciudad de Nueva York y lo que sentía por él me debilitaron. Creó que volví a verlo porque aún deseaba ser amiga suya y porque quería castigarlo por haberme hecho tanto daño en el pasado. Pensé que podía hacer más daño desde dentro. Era su novia, lo que significaba que tenía total libertad para criticarlo y recalcarle por qué era lo peor. No me siento orgullosa, pero había una parte de mí que quería estar de nuevo con él para poder devolverle el daño.

Por fin rompimos unos meses después y nos despedimos el uno del otro una mañana en la que pude ver perfectamente cómo era en realidad. Me di cuenta de que se presentaba ante el mundo con una fachada de cierto tipo de hombre que no existía de verdad. Tenía el póster, pero no se sabía el nombre de ningún disco de Dexter Gordon. Decía que me quería, pero me había hecho daño y saboteado en cada momento de la relación. Más adelante comprendí que me menospreciaba tanto porque seguramente tenía miedo de que me diera cuenta de que no era nada y lo dejara, que es exactamente lo que pasó.

Cuento esta historia porque soy una mujer fuerte que te cagas, no la persona que la mayoría de la gente imagina cuando piensan en una «mujer maltratada», pero le puede pasar a cualquiera. Cuando estás enamorada de un hombre que te hace daño, es una clase especial de infierno, aunque muchas mujeres lo han vivido. Si te está pasando, no estás sola, y si todavía no te ha pasado, no estás eximida. Yo encontré la manera de salir de aquello y nunca volverá a pasarme. Yo salí. Sal.

COSAS QUE ME
PONEN ENFERMA

1. La gente que baja montañas corriendo. ¿Habéis subido algún monte y os habéis cruzado con alguien que lo baja corriendo? En lo que a mí respecta, siempre deseo por dentro que se caigan y encuentren su oportuna muerte.
2. Las chicas con el pelo suelto en el gimnasio. A no ser que estés tapando horribles cicatrices de quemaduras como la chica de *Jóvenes y brujas*, hazte una coleta, joder.
3. Las parejas que hacen ejercicio juntas son vomitivas. ¿No os podéis separar una hora? Además, el típico tío que enseña a la chica sumisa cómo hacerlo todo me da arcadas.
4. La gente que se cree que es el alcalde del puto gimnasio. Yo ni siquiera sonrío a la gente que conozco, porque lo único que quiero hacer todo el rato es largarme. Si establezco contacto visual con alguien que conozco y apartan la mirada de inmediato, sé que son grandes personas y me siento cercana a ellas.
5. Por lo que parece, el gimnasio y todas las formas de ejercicio, si me baso en los cuatro primeros puntos de esta lista.
6. También la gente que se llama Jim, porque me recuerda la palabra «gim-nasio».
7. La gente que me dice «Me caes gorda» para decirme que estoy gorda.
8. La gente que se te acerca demasiado cuando haces cola para algo.

Aléjate de mí, joder. Me gustaría que todo el mundo estuviera a un campo de fútbol americano de distancia, pero entiendo que no es posible, así que, por favor, dadme quince centímetros, aunque treinta sería ideal. (Esto no es pertinente por lo que se refiere a penes.)

9. Las situaciones claras de novias escogidas por internet en las que el tío es asqueroso y la mujer es guapa y parece atrapada. Rezo por que esas mujeres logren robarles y huir con el dinero.

10. Los anuncios de radio. Todos y cada uno de ellos.

11. La gente que dice «yo como para vivir, no vivo para comer». Les deseo que los azoten las diez plagas al completo.

12. Los chicos que no se aseguran de que la chica se corra.

13. La gente muy borracha. Puede que pienses «Amy, eres una hipócrita que te cagas», pero no lo soy. Me encanta beber, pero ya casi nunca me cojo una cogorza del copón. Muy pocas desde la universidad. De todas formas, cuando en la universidad me ponía del revés, nunca nadie se enteraba, porque solo arrastraba un poco las palabras.

14. De acuerdo, tienes razón. La he cagado con el punto número 13. Sí que me emborracho. De todas formas, tú no deberías.

15. Los berros.

16. La gente que cuando habla mira hacia arriba, como al techo. A no ser que una paloma se haya posado en una lámpara de araña encima de mi cabeza, mira aquí abajo.

17. También los pájaros en interiores. Cualquier pájaro en un aeropuerto, un centro comercial o lo que sea me saca de quicio, me pone de muy mal genio.

18. La indignación selectiva.

19. Los conductores que pisan el acelerador a fondo cuando el semáforo se pone verde y que frenan a tope en los semáforos en rojo. Miento a muchos conductores de Uber y les digo que estoy embarazada para que conduzcan con más precaución. Ellos no saben que no lo estoy, y la verdad es que yo tampoco. Supongo que podría estarlo.

20. *The Big Bang Theory*. (La serie de televisión, no la teoría.)

21. La gente que me considera una pecadora. Que os den.
22. Los ambientadores de las habitaciones de los hoteles. Enchufan unas máquinas enormes que hacen que todas las habitaciones huelan igual, como a polvos de talco infantiles y a entierro. Te lloran los ojos y te pica la piel.
23. La gente que habla muy alto en público. He gritado a desconocidos. Les digo «¡chist!» y nadie está eximido. Una vez mandé callar a Vin Diesel.
24. La gente con egos que no les dejan admitir la verdad.
25. Las *jelly beans* negras. Con el regaliz negro me enfado, pero no me irrito.
26. La música house. Es lo peor. Me encanta salir y bailar hip hop, pero es casi imposible encontrar un sitio donde pongan, porque lo han sustituido en todas partes por esta música horrible que no merece llamarse así.
27. Los DJ famosos y los cocineros malotes. Questlove no cuenta. Es batería y un DJ increíble.
28. Las mujeres adultas que llevan shorts vaqueros que son tan pequeños como un pañal, porque yo no estoy para nada en disposición de ponerme unos y molar. A estas alturas yo necesito un burka vaquero.
29. Hablar con una persona que no conozco en el ascensor. (Supongo que esto cuenta como hablar de trivialidades, algo que ya he dicho en varias ocasiones que no soporto, pero es incluso más insoportable en un ascensor, ¡porque no tienes escapatoria!)
30. La gente que va a un Starbucks a escribir. Puaj.
31. La gente que lleva un libro a un bar merece que la apedreen. No intentes parecer misterioso o interesante. Estás leyendo en un bar.
32. La gente que come impecablemente sano. ¡Que os follen!
33. La mayoría de niños menos mi sobrina. Algunos son monos, pero la mayoría necesitan calmarse.
34. Los chicos que intentan ligar contigo a pesar de que les lanzas señales bien claritas de que no estás interesada. ¡Para ya, joder!
35. Las chicas que van de mojigatas. Todas hemos tenido que limpiarnos lefa de la piel mientras nos mirábamos al espejo.

36. Los chicos a los que no les gusta mucho el sexo. Al menos dos veces a la semana o largo de aquí. (Sé que debería ser comprensiva,
pero no tengo paciencia.)

DEPORTISTAS
Y MÚSICOS

Hace poco traté con el miembro más grande que puedas imaginar. Y cuando digo «miembro más grande», hablo de un pene largo. No hablo de ningún miembro de nada. De todas formas, me estoy adelantando, así que deja que retroceda un poco y que presente este capítulo como el momento en el que te contaré con todo detalle cómo es enrollarse con unos cuantos deportistas y un músico. Te lo cuento porque creo que puede parecerte interesante. Y también porque, a pesar de que todos sabemos que no hay ningún santo grial en forma de persona que acabe siendo la clave de nuestra seguridad eterna, porque todos somos solo niños pequeños heridos, seguimos deseando que alguien que es la bomba con una guitarra o con un balón tenga la clave del amor eterno por uno mismo en la punta de su punta. ¿No? ¿Solo yo? Bueno, sigue leyendo de todas formas.

No diré los nombres. Quizá ahora estés pensando: «¡Que te den, Amy! ¡Me he comprado este libro de mierda y quiero saber quiénes son!». Te entiendo. Me muero de ganas de decírtelo. Es mucho más divertido tener una cara y un nombre con los que acompañar estas historias tan decepcionantes, pero no puedo hacerlo. No se trata de un asunto legal, es solo que a mí, en mi vida, me gustaría practicar más sexo, ¿y qué tío en sus cabales se enrollaría conmigo si supiera que él y su pene podrían acabar saliendo en mi próximo libro?

Además, si alguna vez nos conocemos en persona, probablemente te diga los nombres de estos deportistas y músicos. Mientras, empecemos primero con el primer deportista con el que me enrollé, un jugador de *lacrosse*, mira tú por dónde. Había pasado una época en la que me sentía de lo más sola. Mientras lo escribo, me doy cuenta de que todos y cada uno de los rollos que menciono en este capítulo son una reacción directa a una ruptura. Ya me he aprendido la lección de que el proceso de duelo después de una ruptura no pasa más rápido si te enrollas con otra persona. La forma como suelo aconsejar a mis amigas es diciéndoles: «Te llevará tiempo. Vamos a ver pelis y a dar paseos largos». De todas formas, ni yo suelo seguir mi propio consejo. A veces también le digo a una buena amiga: «Tienes que follar con alguien». ¿Te das cuenta de mi patrón de hipócrita y rarita?

En cualquier caso, volvamos al jugador de *lacrosse*. Los dos estrenábamos soltería y él era más guapo que yo y de familia rica, pero por lo visto toleraba follarme, que es, en el sentido estricto, lo que eran nuestros polvos. Yo era más divertida y lista que él, pero eso en aquel momento no me importaba. Lo que importaba en aquel momento era que era mono y tenía un pene en funcionamiento. Salimos en un par de ocasiones, que fueron tan emocionantes como ver cómo se seca el esmalte de las uñas de los pies en un cadáver.

Durante la cena, me sentí como siempre oyes que en teoría se sienten los hombres cuando hablan las mujeres. Lo soporté, fingí reír con sus chistes, dejé que me hiciera un montón de preguntas penosas que esperas oír en una entrevista de trabajo, como «¿Dónde te ves dentro de cinco años?». Me preguntó con quién comería, si pudiera comer con cualquier persona, viva o muerta. Contesté «Mark Twain», a lo que él replicó: «No, tiene que ser alguien de verdad». Y con todo, me fui a casa con él, sin pensármelo dos veces. Cuando nos besamos, no hubo nada de química, lo que confirmó nuestra falta mutua de interés. Y sin embargo, por pura inercia, nuestros cuerpos todavía eran capaces de tener relaciones sexuales. Creo que nos enrollamos varias veces antes de que nuestros diferentes niveles de atractivo y nuestros sentidos del humor distintos empezaran a causarnos problemas. Un día me llamó para decirme que había empezado a verse con otra persona. Me sorprendió que pensara que nuestros pocos y anodinos polvos lo obligaran a notificarme que ya no estaba en el mercado. Le dije «lo entiendo» con el tono más serio del que fui capaz. La verdad es que nos hicimos perder el tiempo de una forma increíble.

El siguiente deportista jugaba en la NFL, lo que significa que jugaba al fútbol americano. Esta vez fui a la ciudad en la que él vivía y él fue a mi hotel. Nos habíamos visto tres o cuatro veces, pero todavía no nos habíamos enrollado, y aquella iba a ser la gran noche. Vino a mi habitación, tomamos algo y yo ya notaba que no quería eso. Dije que estaba agotada y que tenía que dormir y cuando me besó, no me apetecía. Nuestras sustancias químicas no congeniaban. Me ha pasado un par de veces en mi vida: los besos no saben bien. No es nada personal, no es más que ciencia. Me cogió del culo y me besó. Lo paré y me despedí. Me inventé algunas excusas para no quedar con él hasta que dejó de querer quedar conmigo.

Otro deportista con el que salí fue el famoso luchador profesional que conocí en Twitter. Sé que probablemente pienses que este es un buen momento para rajar de la lucha libre, pero no tengo ningún interés en hacerlo. Este tío era un deportista de verdad. Era más sano, fuerte y disciplinado que la mayoría de personas que juegan a un deporte en el que hay pelota o equipación. Cuando lo conocí, yo no tenía ningún interés en la lucha, aunque en el pasado había fingido un tiempo que me gustaba por los tíos (ve el capítulo titulado «Cómo perdí la virginidad»), pero en cuanto vi la lucha libre profesional entre bambalinas, me impresionó lo deportivo y teatral que era todo. En cualquier caso, nos conocimos mientras yo hacía un espectáculo en Phoenix, Arizona. Estaba sola en mi bonito hotel y decidí pedir tartaletas de cangrejo. Sé lo que piensas: el estado de Arizona, sin salida al mar, es conocido en todo el mundo por el marisco y el surf, ambos espectaculares. De todas formas, me convencí de que era una opción baja en carbohidratos, a pesar de que sabemos que fuera de Baltimore, Maryland, las tartaletas de cangrejo son, en un 99%, pan. Pues resultó que en aquellas tartaletas había suficiente cangrejo de verdad para cogerme la intoxicación alimentaria más virulenta que puedas imaginar. Pasé de estar sana y como una rosa a ser un recipiente en convulsión que soltaba fluidos corporales por todos los orificios del cuerpo. En un par de ocasiones tuve que decidirme entre sentarme en el váter o arrodillarme ante él a vomitar. Era una verdadera *Decisión de Sofía* de excrementos humanos. (Espóiler: no hay final feliz.)

A pesar de estar en un aprieto, seguía convencida de que aquella noche actuaría. Estaba especialmente emocionada porque el luchador mono iba a estar entre el público, y también el cómico David Spade. Acabé tumbada en el suelo del baño sobre mi propio vómito con el propietario del club y su amable madre junto a mí. Tenía alucinaciones por deshidratación y llamaron a una ambulancia. Por suerte, David Spade es un jefe y actuó en mi lugar. Es el único espectáculo que he tenido que cancelar por enfermedad. Una vez casi me quedo sin voz en plena actuación en el Governor's Comedy Club de Long Island, pero no abandoné el escenario. Como mi madre y yo conocemos la lengua de signos, le signé toda la actuación a ella para que pudiera transmitirla al público.

Así pues, aquella noche en Phoenix acabé durmiendo en el hospital. Mi amabilísima amiga Jackie, que trabajaba conmigo aquel fin de semana, pasó la noche sentada en una silla junto a mi cama de hospital. Cuando me desperté, supe que había recibido por Twitter incontables mensajes en los que mencionaban al luchador. Resulta que había montado una campaña entre sus seguidores para hacer que yo le siguiera en Twitter. Él tenía como un millón de seguidores y me pareció que cada uno de ellos me había tuiteado. Mientras estaba allí esperando el alta, le di a «seguir» en su cuenta y le escribí un mensaje directo: «De acuerdo, te sigo. ¿Qué quieres?». Me contestó: «Hola, ¿cómo te encuentras?». Fue muy amable y se ofreció a recogerme en el hospital.

Además de este gesto tan amable, el luchador era de buen ver —e imaginé que probablemente de buenas manos—, por lo que empezamos a hablar y a hacer planes para quedar. Nos encontramos en Denver, pasamos un agradable fin de semana juntos, y empezamos a salir de verdad algunas semanas después. Nos esforzábamos por vernos, a pesar de que los dos viajábamos mucho todo el tiempo y de que yo todavía estaba enamorada de mi ex. Una vez incluso le pregunté si podía tomarme un descanso corto de la relación para ir a México con mi ex y retomarla al regresar. Con todo el derecho me dijo que no. Sé que era una petición loca, pero a veces se me olvida que un hombre pueda tener sentimientos de verdad por mí.

Era físicamente perfecto, inteligente, divertido y amable, pero recuerdo estar en una habitación de hotel con él, ver sus protectores de rodilla secándose en el radiador y pensar que aquella relación no era para mí. Por supuesto, volví con mi ex. (Siempre es una gran idea.) El luchador y yo seguimos siendo buenos amigos, a pesar de que es un ex reciente y que suelo desearles raras enfermedades amazónicas de la piel a sus nuevas novias. Lo que me lleva al músico.

Puede que el músico fuera la experiencia más triste de todas. Él es famoso y yo soy fan. Jamás de los jamases se me habría pasado por la cabeza que yo podía interesarle. A ninguno de estos tíos, en realidad, porque son tíos que tienen acceso a modelos minúsculas. De todas formas, lo que he aprendido es que los hombres son hombres, independiente de lo famosos que sean o cachondos que estén y, por resumir, quieren enrollarse con cualquier mujer por la que sientan una moderada atracción y que se esté quieta el rato suficiente para poder frotarse contra ella. ¿Suena a insulto? Porque en realidad es algo de los hombres que me encanta. Me encanta la simplicidad del impulso que sienten por follar. Su biología me parece bonita. Las mujeres nos esforzamos mucho en resultarles atractivas, pero en realidad no hace falta. Su fuerza impulsora es meter el pene en nuestro culo, mientras yo me preocupo por si ve las raíces de mis canas. A veces pienso: «¿Debería hacerme la manicura francesa?» ¡Si le da igual! ¡Lo que quiere es meterte la salchicha por el culo!

Bueno, quedé con el músico para comer. Yo pensaba que solo éramos amigos, pero me abrazó con una fuerza que nunca olvidaré. Deslizó la mano por la parte inferior de mi espalda, empezando por la cadera debajo de la chaqueta de piel. Cuando me abrazó me di cuenta: «Ostras, es una cita». Los dos estábamos en plena ruptura, por lo que nos quejamos de nuestros ex y comimos ramen. Lo estábamos pasando tan bien que hicimos planes para vernos más tarde, aquella misma noche. Mis sentimientos respecto a mi ex no estaban todavía fuera de peligro, pero vengarme saliendo con una estrella del rock me pareció un plan bastante bueno.

Nos encontramos en el Hotel Bowery y tomamos unas copas. Ir a este segundo lugar para una segunda cita con un mismo chico en un día me descolocó del todo. En esta ocasión él me iba a valorar como una mujer con la que quizá quisiera enrollarse, o salir, así que, evidentemente, perdí toda mi autoestima mientras me vestía para encontrarme con él. Me puse nerviosa y se me fue la mano. Por la mañana había sido una comida con un amigo, ¡pero esto era una puta cita con una puta estrella del rock! Me comentó que parecía una persona distinta a la de la mañana, porque detectó de inmediato que mi seguridad caía en picado. Dimos un paseo y vimos comedia en vivo en un club cercano. Le dije que lo había pasado en grande e intenté despedirme, pero me convenció para que nos tomáramos otra copa en el hotel. El bar ya estaba cerrado, por lo que sugirió que usáramos el servicio de habitaciones y subimos a la suya.

A esas alturas, había aceptado el hecho de que era imposible que se sintiera atraído por mí y me imaginé que debía de gustarle pasar el rato conmigo. Toda mi vida he sido así. Siempre he dado por hecho que los hombres me ven solo como uno más, por lo que, cuando alguien se interesa por mí como chica, flipo. Este complejo ha mejorado con el tiempo, pero no ha desaparecido del todo. Bueno, nos tomamos una copa en su habitación y cuando fui a darle un abrazo para despedirme, me besó. No había química, pero me sentí halagada, y era la primera persona a la que besaba que no fuera mi novio en los últimos cuatro años, así que seguí con aquello. Nos metimos en la cama, nos desnudamos y yo no podía estar menos presente. Era como lo que imagino que siente Pat Sajak a estas alturas de la *Rueda de la Fortuna*. Si lo miras fijamente a los ojos, ves que es un auténtico zombi.

Podía vernos a los dos como si yo estuviera fuera de mi cuerpo y sentí mucha tristeza por los dos: una estrella del rock y lo que yo fuera. De todas formas, da igual quién seas, porque sientes la misma mierda que las demás personas. Los dos echábamos de menos a nuestros ex y no hicimos gran cosa. Nos tocamos el uno al otro y empezaron a caerme lágrimas por las mejillas. Yo no lloraba, pero me salían lágrimas. Se dio cuenta y me abrazó. Estuvimos tumbados a oscuras, con los ojos abiertos y escuchando la respiración del otro. Yo estaba sufriendo muchísimo, y notaba que él también. No nos juzgamos ni quisimos nada del otro. Cuando se hubo dormido, me fui a hurtadillas de la habitación. Agradezco que fuera tan amable y que estuviera tan triste como yo. Me sentí menos sola por un par de momentos y estoy segura de que fue el rollo más decepcionante de su vida, de lo cual estoy un poco orgullosa. Está bien sobresalir, incluso de esta forma. ¡Así no me olvidará nunca!

Ahora veo que hay un patrón de verdad en estas historias: en todas, enrollarse conmigo fue una decepción. En estos líos siempre me había visto como la perjudicada por culpa de un tío coñazo, pero ahora que lo pienso mejor, parece que la coñazo era yo. Interesante. En fin, no tengo tiempo para entrar en eso. Vamos a por la polla enorme.

Quiero presentar esta historia diciendo que no tengo ningún interés en el hockey. He ido a un par de partidos y lo he pasado bien, pero eso se debe, sobre todo, a que fui con mi hermana y nos pintamos cardenales falsos. Fueron dos partidos de los Rangers en el Madison Square Garden y yo me puse un collarín y me pinté los dos ojos a la funerala, y a Kim le puse tiritas por todo el cuerpo. No sé por qué lo hicimos, pero nos gustaba parecer que íbamos llenas de sangre. La mayoría de gente no nos hacía caso y apartaba la mirada todo lo rápido que podía, pero algunos nos preguntaban qué había pasado, a lo que respondíamos que nos habíamos peleado entre nosotras.

A Kim y a su marido les encanta el hockey y siempre hablan de uno de sus jugadores favoritos. Les encanta cómo juega y siempre comentan que, además, es divertido y guay fuera de la pista. Siempre que están conmigo hablan de este tío. Él me siguió en Twitter y yo empecé a seguirlo, y cuando le dije a mi hermana que me seguía, alucinó. Se puso en plan: «¡Mándale un mensaje! ¡Os caeréis de maravilla!». Y le escribí. Le dije que era mi jugador favorito y creo que añadí que si algún día quería ir a ver un monólogo, que me lo dijera. Me demostró el respeto suficiente para no fingir que le interesaba asistir a un espectáculo de monólogos, pero me preguntó si quería tomar algo. Dije que sí y me emocionó que Kim pensara que era la leche, porque nunca lo piensa.

El día de nuestra cita, fui al lugar acordado y esperé casi cuarenta minutos. Él me escribía diciendo: «¡Lo siento, enseguida salgo!». Me fui de allí enfadada, pero al poco recibí un mensaje en el que me decía que lo sentía muchísimo y que iría a donde yo quisiera. Le hice ir al Fat Cat, un bar en un sótano del Village donde ponen jazz y tienen un ping-pong. Cuando llegué y lo vi desde la otra punta de la sala, me di cuenta de que estaba con todos sus amigos.

Así pues, estaba en una cita grupal con un montón de tíos bulliciosos. Yo gritaba por encima de la música para intentar hablar con él, pero nuestra comunicación era como la del Papa y Rick Ross. No sabíamos de qué hablar, no nos oíamos y no nos pillábamos las ironías. Al final me di por vencida y empecé a hablar con sus amigos. Me trataban como si fuera una puta a la que su amigo deportista famoso iba a follarse, lo que, en su defensa, era cierto, aunque me faltó paciencia para aguantar hasta el final. Así pues, cuando me dijo que iban a otro bar, le dije que yo no y empecé a despedirme del deportista favorito de mi hermana. Él me dijo: «Eh, no, pues entonces voy contigo». Me sorprendió. Ni siquiera se despidió de sus amigos. Fuimos a otro bar de camino a casa, donde le vi jugar a un videojuego de golf absurdo y le oí hablar de sus sueños y su familia. No daba crédito: iba a enrollarme con aquel tío guapo, alto y con talento al que apenas entendía o con el que casi no conectaba. Usaba términos de hockey, pensando que era superfan, pero yo solo había ido a unos pocos partidos en mi vida y no entendía nada. Exactamente, me hizo cero preguntas sobre mí, y me pareció una cifra perfecta. No me interesaba construir un futuro con aquel tío, solo estaba ahí para ver si estaba dispuesto a enrollarse conmigo, a pesar de que desde mi punto de vista pegábamos menos que la Cerdita Peggy y Charles Grodin en *El gran golpe de los Teleñecos*. O Kate Hudson y cualquiera con el que la haya visto emparejada. A menudo me siento así con los hombres que han estado dispuestos a algo físico conmigo. Por suerte, a la mayoría de los hombres les tira más un agujero húmedo que una cara perfecta… sobre todo a última hora de la noche.

Fuimos a su piso, puso la serie de televisión *Workaholics* y bajó a comérmelo enseguida. Me pareció un amor por hacer eso. Me corrí, pensando que era un príncipe, pero luego entendí el motivo de su caballerosidad. Se sacó la polla y me convertí en un dibujo animado. Mi mandíbula cayó hasta el suelo. Casualmente, era la única manera de que esa polla cupiera dentro de mi boca. Yo tengo la boca pequeña y aquel rabo era de un tamaño desconocido para mí. Ni de coña dejaría que se acercara a mi vagina. Me sentí como un músico que toca en la cubierta del Titanic, porque sabía que no podía hacer nada más, solo hundirme. Me sentí como si intentara meter todo un pavo de Acción de Gracias en un rollo de papel higiénico: imposible. Él hacía como si no tuviera una polla tan grande, como si aquello fuera de tamaño normal y yo fuera asustadiza y rara, pero después de algunos intentos, decidí que no podía hacerle una felación. Como me sentía mal, procuré jugar en equipo y decirle que podíamos intentar hacerlo. Me tumbé y me esforcé por pensar en un ambiente más relajante, como la bahía de Guantánamo o la sala de los zapatos del museo del Holocausto, pero era imposible. Me animó a que procurara que entrase.

—No voy a forzar metérmela y deformarme el coño por follar contigo una vez —contesté—. Lo siento, tío. Prefiero no tener que andar recogiendo el NuvaRing del andén del metro porque no deja de caérseme de mi nueva vagina enorme cortesía de la interminable polla de mi amigo el gigante.

Le hice reír. No era su primer rodeo con una chica que le decía: «¡Eh, toro bravo, aparta ese rabo!».

Hicimos lo único estiloso que podíamos hacer. Nos dimos el lote mientras le hacía una paja en mi dirección. Cuando se corrió, casi todo fue a parar a mi tripa. Me levanté para limpiarme y dijo: «¿Adónde vas? ¡Estás sucia!», y fue a por una toalla caliente y una seca. Entonces observé a ese miembro de la NHL limpiarme con sumo cuidado. Quizá tenía miedo de que intentara robarle el ADN como si fuera una esposa hiphopera, pero era muy bonito verlo. Parecía un niño trabajando en un proyecto de ciencias. Me vestí y parecía confundido y triste de verdad porque me iba. Me preguntó si quería quedarme a ver una película y cuándo volveríamos a vernos. Me pareció que protagonizábamos dos películas distintas. Le expliqué que lo había pasado muy bien con él y que no volveríamos a vernos nunca. Me volví a casa con la misma ropa del día anterior a las cuatro y media de la madrugada. Quizá recuerdes un capítulo anterior en el que te he contado que solo había tenido un rollo de una noche en mi vida y que pienses que este es el número dos, pero yo no lo considero un rollo si no ha habido sexo. Sexo en el que tienes un pene en la vagina o en el culo. (¿Por qué no escribo novelas eróticas? ¡Mi prosa es muy excitante!)

Llamé a mi hermana por la mañana desde un Starbucks y le expliqué lo que había pasado. Las dos nos reímos tanto que lloramos. Yo solo había quedado con él para que mi hermana pensara que molaba, y eso no ocurrió en absoluto. Le pareció lo más triste que había oído nunca. Aun nos meamos de risa cuando sale a la pista de hielo. ¿Te parece miserable? ¿En algún momento de la lectura de esta historia te has sentido mal por él? No te sientas mal, por favor. No viertas ninguna lágrima por ese deportista rico, famoso y de aspecto perfecto con una polla enorme. Está bien. Seguro que ha tenido muchas experiencias sexuales maravillosas sin contar la mía. Ahora está casado con una mujer preciosa y diminuta, y cada vez que veo fotos de ellos, pienso: «¡Suerte y al toro, guapa!».

CARTA AL EDITOR

Las revistas siempre han sido mi debilidad, incluso las que me dicen que lo hago todo mal como mujer. Crecí cubriendo las paredes de mi habitación con fotos de Jason Priestley y Luke Perry sacadas de revistas. Le robaba la *Redbook* a mi madre y la *Mademoiselle* a mi padre. Ja, ja, ja, es broma. Mi padre no leía *Mademoiselle*, pero me ha parecido que escribirlo daría al texto un buen ritmo divertido. Amy, deja de explicar las bromas y vete al grano. Compro y hojeo prensa rosa, algo que creo que provoca cáncer. También compro la revista *Time* si me apetece parecer un genio, y la pongo la primera del montón para que si alguien me ve, piense: «Mmm, qué chica más inteligente e importante. Me pregunto qué habrá debajo...». ¿*Newsweek*? ¿*The Economist*? No se me ocurren más revistas inteligentes, lo que demuestra que soy basura de Long Island que estuvo a punto de no acabar la secundaria.

En cualquier caso, me gusta mirar revistas en un vuelo o cuando estoy de resaca tumbada en la playa. Nunca he pensado demasiado en ellas y creo que jamás de la vida imaginé que acabaría saliendo en algunas, mucho menos que estamparían mi cara en la portada. Mis primeras apariciones en revistas fueron como redactora. Después de hacer monólogos durante algunos años, empecé a recibir ofertas para escribir artículos divertidos para revistas de mujeres. Escribí un par de cosas para *Cosmo* y fue de lo más divertido. Escribí sobre temas parecidos a los que trato en este libro, por lo que cuando me pidieron que escribiera un artículo para *Men's Health*, me entusiasmé. Estoy orgullosa de ser una cómica que atrae tanto a hombres como a mujeres, por lo que me emocionaba conseguir visibilidad también en una publicación periódica para chicos.

Tuve una reunión con Ryan, un editor de la revista, si es que se le puede llamar así. Llegó cuarenta y cinco minutos tarde a la reunión —nunca es buena señal—, pero pidió mil perdones y elogió muchísimo mi humor, así que se lo perdoné todo, por supuesto. Nos pusimos manos a la obra e hicimos una lluvia de ideas del tema que tenía que tratar: ¡el sexo! Mi especialidad. Cómo mola caracola.

Ryan y yo empezamos a hablar de la foto que acompañaría al artículo. Yo tenía algunas ideas que pensaba que eran bastante divertidas: yo sujetando un ejemplar de la revista con una portada en la que pusiera «Me gustan mayores» o en la que yo saliera de estríper triste junto a un letrero que rezara «Prohibidos los chistes en el reservado del club». Ryan se rio de mis ideas de enferma y dijo que se las pasaría al departamento artístico.

Después de la reunión, estuvimos un mes y medio decidiendo el artículo final. Unas semanas después, mientras estaba entre bastidores preparándome para grabar la parte de monólogo de mi piloto para Comedy Central, recibí un correo electrónico de Ryan en el que me ponía en contacto con el responsable de la comprobación de hechos para una última barra lateral. Entonces vi la maquetación del artículo. Lo acompañaban tres fotografías enormes y no pude evitar darme cuenta de que ninguna era de mí. En todas había modelos delgadas con las tetas grandes cuyas edades oscilaban entre demasiado mayores para el servicio militar y demasiado pequeñas para alquilar un coche.

Minutos después tenía que salir al escenario ante las cámaras bajo fuertes focos y contar chistes que en teoría tenían que ser divertidos y potentes, pero lo único que me apetecía hacer era tirar la toalla y dirigirme hacia el destino que *Men's Health* había visto para mí. Ese camino probablemente implicaba escribir en un armario de la limpieza durante el resto de mi vida o de pie en el fondo de un pozo untándome la piel de loción que me habrían hecho llegar en un cubo. O al menos así me hicieron sentir. Solo los oía diciendo: «Amy Schumer es una chica muy divertida. Brillante, con una cara para pódcast».

Le mandé un correo electrónico a Ryan preguntándole por las fotos y me contestó algo en términos de «lo siento, ¡no lo decidí yo! Pero ahora sí que necesitamos que nos des tu autorización para la barra lateral».

Me ignoraron. Y a pesar de que me imaginé a todos en *Men's Health* negando con la cabeza y comentando «uy, otra loca y fea que causa problemas porque no está suficientemente buena», le dije que no haría nada más para ellos hasta que me dieran algunas respuestas. Ryan, que era muy majo y seguramente solo hiciera su trabajo, me puso en contacto con el editor jefe de la revista, un hombre al que llamaré Jake. Y esta es la respuesta que recibí:

Hola, Amy:

Acabo de leer tu comentario a Ryan y me disculpo si ha habido algún malentendido con el tratamiento artístico de tu artículo. De hecho, muy pocas veces acompañamos los artículos con imágenes de los autores, y eso sirve tanto para Amy Shcumer como para Jonathan Safran Foer, Jesse Eisenberg, Augusten Burroughs y Garrison Keillor. Son todas personas famosas, gente a la que recurrimos en busca de ingenio, inteligencia y frases elegantes, pero no para sesiones de fotos. Así pues, estás muy bien acompañada entre las personas a las que no fotografiamos.

De todas formas, cuando he sabido que te has quejado, he sentido algo de dolor. No soporto que ninguno de nuestros colaboradores se sienta mal por algún detalle de sus artículos, así que he buscado una buena foto tuya —tienes razón, hay muchas— y la he añadido a la plana para que todos sepan quién ha escrito el artículo y puedan felicitarte cuando te vean por la calle (o en una marquesina).

Por favor, acepta mis disculpas.

Por cierto, ¿quieres escribir un texto divertido sobre la doble moral en las bellezas masculina y femenina? Qué emoción.

En cualquier caso, muchas gracias por el artículo maravilloso. A nuestros chicos les va a encantar.

Un abrazo,

Jake

━━━◆◆━━━

Jake:

Agradezco tu respuesta. Sin duda, es una lista de autores impresionante, pero siento la necesidad de señalar que ninguna persona de la lista es mujer. Sé que eres consciente de que hay una diferencia. ¿El tema de sus textos era sexual y pusisteis fotos de chicos más jóvenes y delgados encima? Ahora mismo me cuesta verle la gracia a la doble moral.

Te agradezco que incluyas una foto mía. [*La foto que pusieron era del tamaño de una uña del meñique, más pequeña que los pezones de las modelos.*] Me gustaría conocer más detalles al respecto. ¿Es muy pequeña comparada con las fotos enormes de las modelos? Creo que quizá eso ponga de relieve la situación. ¿Qué foto es? Me gustaría verla. Sé que es demasiado tarde para eliminar todo el artículo, pero lo preferiría a sentir que me escondéis.

No acepto tu reto de escribir un segundo artículo. Discúlpame si mi confianza en tu publicación se ha visto afectada. Estoy segura de que eres un gran tipo con el que es divertido ir a tomar una cerveza y que tiene una buena relación con sus ex, y debes saber que esto no es nada personal contra ti o tu equipo, pero no aceptaré esta bajada de pantalones. (Puedes pedir a los expertos en humor de la plantilla que añadan un chiste a esta frase.)

Amy

━━━◆◆━━━

Amy:

Caray, me sentía mucho mejor después de tu primer mensaje.

Siento mucho de veras que estés enfadada. Nosotros solo buscamos a la mejor persona para escribir el artículo, y eras tú, lo que demostraste con tu texto.

Para mí, el diseño, la fotografía y el arte pertenecen a esferas completamente independientes, por lo que no se me ocurrió que tú fueras la protagonista de la foto de tu propio artículo. Ya hiciste tu trabajo con el texto.

Piensa en un artículo de finanzas: la autora demuestra sus conocimientos sobre dinero y el material gráfico son fotos de dinero. La autora hace una parte y la persona encargada de la fotografía hace la otra, para reforzar la misma idea. Después, los trabajadores de la revista combinan el texto y las imágenes en la misma página.

Es lo que hacemos siempre, también en este caso.

No estoy seguro de poder llegar a convencerte, así que dejaré de intentarlo. De todas formas, esto es exactamente lo que ha pasado con el artículo.

Jake

———

Jake:

Gracias por la comparación con la asesora financiera. Ahora estamos en sintonía total. ¿Quieres tomar algo algún día? Estoy a régimen. Te daré el visto bueno cuando pese menos de cincuenta kilos.

Amy

———

Amy:

¡Ja! ¡Uf!

Sí, vayamos a tomar algo. Yo tomaré cerveza, tú puedes beber agua, y todos contentos.

Será un placer mandarte un ejemplar de *The Women's Health Diet* para que llegues a menos de cincuenta más rápido.

Hasta luego,

Jake

Jake:

Espero que tengas la suerte de tener hijas. Bromas aparte, ¿es demasiado tarde para eliminar el artículo? La verdad es que no quiero que salga.

Creo que la fotografía distrae y que no tiene nada que ver con el texto. Tú ves la maquetación, la imagen y la fotografía como tres cosas independientes, pero yo creo que el lector lo vive como un conjunto.

Amy

Amy:

Ya está en imprenta. Espero que te den un premio por él.

Tengo dos hijos chicos. Quizá algún día se casen con las hijas de alguien.

Jake

Y eso fue todo. No sé si Jake se dio cuenta de que estaba siendo la mayor repelente de la historia, pero lo interesante es que al cabo de un tiempo, después de la publicación de ese número de la revista, añadió una foto enorme de mí a la versión en línea del artículo, junto con su defensa por haber escogido en un principio las fotos de las modelos en lugar de las mías. Huelga decir que mi opinión de las revistas cambió un montón después de esta experiencia. Lo que en el pasado solo había sido una forma de diversión despreocupada y tonta, se convirtió en algo que parecía un poco más siniestro.

Sé que no tengo el aspecto de las modelos que emplean en *Men's Health*. Su estética es bastante sistemática: una mujer biónica estilo vodka Svedka que acaba de salir de la ducha con unos pechos enormes en un cuerpo que por lo demás parece de chico joven y una expresión que dice: «Soy sexy y poderosa a no ser que eso no sea lo que quieras, amo». Alabadas sean estas chicas, cómo trabajan. Como los montadores de Photoshop, pero no pienso aceptar lo que quieran los editores y sus publicistas. No pienso aceptar que debería ser así solo porque es así. A la gente también le gustan las mujeres que tienen algo más en su cuerpo. A algunas personas les gustan los culos gordos a los que pueden cogerse y las espaldas que pueden tocar sin palpar una hilera de costillas. No me parece mal que te gusten las costillas, es por poner un ejemplo. Yo también soy guapa. Merezco estar delante de la cámara. Los puedo oír ahora alrededor de una mesa de reuniones en su oficina fría e impersonal: «Está enfadada porque es un ogro. ¡Debería superarlo!». Pero no es tan sencillo.

Estoy enfadada porque hay niñas de solo ocho años que ya se sienten avergonzadas de sus cuerpos. Alumnas del último curso de primaria que hacen régimen y a las que les gustan fotos de Instagram de famosas con corsés de entrenamiento. Algunas personas cercanas a mí han sufrido trastornos de la alimentación. Estoy enfadada con un sector que insinúa que estar seca como un palo es la única forma admisible de estar. Por favor, no me deis la lata con que hago que las delgadas se sientan mal. Si eres así de constitución, que Dios te bendiga, pero hay que cambiar, hay que darle la vuelta, porque es ofensivo y confunde a las mujeres con cuerpos distintos. Cuando estoy en un escenario actuando para más de diez mil personas, miro la multitud y más o menos la mitad de las mujeres del público tienen los brazos cruzados para taparse el estómago. Nos enseñan sin parar que estar peligrosamente delgada es la única manera de valer algo… o hasta de ser aceptable.

¿Por qué las chicas con una talla mayor que la 36 ya no pueden desfilar por la pasarela? ¿De qué tienen miedo? ¿Se caerá la pasarela entera? ¿Creen que las modelos de talla 38 o más no pueden llegar al final de la pasarela sin parar a medio camino a comerse un burrito? Basta, basta de ninfas desnutridas que enseñan una ropa imposible por una pasarela horrible con una iluminación horrible y música ruidosa. La vida no es como esa pasarela. Quiero ver algún culo ahí arriba, y no solo durante el desfile para «tallas grandes». Las chicas que usamos tallas por encima de la 38, 40, 42, 44, 46 o 48 no queremos un día especial, queremos todos los días, y queremos que os apartéis del medio porque ¡ya estamos aquí! Vivís en el pasado, revistas raras y anticuadas que representáis al misterioso mundo de la moda que saca ropa rara que no lleva nadie que conozca.

Ahora que he salido en algunas de esas portadas de revista, puedo deciros que ni siquiera a la chica de la portada le encanta esta situación. Cuando posas para una portada, un montón de revistas no te permiten escoger cómo quieres salir o lo que quieres llevar puesto y, por lo general, usan el Photoshop hasta que pareces otra persona. Pon «portadas revista mujeres» en Google y luego haz clic en «imágenes». Te aparecerá una pantalla llena de montones de portadas de revistas. Ahora entrecierra los ojos un poco y verás que todo el mundo parece la misma persona. Es asqueroso. ¿Por qué se nos enseña que todas tenemos que parecer una misma chica? Algunas queremos parecer nosotras mismas, ser como nacimos, con algunos ángulos desiguales y otros bonitos. He tenido la suerte de participar en algunas sesiones fotográficas en las que me han dejado sentirme y parecer yo, gracias a fotógrafos como Annie Leibovitz y Mark Seliger. Hecho subestimado: los fotógrafos son grandes artistas a los que les encanta dar la vuelta a todo y ofrecer imágenes creativas y variadas para deleitar y sorprender a la gente. ¿Te imaginas fotografiar a mujeres en la misma pose de foto de portada todo el tiempo? No es malo festejar la belleza, ¡pero la belleza adopta muchas formas!

¿Y qué te parece si nos ponemos todos de acuerdo en no tener que estampar una etiqueta de advertencia en la página cada vez que mostramos una forma de belleza «alternativa»? La etiqueta «talla grande» nos manda un mensaje de nosotras contra ellas: «Estas son las señoras de talla grande especiales y maravillosas que siguen siendo adorables y guapas… a pesar de su talla». ¿Por qué crear categorías para los cuerpos de las mujeres? «Talla grande» es un término absurdo que implica que cualquier cosa por encima de una talla determinada es distinta y está mal. Que *Glamour* pusiera mi nombre en la portada de su número «Elegantes con cualquier talla» sin preguntármelo no me gustó, porque yo no quiero formar parte de ese mensaje.

Unos días después de que recibiera el último correo electrónico de Jake en ese divertido intercambio de amigos por correspondencia, salí de la ducha y me detuve a mirarme en el espejo. Estaba llena de manchas y parecía descuidada, no era en absoluto como las chicas de esas revistas, pero estaba guapa de cojones. Soy una mujer de verdad que digiere sus comidas, tiene sarpullidos y bonitos nódulos de celulitis en la parte superior de los muslos por los que no pido perdón, porque, ¿sabes qué? Todas tenemos mierdas. Todas somos humanas.

Estoy enfadada conmigo misma por perder el tiempo preocupándome por una revista que publica artículos con títulos como «Cómo saber si es buena en la cama» y «Nueve formas de tener una erección más potente». ¿Qué coño más me da? No quiero formar parte de esa cháchara, quiero otra cosa. ¡Revistas de mujeres, os miro a vosotras! Quizá podéis publicar fotos divertidas, hacer algunos gestos y añadir más de un artículo por número sobre mujeres que son inteligentes, creativas o interesantes. Sé que hay problemas más gordos en el mundo, pero esto me preocupa enormemente. Es lo mío. Quiero gritarlo desde los putos tejados: no podéis obligarnos a sentir vergüenza ni etiquetarnos más. Uníos a nosotras… ¡y evolucionad más deprisa para que todas podamos trabajar juntas!

No creo que las revistas sean el enemigo, pero creo que pueden hacerlo mejor. Quiero ser parte de eso. Si me sacan más revistas, seguiré arrugando la nariz y riéndome en sus portadas; seguiré posando sin bragas y me pondrán un fuego en la entrepierna con el Photoshop, y seguiré corriendo sin miedo por Chinatown con un pijama de seda sin formas bajo una lluvia de confeti. La belleza no tiene que ser tan estricta, rigurosa y seria. Algunas de estas revistas nos han subestimado. Nos han pedido que creamos en sus etiquetas y su uniformidad. Por un minuto, lo suscribí. Pero ese minuto se ha acabado y espero que para ti y los demás, también.

Foto hecha en un fotomatón de parque de atracciones.

LOS VICIOS
SECRETOS

Un verano, Kim y yo nos pusimos muy gordas. No lo digo para que nos sintamos culpables. Valió la pena. A las dos nos gusta expandirnos y contraernos como acordeones según la estación. Si hace calor, bebemos vino blanco y tequila; si hace frío, bebemos vino tinto, whisky y tequila. Así que, en pocas palabras, siempre pesamos aproximadamente lo mismo. Yo suelo pesar entre sesenta y cinco kilos y tres millones de kilos. Aquel verano no nos faltó de nada.

En algún lugar en algún momento alguien me dijo que tenía que hacer caso a mi cuerpo. Si mi cuerpo quería helado, me compraba un helado. ¿Cinnabon? ¿El helado de Cinnabon existe? Pues coge uno y añádele unos cuantos *pretzels*. Ay, se han olvidado de poner mantequilla de cacahuete. No pasa nada. Yo me encargo. Amy, hoy te has bebido una botella y media de vino sola porque sentías que tu «cuerpo necesitaba relajarse». ¿Cuál es una buena manera de acostarse? Buena pregunta, Amy. ¿Qué te parece si pido a Seamless una pizza sin gluten y pasta y pongo la pasta encima de la pizza y me la como? Bien visto. De todas formas, un consejo: si vas a pedir *pastitzza* (que es algo que no existe, solo para mí), pídela solo si ya te estás durmiendo y te despertarás con el timbre cuando llegue el chico del reparto. ¡Gran idea!

Tuve la suerte de tener una madre con la que, en casa, la comida basura era puro contrabando. «Contrabando» significa que era mala, no es otra palabra para decir «condón», como yo sospechaba antes de que mi editora me lo explicara. Si crees que mi madre me hizo un favor, *meeeeeee* (ruido de respuesta incorrecta). Sus restricciones no tuvieron el efecto deseado. En lugar de adoptar una actitud sana y de comer comida basura solo con moderación, me comportaba como una niña amish en pleno *Rumspringa*[103] cada vez que había comida basura cerca. A lo que me refiero es que cuando había refrescos o pizza en una fiesta de cumpleaños, enloquecía. Me ponía loca en plan *La chaqueta metálica* y me lo comía todo. Sobre todo de pequeña.

Una vez, a los nueve años, fui al circo con mi amiga Lauren. Su madre, inocentemente, se ofreció a comprarme algo en el quiosco y yo me puse en plan «¿qué quiere decir? ¿Que puedo tomar lo que quiera?». Y ella contestó, atención: «Sí». En aquel momento, el mundo entero se detuvo a mi alrededor. Debió de pensar que esperaba que me leyera la carta con las opciones, que es lo que hizo.

—A ver, cielo, hay cacahuetes, palomitas, algodón de azúcar, *pretzels*, *cookies* de chocolate gigantes, chupa-chups y chocolate a la taza.

A lo que yo consté «sí». Luego, comí tanto que es un milagro que mi pequeño estómago, que para entonces se había convertido en una piñata que contenía todo lo que había en la fábrica de Willy Wonka, no explotara encima de un elefante bailarín.

Cada vez que iba a una fiesta de cumpleaños en la que había comida basura a mi disposición, al final volvía a casa con mi madre muy, muy enferma y con la barbilla pegajosa con refresco seco y con restos de Cheetos debajo de las uñas. Ninguno de los amigos a los que les dejaban comer todo eso con moderación entendía por qué comía hasta ponerme mala. Igual que los niños italianos a los que les dejan sorber un poco de vino en la cena y no acaban siendo adolescentes borrachines, la mayoría de chavales puede tolerar una exposición moderada a esa comida. De todas formas, yo tenía que hacerlo en secreto para que mi madre no se enterara. Tenía amistades basadas en la distancia de sus casas hasta tiendas de comestibles o de chucherías.

103. Término que usan los amish para referirse a la adolescencia. [*N. de la T.*]

Había una niña que me daba absolutamente igual, pero sabía que si iba a su casa, me darían suficientes Sour Patch Kids para matar a una jirafa grande, algo que hice. DEP, Smokey.

En la universidad, mi compañera de piso Denise no dejaba la comida a la vista porque si yo llegaba de clase o del bar y me encontraba una caja de Twinkies, me la comía entera. Si hacía una bandeja de lasaña, me la iba comiendo despacio, pedacito a pedacito, hasta que me acababa la fuente. Cuando Denise gritaba mi nombre, me levantaba como Garfield. Tuve que decirle que empezara a escondérmela. No podía saber si había o no. Denise empezó a quedarse sin sitios donde esconder los tentempiés porque siempre los encontraba. Registraba el piso como si fuera la Gestapo. Una noche trajo a casa a un tío que encontró una caja de Devil Dogs debajo de su almohada. Flipó mucho. Ella se murió de la vergüenza y me acusó a mí, pero, por supuesto, yo hice como que no sabía de qué hablaba.

Incluso ahora que soy una mujer adulta hecha y derecha sigo teniendo esta costumbre. Le pongo freno dentro de lo razonable. En cualquier caso, no hay otra manera de describir aquel verano en particular: Kim y yo nos pusimos gordas. Yo acababa de empezar a grabar la segunda temporada de mi programa de televisión, por lo que me entró el pánico y le pedí que perdiera algo de peso conmigo. No hay ningún motivo por el que tuviera que decir que sí. Está más que casada y no se pone mucho delante de la cámara. Kim es una de esas chicas con un cuerpo natural de modelo de *Playboy*, el tipo de cuerpo con el que, si fuera mío, habría disfrutado muchísimo a estas alturas. Tendría todas las enfermedades conocidas en hombres y monos. En cambio, yo tengo forma de cactus y cuando llevo cuatro horas sin afeitarme, también me siento así.

De todas formas, Kim accedió a hacer deporte y a comer bien conmigo porque es amable y sabe que lo que más me gusta es comer y beber con ella. Mi hermana era demasiado consciente de que mandaría al cuerno nuestro plan de salud en el momento en el que ella accediera a beber o a comerse una galleta, por lo que tenía que hacer el régimen conmigo si quería asegurarse de que yo no lo dejaba. La mayoría de las veces evita que coma y beba hasta la muerte, pero si tiene algún momento de debilidad, yo me lo huelo y ataco como un luchador de artes marciales mixtas vengando su reclusión.

Así pues, nos apuntamos a un programa demencial de algo tipo CrossFit y la verdad es que fuimos casi todos los días. Era uno de esos en los que te dan formación de guerrillera y SEAL de la Marina, algo del todo exagerado e innecesario a no ser que seas modelo de pasarela o estés a punto de participar en *Los juegos del hambre*. De todas formas, íbamos. Estuvimos al borde de la muerte todos los días. Sudábamos y resollábamos, salíamos de allí temblando y mareadas. Era horrible hacer unos ejercicios que se habían creado en un principio para gente que los necesitaba... ¡para sobrevivir! El pilates lo inventó Joseph Pilates, que trabajó con soldados durante la Segunda Guerra Mundial e ideó un método para ayudar a los gravemente heridos a ponerse en forma de nuevo. Ahora lo usan sobre todo las amas de casa que quieren abdominales de niño soldado y que se niegan a permitir que el culo les vaya a donde la gravedad lo arrastra de forma inevitable. Todos estos campamentos de entrenamiento de reclutas de la Marina y regímenes en los que te enseñan a sobrevivir con las cantidades mínimas de comida, como si fueras un prisionero de guerra, no están bien. Con todo, Kim y yo estábamos decididas a estar más sanas, así que íbamos.

Las monitoras eran todas espectaculares: chicas con shorts elásticos minúsculos y sujetador de deporte, con el pelo perfecto y caras impecables sin maquillaje. Yo creo que ya se ha demostrado que sin maquillaje parezco Charlize Theron en *Monster*. Los chicos también estaban en una forma que asustaba y todos estaban buenísimos, pero había uno que era tan guapo y carismático que resultaba inquietante. No sé si es porque éramos unas cabezas de chorlito o porque era divertido de verdad, pero con él no hacíamos más que reírnos y pasarlo bien mientras sudábamos y echábamos el resto como habría hecho George Burns en una elíptica.

Este monitor en concreto, al que llamaré Neal, parecía una escultura griega falsa; era tan guapo que no podías mirarlo mucho rato. Estaba tonificado y moreno a la perfección, más de lo que estás imaginando. Repartía su atención de forma uniforme entre todos los asistentes, paseándose, haciendo guiños y agachándose a nuestro lado mientras hacíamos sentadillas de pared y abdominales. Se arrodillaba junto a ti y te animaba poniendo la mano en la parte inferior de la espalda. Creo que todas las chicas se iban de sus sesiones con una sonrisa estúpida, diciendo «¡adiós, Neal!» entre risas. Kim y yo somos más listas que esas chicas, ¿no? La gente con un físico perfecto nos irrita porque... que os follen. No pueden ser también divertidos. ¡No podéis tenerlo todo! De todas formas, ni siquiera nosotras éramos inmunes a su atractivo. Poníamos los ojos en blanco, nos mirábamos y decíamos «¡no me jodas!», porque nos parecía increíble lo bueno que estaba y cómo podía convertirnos en simples colegialas sonrientes. En clase siempre dejaba muy claro que podías contactarlo por internet para entrenamientos personales extra fuera del horario habitual de clases. Lo decía una y otra vez durante las tandas de ejercicios y, aunque me sentí idiota comentándoselo a mi hermana, un día le dije a Kim: «Tengo la sensación de que me lo decía a mí en concreto. No solo porque piense que necesito ayuda, sino porque le gusto un poco».

Estaba del todo preparada para que mi hermana me dijera que era idiota y que frenara un poco y que me recordara que la forma de Mrs. Potato que tenía en aquel momento era, para empezar, lo que nos había metido en aquel lío. Kim me ha vacilado muchas veces cuando he estado enamorada de un tío que no siente nada en absoluto por mí. En la primera temporada de mi programa de televisión trabajaba un chico por el que yo estaba completamente loca. Era un modernillo menudo que iba en bici y que no me habría dado ni la hora, a pesar de que yo le estaba pagando, literalmente, sus horas.

—Ay mi madre, Aim, no te gires, ¡te está mirando! —dijo Kim una tarde, mientras grabábamos.

—¡¿De verdad?! —chillé.

Me di la vuelta despacio y vi que dormía encima de un montón de equipo. Lo que quiero decir que es Kim no solo no me miente cuando ve que los tíos no tienen ningún interés en mí, sino que lo disfruta. De todas formas, después le conté lo de Neal.

—Tía, yo igual, me ha parecido que te lo decía a ti —me dijo.

No necesitaba nada más.

En los escenarios y en estas páginas he hablado de la baja autoestima que puedo tener a veces, pero también estoy siempre de lo más dispuesta a aceptar y a creer en el hecho de que soy más guapa de lo que creía. En la tabla de la evolución, este chico y yo estábamos en los extremos más alejados. Yo arrastraba los nudillos, husmeaba en busca de plátanos y lanzaba mis heces a los turistas y él era un príncipe Disney pero con más atractivo sexual. Me acerqué a él en plan «¿puedes ayudarme con el régimen?», él contestó en plan «claro, veámonos en un sitio de comida sana que conozco», y yo en plan «marcha nupcial». Así que quedamos y nos vimos un par de veces para hablar de salud y forma física antes de escribirle una noche que estaba un poco pedo y decirle que quería enrollarme con él.

En las próximas citas, me hizo saber que estaba interesado, pero también me pisoteó el ego diciendo cosas como «para mí, el aspecto no es lo más importante». «Vaya, gracias», pensé. «Qué suerte tengo. Soy fea de narices, pero, con todo, tengo algunas cualidades por las que puedes apañarte y tener una erección.» Acabamos liados un par de veces, en las que vi que él esperaba que se la comiera y basta, pero no era consciente de lo vaga que es la menda. Creo que en mi vida he hecho ocho mamadas hasta el final. Tengo que querer de verdad a la persona y sentir que lo merecen o estar muy guarra. Aunque siguen teniendo que merecerlo. Así que sí, ocho en total. No es broma. Nos enrollamos un par de veces, siempre en mi casa.

Para ser sincera, nunca acabé de disfrutar liarme con él porque todo el tiempo estaba pensando: «¿Por qué hace esto conmigo? No tiene sentido. ¿Qué saca de esto?». No es que yo me subestimara, pero es que no me cuadraba. Veía a todas esas chicas que eran supermodelos jóvenes que te cagas y de verdad derritiéndose por él, pero él estaba conmigo, comiéndome mi potorro de tarada que te cagas. No por donde cago, ¿eh? El coño. En fin, el caso es que estaba bueno y yo soy yo y nunca íbamos a su piso, siempre al mío. Hasta una noche en que descubrí su vicio secreto.

Todos tenemos vicios que no queremos que la gente conozca. La mayoría son bastante inofensivos, pero los guardamos en secreto porque es lo que sentimos. Hay gente que solo come comida basura en secreto y hay gente, como mi cuñada, que ve *realities* tan malos que deberían ser ilegales. ¿Cómo lo sé? Porque los veo allí con ella y le hago ver incluso cosas peores. Hay gente a la que le gusta comerse el relleno del sofá. ¡Solo Dios puede juzgarte, hermano!

En cualquier caso, la noche que descubrí el secreto de Neal, lo había llevado a un evento conmigo. La relación avanzaba. Estaba lo suficientemente bueno y tenía la seguridad en sí mismo necesaria para hacerme pensar de verdad que era un tío que molaba y que igual podíamos empezar a salir en serio. (Escribir esto me ha dejado sin respiración.) Fuimos a una recaudación de fondos para una enfermedad, la de Lyme, alcoholismo o lo que fuera, y me dio mucha vergüenza estar allí con él, porque todo el mundo me miraba en plan: «Hay que joderse, qué cabrona». Y tenían razón. No es que yo no merezca a una persona así de buenorra, o lo que sea que se suponga que tengo que decirme, pero es que hay un límite. Puedes estar con alguien que esté un poquito más bueno que tú o un poquito menos bueno que tú, pero si está muy descompensado, la gente enfurece. Es asqueroso y triste, pero no me sorprendió. Él estaba bueno en la franja de parecer hasta absurdo. Yo me sentía como si estuviéramos en aquella escena de *La sirenita* en la que Úrsula canta la canción sobre robarle la voz a Ariel y yo fuera una de las algas del suelo y Neal fuera Ariel. (¿Qué? No te preocupes. No todas mis metáforas triunfan.)

Me puse bien pedo para sobrellevar la humillación y me da igual lo que diga la gente, es una gran técnica. Nos fuimos cogidos de la mano, emocionados porque aquella noche estaríamos juntos. De camino al coche, pensé: «Quizá esto será algo más. ¿Es mi próximo novio?». En el coche, me sentí feliz con «lo nuestro».

—Vamos a tu casa —le dije.

—De acuerdo —contestó—, pero está un poco desordenada.

Le dije que no era de las que eso le importara y fuimos para allá.

Aquella noche, pasamos por delante de su amable portero en dirección al bonito ascensor, anduvimos por el bonito pasillo y él abrió la bonita puerta y… allí lo teníamos. Lo que en el pasado puede que fuera un precioso estudio se había convertido en un armario lleno hasta los topes. Parecía que hubiese abierto una puerta de garaje que diera al programa *¿Quién da más?* Aquello era asqueroso: la cocina y el baño estaban negros de moho, todas las superficies de porcelana estaban cubiertas de pelos y mugre, y había platos sucios y paños encima de cada centímetro de la encimera. He visto pisos de hombres desordenados. No es tan raro que un tío tenga un piso asqueroso, sobre todo si está soltero. De hecho, me resulta simpático. Me encanta que un hombre tenga un piso de mierda y que no haya nada colgado en las paredes. Me gustan los chicos que visten de manera básica y cuyo estilo pende de un hilo. No me fío de un chico con gusto, no me parece natural.

En cualquier caso, el piso de Neal iba más allá de la suciedad simpática. Era más que suciedad. Era como *Jumanji*. Lleno hasta los topes de cosas antinaturales que no tenían que estar allí. A ver, había montones y montones de cosas, simplemente. Montones por todos lados. Montones de libros, de ropa, de zapatillas, de muebles encima de otros muebles. Había revistas y periódicos amontonados en altas torres simétricas, pero también había montañas desordenadas de cosas, como grandes pirámides irregulares hechas con cajas de objetos y artilugios de deporte y paquetes sin abrir. Había botellas de cosas, proteínas en polvo y productos de comida sana. Folletos publicitarios, papeles burocráticos, cedés, pósteres enrollados, cuerdas de saltar, bolsas de la compra vacías, protectores de rodilla (¿protectores de rodilla? No me jodas)… Verlo era una pesadilla. Una pesadilla inmunda que llegaba hasta el techo. Apenas había sitio para moverte por allí. Tenías que andar de lado por los estrechos pasillos que había despejado. Ese chico no era un coleccionista, era un acaparador.

Enseguida volví en mí, era el momento hora de actuar. «Soy actriz», me dije a mí misma. «Puedo hacerlo.»

—Ya te he dicho que estaba desordenada. ¿Te importa? —preguntó.

—¡No! —contesté, demasiado alto y deprisa—. Es un piso muy agradable.

Me encerré en el baño y vi un sujetador y cosas de chica colgando de la puerta. En ocasiones anteriores había sospechado que quizá tenía novia. Me había imaginado una modelito que desfilaba en la Semana de la Moda de París, a pesar de que no he estado nunca en París y de que no sé cuándo se celebra la Semana de la Moda. (De todas formas, parece que es todas las putas semanas. ¿Nadie tiene la misma sensación?) En cualquier caso, no me parecía que aquel sujetador perteneciera a una novia reciente. Si me atenía al sello de «caducado» del resto de cosas del piso, ese sujetador llevaba años colgado allí. Podría haber sido de Amelia Earhart. Me entretuve en el baño, maravillada por un momento del hecho de que un hombre tan depilado, tan bien peinado y tan perfectamente moldeado pudiera salir todas las mañanas de aquel baño, que era el culo de una jaula para orangutanes.

Cuando dejé las respiraciones profundas en el baño y salí, Neal me condujo por el piso a través de los pasillos que había despejado. Sentía que me guiaban por un laberinto. Olía a polvo y a su perro, un pitbull muy mono que nos seguía en fila india por los pasillos. Me ofreció una bebida y dije que no. Así de mal estaba la cosa. Nunca rechazo una bebida cuando estoy con un chico nuevo. Suelo usar las citas con alguien nuevo como excusa para pegarme una fiesta a lo Keith Richards, pero es que no me veía tocando con la boca un vaso de vino que viviera en aquel piso. Me llevó hasta la única zona despejada, el canapé para dos que había delante del televisor, en el que era evidente que se sentaba a menudo porque no tenía cosas encima. Hizo sitio para mí en el canapé y nos sentamos a ver la tele, aunque yo más bien fingía verla, no muy segura de cómo irme. «¿Es consciente de lo horrible que es esto? Si es que sí, quizá tenía pensado matarme.» Lo miré para ver si estaba nervioso. No, se estaba partiendo con la pesadilla de la MTV que estuviéramos viendo.

¿Y qué hice yo? «A ver, Amy, te fuiste, por supuesto. Le diste las gracias por una gran velada.» No, no, no, colega, eso es lo que habría hecho una persona normal. Lo que yo hice es permitir que me llevara hasta su colchón sin sábanas y que me lo comiera. Fue una experiencia extracorpórea. Yo miraba alrededor en la habitación, los montones de cosas que había acumulado a lo largo de los años. Regalos de Nike y Adidas. Juguetes para perros y una lámpara rota encima de un escritorio roto, cubierto todo por todavía más revistas y cedés.

El perro y yo establecimos contacto visual. Tuve la sensación de que nos estábamos mandando el mismo mensaje: «¡Socorro!». Me vestí. Recuerdo concretamente que me puse las botas e hice una pausa para sentir cómo era tener más de treinta años y pasar por una relación sexual así. «Nunca más», pensé. Le di las buenas noches y salí a la calle, llena de basura humeante donde las cosas eran agradables.

Eran las tres de la madrugada y los basureros pararon justo cuando yo salí al aire limpio de la noche. Volvía a casa muy avergonzada de una cita y ellos lo sabían. Me gritaron y se rieron de mí. No se podía negar en qué estado me encontraba. Fui a casa y me duché durante ocho años. Al día siguiente hablé con Neil.

—Me has servido de inspiración para arreglar mi piso —me dijo.

Yo no sabía lo que había dicho para que tomara esa decisión, pero pensé que parecía una buena noticia.

—Ah, guay, ¿vas a tirar cosas? —pregunté.

—No, voy a comprar muebles nuevos —contestó.

No se me ocurrió ninguna respuesta. No sé qué provocaba aquella enfermedad. Lo único que podía pensar es que quizá no había tenido muchas cosas de pequeño, que había tenido que esforzarse y que las cosas materiales, las marcas y los trastos le hacían sentir que había triunfado. Medía su lugar en el mundo por cuánto había acumulado. Este análisis se basa en haber visto tres episodios de *Hoarders (Obsesivos compulsivos)* y en ninguna consulta a nadie. Lo que digo es que no tengo ninguna información, pero como todas mis amigas, me gusta diagnosticar a la gente sin investigar nada.

Pocos días después me llamó y quedamos otra vez, solo como amigos y en mi casa con mi hermana. No quería levantar sospechas desapareciendo después de haber visto su piso, pero no podía volver allí. Y como Kim y yo ya nos habíamos declarado vencedoras en nuestro programa de adelgazamiento, puesto que habíamos perdido la increíble cifra de tres kilos entre las dos, tampoco tenía ningún motivo para seguir asistiendo a su clase de fitness.

No era para nada mala gente, era más bien lo contrario. Desde entonces lo he visto alguna vez de pasada y le va bien solo. Me pregunto si sabe que tiene una dolencia. A ver: sin duda este chico se arregla al máximo. Tiene un cuerpo absolutamente intachable, pero su templo de verdad, por otro lado, tiene tacha. No sé lo que significa, pero es así.

A veces pienso que yo tengo el problema contrario. Casi siempre tiro cosas que necesito y nunca encuentro nada cuando lo necesito. Incluso pierdo el NuvaRing varias veces al año, y eso que en teoría lo llevo dentro. Todos los seres humanos tienen impulsos y vicios secretos, yo también. De todas formas, ahora, cuando veo a alguien tan guapo físicamente que casi no parece humano, recuerdo que seguro que hay algo en lo que es raro de cojones y que lo hace bajar a la tierra. En parte, le estoy agradecida al chico, porque hizo que mi vicio de comer *pastitzza* mientras me duermo parezca más perdonable.

MAMÁ

Tengo problemas con la gente que sostiene que sus madres son perfectas. ¿Sales con un chico que no puede tomar una decisión sin pedirle opinión a su madre primero? Déjalo. (A no ser que su madre sea Caroline Manzo de *The Real Housewives of New Jersey* [*Las verdaderas amas de casa de Nueva Jersey*], pero es la única excepción.) No lo dudes. Corta con ese chico si él y su madre tienen una de esas relaciones en las que ves que la madre siempre ha pensado que, de alguna forma, acabaría liándose con su propio hijo. Hazme caso: lárgate. ¿Crees que tu madre siempre tiene la respuesta a todo, incluidas grandes sugerencias sobre tu pelo, tu ropa y tus relaciones? Te recomiendo que reflexiones sobre tu concepto de ella. Quiero ser paciente y dejar que lo descubras con el tiempo que necesites. Mentira. En realidad, solo quiero que te quedes sin ningún tipo de apoyo y meterte prisa para que veas la luz.

Nuestros padres nos han jodido a todos de una manera u otra. Forma parte del orden natural. Es el círculo de la vida. Las madres son personas, no son ángeles del cielo ni *bots* de servicio al estilo de *Ex Machina* que no cometen errores. Que te sacaran por su conducto vaginal no significa que tengan todas las respuestas (o ninguna). Antes de tenerte a ti iban por ahí como idiotas, moviendo los brazos para no ahogarse, como haces tú ahora. Lo que quiero decir es que solo son personas, muy probablemente personas con muchos defectos. Lo que me lleva a mi madre.

Sí, sí, igual que tu madre, lo hizo lo mejor que pudo, pero yo era una de esas criaturas que creció pensando que su madre era una santa, una verdadera diosa que habitaba la Tierra. La adoraba. De todas formas, un día me di cuenta de que mi madre no era perfecta. El día que vi eso, también resultó ser el día que mi mejor amiga de la infancia, Mia, y yo reñimos para siempre. No fue una curiosa casualidad. Mi madre tenía una aventura con el padre de Mia.

Conocí a Mia el primer día de cuarto de primaria, cuando yo tenía nueve años. Yo era la niña nueva del colegio y nadie me hablaba excepto ella. Era la única a la que no le importaba que siempre estuviera dando órdenes y mintiendo. Acababa de decirle a todo el mundo del colegio nuevo que era modelo de biquinis de California junto con otras invenciones con las que no me los gané precisamente. Recuerdo estar pensando que Mia parecía Campanilla, tan adorable y peleona, cuando se me acercó a la mesa en el comedor y me saludó. Tenía el pelo alborotado de color rubio oscuro y era guapa, pequeña y frágil. Al momento nos hicimos inseparables. Teníamos otras pocas amigas que entraban y salían de nuestro mundo, pero yo solo las consideraba un estorbo. Mia me parecía fascinante, valiente y segura de sí misma.

Me convertí en un miembro más de su familia y ella también pasó a formar parte de la nuestra. Mia tenía un hermano mayor de la edad del mío y una hermana pequeña de la edad de Kim, por lo que nuestras familias estaban hechas la una para la otra. Dormíamos juntas en una de las dos casas tan a menudo como nuestros padres nos dejaban y pasábamos los días coreografiando bailes cautivadores que exhibíamos a cualquiera que conseguíamos que estuviera quieto cinco minutos. Nuestro secreto coreográfico consistía en encajar los movimientos de baile con las palabras de la canción. Por ejemplo, para «Cold Hearted» de Paula Abdul, temblábamos y hacíamos como que teníamos frío cuando Paula decía la palabra «cold». Nos señalábamos el corazón para la palabra «hearted» y cuando la futura jueza de American Idol cantaba la palabra «snake», ¿sabes qué? Las dos hacíamos un movimiento de serpiente con una de las manos, deslizándola desde los dedos hacia la muñeca y hasta el codo. ¡Llamamiento a todos los coreógrafos de *America's Best Dance Crew (El mejor grupo de baile de los Estados Unidos)*: aquí estamos, si necesitáis ayuda!

Por dentro estaba segura de que algún día nos casaríamos con unos gemelos y que viviríamos todos juntos en la misma casa. Parecía que nada podía interponerse entre nosotras.

Nuestros padres se veían en el templo y se hicieron amigos íntimos. Si no eres de los Escogidos, debes saber que ir al templo forma parte de la vida normal de los judíos. Los viernes por la noche íbamos al *sabbat* y los niños íbamos a la escuela judía los domingos por la mañana. Todos los veranos, mi familia se reunía con la de Mia en la casa que tenían junto a un lago en el norte del estado de Nueva York. Estaba a cinco horas en coche y sus padres iban en la ranchera, que siempre olía a gatos y Fritos pasados, pero no me importaba si podía sentarme en el asiento de detrás, desde el que veías de frente los coches que nos seguían. Saludábamos a los conductores de dichos coches, luego les hacíamos una peineta y desaparecíamos: la mejor broma de la historia. Siempre he tenido tendencia a mareos mortales cuando voy en coche, pero merecía la pena solo por ver cómo le cambiaba la cara a gente que solo pretendía ir del punto A al punto B y que no tenía ninguna necesidad de ver cómo unas niñas idiotas les decían con sus deditos que se fueran a tomar por culo. Pero nosotras nos partíamos la caja durante todo el trayecto.

La madre de Mia, Ruth, era de estatura similar a mi madre: más bien baja, rubia, con un cuerpo escultural. Como consecuencia del juicio nublado, que solo me permitía ver a mi madre como algo perfecto, recuerdo pensar que Ruth no era tan divertida o brillante como mi madre. De todas formas, era amable y no consentía que Mia y yo le tomáramos el pelo. Cuando teníamos trece años, nos pilló fumando Virginia Slims y bebiendo vino Boone's Farm en su tejado (como un par de jefas) y no lo toleró. Era una buena madre y siempre cuidó de mí como si fuera hija suya, como cuando me riñó por colar una revista *Redbook* en su casa para compartir los artículos sobre sexo con los otros niños. Recuerdo leer en voz alta que a un hombre le gusta que te pongas su corbata y nada más. Por aquel entonces tendríamos unos nueve años y me riñó como si fuera mi madre de verdad. Recuerdo que lo sentí por ella, solo porque no era mi madre. De hecho, siempre me daban pena las mujeres que tenían que estar cerca de mi madre porque no eran ella. Para mí ella era una reina.

Es mucho, ¿verdad? Lo sé.

En cuanto al padre de Mia, Lou, era un hombre de negocios inteligente y con sobrepeso que llevaba unas gafas enormes de montura gruesa. Nada en él llamaba la atención. Adoraba a su familia y ellos lo adoraban a él. Trabajaba muchas horas para poder darles la mejor vida posible. Eran la típica familia judía de Long Island amable y que iba a las montañas Catskill.

El verano que cumplí trece años fue una gran época para Mia y para mí. Nos estábamos volviendo adolescentes e íbamos muy a menudo a la casa del lago. Cuando nuestros padres se acostaban, nos activábamos, salíamos de la casa y nos encontrábamos con los chicos del pueblo en la playa para beber y meternos mano. Cuando en otoño empezaba el colegio, no nos separábamos. Ella era muy natural y fuerte. Físicamente no era fuerte, porque en esencia era un palillo, pero sabía lo que quería y yo quería defenderlo junto a ella. Era ágil de mente, pero también podía ser tonta de remate y no tener ego, y siempre me hacía sentir que me quería cerca. Tenía la sensación de que había dado con mi alma gemela. Y es que era así.

De repente, un día al salir del colegio, llegué a casa y vi a mi madre desplomada en el sofá. Era evidente que había llorado mucho. Apenas podía abrir los ojos y tenía la nariz muy roja. Por lo general era una persona serena, reflexiva y feliz, y no la había visto llorar nunca así. Cuando vino hacia mí con los brazos abiertos, tuve la sensación de que el suelo desaparecía bajo mis pies.

—¿Qué pasa? ¿Qué ha ocurrido? —le pregunté.

Ella abrió la boca para explicarme la tragedia, pero las lágrimas volvieron a brotar y no podía aguantar lo suficiente la respiración para contármelo. No se podía comunicar con la voz, por lo que me lo signó. Como es maestra de sordos, en mi familia todos conocemos bastante bien el lenguaje de los signos. Despacio, con las manos temblorosas, se levantó.

—Dejo a tu padre. Lou y yo nos hemos enamorado —signó.

Yo signé «otra vez» porque necesitaba que lo repitiera.

—Dejo a tu padre. Lou y yo nos hemos enamorado —repitió sig-
nando.

No me sorprendía que dejara a mi padre. Ni siquiera tenía la impresión de que le tuviera demasiado cariño. Nunca les había visto
cogerse de la mano ni besarse, y ella siempre había expresado cierta
vaga irritación hacia él. A pesar de que mi padre era divertido y guapo, a mí me resultaba difícil creer que mi madre perfecta hubiera estado con mi padre imperfecto tanto tiempo. La veía como a la Madre
Teresa de Calcuta por estar con un hombre que nunca la había mere-
cido. Volviendo la vista atrás, me doy cuenta de lo insano que era que
de adolescente me sintiera tan fuertemente alineada con un progenitor contra el otro. Mi padre no era ningún ángel. Bebía a escondidas y
sé que hacía cosas despreciables a espaldas de mi madre (estoy bastante segura de que, tiempo atrás, lo pilló con una puta mientras le hacía
una mamada), pero nunca fingió ser perfecto.

Cuando mi madre me dijo que ella y Lou estaban enamorados, no
caí en la cuenta de a quién se refería, porque me parecía demasiado
improbable. Lo primero que pensé fue «qué curioso, el padre de Mia
también se llama Lou», pero entonces sumé dos más dos. Empezaron
a pasarme por la mente imágenes de cenas, excursiones y momentos
en el templo con las dos familias. A pesar de que él siempre me había
parecido sencillo, tenía que tener algo especial, porque mi madre
estaba enamorada de él... y yo nunca cuestionaba nada de lo que ella
dijera o hiciera.

Estaba sentada en el sofá y parecía de lo más indefensa y triste,
muy sola y desesperanzada. En aquel momento decidí que sería su
salvadora y la abracé.

—Ya era hora —le dije—. Siempre he sabido que eras demasiado
buena para papá. Me alegro de que estés enamorada.

Después de que mi madre oyera estas palabras, la oleada de abrazos, besos y halagos que me cayó encima fue abrumadora. Creo
que nadie ha sido nunca tan agradecido como mi madre en aquel
momento. Visto ahora, me horroriza que me dejara jugar ese papel,
que permitiera que su hija de trece años fuera su sistema de apoyo

mientras, al mismo tiempo, le destrozaba su mundo. No estaba bien. Yo era una niña, acababa de empezar la adolescencia y ella me trataba como si fuera una avezada psiquiatra. Y como yo era la niña que siempre seguía su ejemplo, que la adoraba sin discusión, pensé que debía de ser de lo más apropiado. De hecho, sentí que era un honor.

Cuando dejó de llorar, me senté a su lado, valiente y en silencio. Y entonces, como siempre me habían enseñado a hacer, me sentí bien. Pensé que todo iba a ir bien. Cuando éramos pequeños y nos caíamos y nos disgustábamos, nunca nos preguntaba si estábamos bien, sino que siempre decía «estás bien» en un tono optimista y lograba que lo creyéramos. Nos criaron así: siempre estábamos bien a la fuerza.

Aquella noche me acosté sintiéndome bien, aunque un poco preocupada. Me desperté en plena noche y no podía volver a dormirme. Tenía dolor de cabeza. Estuve tumbada en la cama, mirando el techo con la esperanza de que todo hubiese sido una pesadilla. Pensaba en Mia y su familia cuando oí que la puerta de atrás se abría. Corrí a un lado las cortinas para mirar la entrada de la casa y vi que mi padre había llegado. Di un paso hacia la puerta de mi habitación y me detuve. ¿Qué le diría? ¿Lo sabía? Un dolor agudo y repentino en la sien me hizo parar de golpe. Me estremecí y me tumbé. Jamás había tenido un dolor de cabeza como aquel. Alguien llamó ligeramente a mi puerta, tanto que apenas se oyó. Después, un susurro.

—¿Aim? —oí.

La puerta se abrió y allí estaba mi padre.

—Hola, papá —dije.

Se sentó a mi lado.

—Hola, cielo, he oído ruido en tu habitación. ¿Por qué estás despierta? —me preguntó.

Le conté lo del dolor de cabeza. Le miré a los ojos y me di cuenta de que le habían informado de su nueva vida hecha añicos. Con todo, parecía tranquilo: sereno por fuera, aunque detrás de los ojos estaba roto. Me frotó la sien con el pulgar. Respiré profundamente su olor y él me cantó flojito una interpretación para dormir de «It Was a Very Good Year» de Sinatra. Mi padre la cantaba a menudo. Entre sus clásicos de las noches también estaban «You've Got to Hide Your Love

Away» y «They Call the Wind Maria». Para entendernos, son canciones sobre la juventud perdida, sobre guardarte para ti los sentimientos y sobre un huracán. No eran exactamente la alegría de la huerta para una niña. Caí en la cuenta de que quizá era la última vez que me las cantaría. Sentí un peso en el pecho que se me clavaba hondo y que volvió a sumirme en un sueño profundo.

Cuando me desperté había tortitas, huevos y zumo de naranja en la mesa. Mi madre tenía los ojos vivos, estaba alegre y despedía una sensación de «hoy será un gran día». Me habló como si todo fuera normal. No mencionó los acontecimientos del día anterior, y yo tampoco. Después me preguntó si quería que Mia viniera a casa después de la escuela.

Pensé: «¿Es una broma?».

De todas formas, dije que sí y mi madre me comentó que no quería que todo aquello dañara nuestra amistad. Al decirme eso me hizo creer de verdad que era posible. Pensé: «Lo he aprendido todo de esta adulta y confío en ella plenamente. Si se comporta así es que todo va la mar de bien, así que seguro que no es complicado seguir siendo la mejor amiga de Mia mientras nuestros padres tienen una aventura. Qué va. Nada complicado».

Visto ahora, me gustaría que mi madre hubiera estado visiblemente afectada por lo que pasaba. ¿Cómo podía levantarse tan temprano y sonreír con tanta intensidad? Pero esa era siempre su forma de actuar: se decidía por una nueva realidad que en aquel momento a ella le funcionaba y nos obligaba a vivirla con ella. Sé que me ocultaba muchas cosas y que no sé mucho de lo que pasó entre ella y Lou, pero me habría gustado que hubiese tenido en cuenta los efectos en forma de onda expansiva de sus acciones y que hubiese combatido el deseo de tener esa aventura. Al menos, me habría gustado que hubiese reconocido que estaba perdida y era débil, que había buscado a Lou porque estaba mal. No puedo hablar por ella, pero creo que no se esforzó lo suficiente en pensar en todas las personas que se verían afectadas por la relación. Y lo que es peor: me metió a mí en ella. Me hizo mi desayuno favorito y me utilizó para que fuera la animadora de su error. No me dijo: «¿Cómo te encuentras hoy, Aim? Esto tiene que ser duro para ti». Así que yo actué como si nada. La tensión y el dolor que de repente subían borboteando hacia la superficie no tenían a donde ir, por lo que los interioricé de inmediato.

Durante años la cabeza me dolió de forma atroz. Parecía una olla exprés.

Mientras mamá fregaba los platos le pregunté dónde estaba papá.

—Está llevando sus cosas al despacho —me contestó con un timbre aterrador de mujer perfecta.

Pum, el dolor, directo a la frente. Salí para ir al colegio igualmente, con la sensación de que debía estar tan alegre y ser tan fuerte como mi madre. No pasaba nada grave si actuábamos como si nada. Cuando me senté en mi silla para la clase de matemáticas, vi enseguida que la silla de Mia estaba vacía. La miré. Dolor de cabeza punzante, intenso. Entonces, justo cuando sonaba el timbre por segunda vez, la puerta del aula se abrió de golpe y Mia fue corriendo a su silla sin mirarme. Tuve la mirada fijada en ella los cuarenta y dos minutos de clase. Ella ni siquiera echó un vistazo en mi dirección. Parecía tranquila y relajada como siempre. «No lo sabrá», pensé. «¿Qué le voy a decir? 'Hola, Mia, tu familia se ha ido al traste porque nuestros padres son dos personas tristes y solitarias que han preferido algunos fugaces momentos de dicha a mantener sus familias felices y a salvo. ¿Vamos a comprar Sour Patch Kids después del cole?'.»

El timbre sonó, la clase se había acabado. Recogí los libros, respiré a pesar de mi dolor de cabeza y me acerqué a ella.

—Hola —dije.

—Hola —dijo ella y me dio una carta plegada mientras sonreía como si no pasara nada—. Por favor, dale esto a tu madre y prométeme que no la leerás.

Asentí con la cabeza, cumpliría la promesa. Mia se largó y yo me metí de inmediato en el baño y abrí el sobre frenéticamente. Sentía demasiada curiosidad. Tú también lo habrías hecho, sin duda.

Era una carta de odio total a mi madre... escrita por Mia. Cada palabra era más dolorosa que la anterior. Estaba llena de preguntas hechas desde el enfado y de acusaciones, como por ejemplo, «pensaba que eras un ángel, pero eres lo más maligno que he visto en mi vida.

Espero que vayas al infierno. Has destrozado nuestra familia. ¿Cómo puedes haber hecho esto?».

Tres folios llenos de rencor. Me parecía increíble que alguien —Mia en especial— pudiera escribirle algo así a mi madre. Para mí, mi madre era inocente. Se había presentado como una víctima preciada y con un gran lavado de cerebro me había hecho creerme la romántica historia de amor prohibido que vivía con el mejor amigo de mi padre. Por lo que a mí respecta, mi madre era la Hester Prynne de la situación, y yo no iba a permitir que esa gente quemara en la hoguera a una mujer inocente por hacer caso a su corazón.

Anduve con paso firme por el pasillo vacío y me detuve delante de la puerta del aula de biología, donde sabía que estaba Mia. Sin pensarlo, entré bruscamente.

—Necesito hablar con Mia —le dije al profesor, que debió de notar el tono «y no me jodas» de mi voz, porque dejó que saliera de inmediato.

Mia salió al pasillo y cerró la puerta del aula, momento en el que perdimos los estribos. «¡Te he dicho que no la leyeras!», «¡Vete a la mierda!» «¿Cómo has podido?», «¡Te odio!» y así todo el rato, las dos gritando y llorando hasta que dos profesores tuvieron que separarnos. Mientas nos alejaban, nuestras miradas se cruzaron. Las dos parecíamos sorprendidas. A mí me llevaron a calmarme a la enfermería, donde me tumbé en una cama plegable y respiré hondo. Cuando mi madre llegó para llevarme a casa, la cabeza me iba a estallar, las sienes me latían como un corazón.

Las semanas siguientes me acostumbré a los dolores de cabeza. Tuve que presenciar cómo la madre de Mia le suplicaba a mi madre que no hiciera eso a su familia sentada en las escaleras de nuestra puerta. Mi madre lo hizo igualmente. Tuve que ver a Mia por los pasillos del colegio cuando me moría por hablar con ella, por abrazarla, por estar con ella como había estado todos los días de los últimos cinco años. Vivir una experiencia tan confusa y estresante sin mi mejor amiga fue un golpe tremendo. Dejamos de ir al templo donde yo acababa de celebrar el *bat mitzvá*. Era demasiado incómodo presentarnos allí después de que mi madre hubiese destrozado un hogar de la comunidad.

De esta forma acabó un capítulo importante de mi relación con el judaísmo, la religión en la que me habían criado, por la que había pasado todos los fines de semana de mi vida estudiando y en el templo. Mis amigos y mi religión habían desaparecido. Lo sabía toda la ciudad, y en lugar de enfadarme con mi madre, la apoyé de verdad. Los miraba fijo a los ojos, desafiándolos a meterse con alguna de nosotras.

Tuve que ver cómo mi padre se mudaba del despacho a un piso de soltero triste, frío y compartido de Long Island. Mi madre premió mi lealtad —o quizás pagó su culpa— dándome el dormitorio principal que antes compartía con él. Mia y yo nos evitamos durante lo que quedaba de colegio y durante el instituto. Sentía el dolor agudo en la cabeza que tan bien conocía cada vez que me cruzaba con ella por un pasillo o por la calle. La echaba de menos todo el rato. Aún la echo de menos. Me contactó hace un par de años por Facebook para felicitarme por mi éxito y salté de inmediato para contarle que la echaba de menos, que lo sentía mucho, que mi madre se había equivocado del todo. No me contestó.

En cuanto a mi madre y Lou, su relación duró un par de meses. Para mí y mis hermanos fue una experiencia muy extraña. Un año antes habíamos ido todos de vacaciones con la familia de Lou y ahora él venía solo a nuestras vacaciones familiares a San Diego, como novio de mi madre. Él se había ido de la casa de su familia y se había instalado solo. Cuando se cogían de la mano se me revolvía el estómago. Recuerdo pedir almejas y sacarlas de la cáscara sorbiendo como siempre hacíamos con mi padre, pero Lou insistía en que usáramos los tenedores. Viéndole con mi madre en la piscina del hotel me daba cuenta de que mi madre ya no estaba enamorada de él. Mi hermano, mi hermana y yo sentíamos la misma pesadez en el aire salado de San Diego, pero ella hacía como siempre y fingía que todo iba de maravilla. Esperaba que nosotros la imitáramos, pero aquella vez no estábamos dispuestos a hacerlo. Algo en aquel viaje familiar me arrancó la venda de los ojos. Empezaba a verla como el ser humano imperfecto, confundido y solitario que era. No era peor que los demás, pero mi imagen de ella se hizo pedazos y nunca volvió.

Dejó a Lou en el vuelo de regreso a casa.

En los años siguientes salió con varios hombres y juraba que cada uno de ellos era «el definitivo». A lo largo de aquel tiempo permanecí sumamente cerca de ella, hasta que llegué a la veintena. Solía llevarla a los clubs de comedia conmigo y las dos formábamos parte de la vida diaria de la otra. Estábamos enredadas, no había ni una sola frontera sana entre nosotras. Yo siempre defendía las decisiones discutibles que tomaba en las relaciones. Habíamos vivido una experiencia diferente a la de la mayoría de madres e hijas. Tener y proteger una relación tan cercana conmigo quizá a ella le sirviera para enfrentarse a la vida. No podía controlar la realidad, o enfrentarse a ella, pero a mí sí me podía controlar.

Ahora que tenemos más de treinta años, mis hermanos y yo hemos empezado a hablar más entre nosotros de lo duro que fue crecer con nuestra madre. Todos hemos tenido nuestras luchas particulares, pero todas tienen su origen en las experiencias que compartimos de supresión o manipulación emocional por parte de ella. Por lo que parece, que en tu infancia todo vaya bien todo el tiempo te complica la entrada en la edad adulta.

Cuando estaba a punto de cumplir treinta años, empecé a plantearme escribir un libro sobre mi vida (que al final se convirtió en este). Repasé los diarios que había escrito desde los trece años y empecé a leer lo que había redactado sobre Mia y Lou. Como adulta que leía las palabras de una niña que contaba una historia horrible, fui capaz por primera vez de separar las acciones de mi madre de mi adoración por ella. Vi muy claro que me manipulaba de formas nada sanas y que los rastros de esa manipulación seguían formando parte de la relación que teníamos de adultas.

Casualmente, con todo ese dolor fresco en la memoria por haber releído los viejos diarios, mi madre me llamó para hablar de mi próximo cumpleaños. Recuerdo su tono alegre, el mismo que tenía aquella mañana tan lejana en la que me hizo tortitas justo después de destrozar mi mundo.

—Sé lo que haremos para tu treinta cumpleaños —dijo—. Sobrevolaremos Manhattan en helicóptero y luego iremos a un restaurante de carne japonés y a darnos masajes.

Sentí una ira repentina.

—¡No quiero una cita de *Millionarie Matchmaker (Celestina de millo-narios)* contigo para mi cumpleaños! —le dije.

«No está bien, son las cosas que ella querría hacer el día de su cumpleaños», pensé. Y luego me enfadé muchísimo. No estaba furiosa con ella solo por haber tenido una aventura corta y destructiva con el padre de mi mejor amiga cuando yo tenía trece años. No estaba furiosa con ella por la ristra de otros hombres que entraron en nuestras vidas después de Lou. Estaba enfadada con ella por manipularme para que la apoyara en todo aquello y por hacerme creer la mentira que vendía, la mentira de la perfección y la inocencia que proyectaba.

Así pues, a la edad de veintinueve años empecé a forjar una nueva relación con ella, una relación con fronteras de las que gastan en Fort Knox. Reajustar una relación entre dos personas que han sido anormalmente íntimas durante treinta años no es tarea fácil. Tuvimos un periodo en el que yo expresaba lo que sentía sobre el pasado y luego otro periodo en el que no nos hablamos. Intenté una y otra vez exponérselo todo, explicar los motivos de mis quejas y mi dolor. A veces sí que intentaba escuchar de dónde venía yo. Dejó de solo defenderse y empezó a escucharme, pero en última instancia creo que para ella era demasiado aceptar la gravedad de lo que había hecho… y el efecto que había tenido en mí y en mis hermanos. Al final, fuimos a parar al lugar en el que nos hemos mantenido bastantes años. Somos amables la una con la otra, pero yo mantengo claras las fronteras. Hablamos con regularidad y nos mantenemos al día, pero con muchísima menos frecuencia.

Ahora, después de algunos años de reflexión, la entiendo un poco mejor. Como todos nosotros, es producto de su propia infancia de mierda. A ella le hizo daño su propia madre, que era una narcisista que no cumplía sus obligaciones emocionales. No tengo ni idea de lo que debió de ser para ella estar en su situación cuando empezó la aventura con Lou: tenía tres hijos y un marido que no la hacía sentir querida. De todas formas, sigo deseando que hubiese sido sincera con nosotros. Y con ella. Todos hacemos lo que podemos, nos equivocamos, pendemos de un hilo. Me gustaría que nos hubiera enseñando alguna emoción auténtica, o un par de ellas, que nos hubiese permitido aceptar la debilidad y la vulnerabilidad como parte de la vida. La vida está llena de dolor y desilusión. Me he forjado toda una carrera señalando precisamente esto y reviviéndolo de formas ridículas para que todo el mundo pueda reírse y llorar conmigo. Ojalá mi madre también lo entendiera.

A veces es relajante ser solo humano.

Aún tengo que esforzarme mucho para no interiorizar mis sentimientos y que no se manifiesten en forma de dolores de cabeza u otros problemas físicos. Y en el fondo, aún soy una niña que anhela a su madre. Todos lo somos. Cuando pienso en los momentos de mi vida en los que me he sentido más consolada y querida, pienso en ella. Cuando me arropaba por la noche o cuando yo llegaba a casa hambrienta después de un entrenamiento de voleibol y me encontraba la cena ya en la mesa para mí. Cuando notaba sus brazos a mi alrededor para llevarme por la piscina. La seguridad de cogerla con mis brazos mientras ella nadaba despacio por el agua, guiándome, queriéndome. Mi madre todavía es la persona con la que quiero hablar cuando tengo una pesadilla y me despierto. Cuando la llamo en plena noche después de un sueño horroroso, algo que pasa un par de veces al año, siempre coge el teléfono. Absolutamente siempre. Cuando me dice «todo irá bien», la creo y vuelvo a dormirme. La quiero.

De todas formas, no te equivoques. ¿Y si supiera que al final me convertiré en ella? ¿Y si fuera como en *Guerra Mundial Z* y tuviera cinco segundos antes de convertirme del todo en mi madre? Me haría el harakiri sin dudarlo ni un instante. Si eres padre o madre y lees esto, es probable que no seas tan complicada como mi madre. Sé que es una flor poco común. De todas formas, no empieces ya a darte palmaditas en la espalda, porque, quieras o no, tú también lo harás mal con tus hijos. Y te van a odiar durante un minuto (o dos o tres) mientras recogen los añicos de su infancia. Todos los que dicen que se han saltado este sistema mienten. Y para mí, eso es un delito mucho peor.

Independientemente de lo que mi madre me hiciera pasar, sigo estándole agradecida por criarme de forma que creyera que tengo talento y que soy lista y guapa. Ella me hizo la persona que soy, alguien que, irónicamente, lo que más valora es ser vulnerable, sincero y auténtico, si es que eso existe. No sé si en nuestro caso es posible, pero creo que la familia es una negociación constante. Yo nunca he dejado de creer en mi madre. No puedo y nunca podré.

LOS PISOS DE
NUEVA YORK

El año pasado me compré mi primer piso en la ciudad de Nueva York, todo un sueño que se cumplió. He vivido aquí casi toda mi vida adulta, pero siempre de inquilina, y siempre he querido tener un piso aquí. Nací en Manhattan y después de pasar aquí los primeros años de mi vida, tuve que admirarlo desde los extremos más recónditos de la residencial Long Island durante el resto de mi infancia y los años de adolescencia. En cuanto pude volver después de la universidad, volví, y desde entonces he vivido aquí, en casi todos los rincones de esta isla, debería añadir. Incluso después de que mi carrera despegara, me quedé en Nueva York en lugar de mudarme a Los Ángeles, como acaban haciendo casi todos los que se dedican a esto. Yo nunca me iré. Para mí es mi casa, el lugar donde puedo ser yo sin paliativos, incluso si ser yo significa tener que compartir nido con cadáveres de cucarachas, excrementos de rata y, lo que es peor, novios.

Nueva York me encanta, joder. Para mí tiene un sentido que no le encuentro a otros sitios. Crecer en la periferia no fue lo mío: casas grandes separadas por grandes jardines y vallas en calles anchas. Grandes aparcamientos delante de almacenes enormes. Cuando estás en Nueva York, todo el mundo está tan incuestionablemente cerca del resto de personas que no tienes más remedio que tropezar con otros humanos todo el tiempo. Nueva York siempre me ha parecido muy acogedora comparada con Long Island. Como en la película

Eternamente amigas, cuando comparten una mierda de piso en Nueva York y cantan villancicos. Eso es lo que yo anhelaba de pequeña cuando me imaginaba de adulta en mi casa.

Hay más de una ventaja en estar todo el rato unos encima de otros. Todo el mundo tiene que andar por las mismas calles, oler la misma desagradable peste a basura en descomposición y nadie es mejor ni diferente de los demás. La dolorosa humanidad está por todas partes. Podrías chocar contra la puta reina de Inglaterra en el metro y decirle: «Cuidado, gilipollas». Ja, ja, ja. Nunca he llamado a nadie «gilipollas» en el metro, pero la imagen me ha hecho reír en serio. Por favor, que alguien haga una tira cómica sobre esto.

He vivido en casi todos los barrios de todos los distritos de la ciudad de Nueva York, con la excepción del Bronx y, por supuesto, de Staten Island. Sin ánimo de ofender a los Wu-Tang Clan, soy una firme partidaria de la política «Shaolin (Staten Island) no». Muchas de las lecciones de vida importantes que he aprendido están escritas por toda esta ciudad: las calles, los metros, los bares, los restaurantes, los teatros, los parques y los clubs de comedia. Por suerte, una delgada bruma de orina y pintura en espray ha cubierto todas estas lecciones, y por encima de la mezcla se ha espolvoreado confeti de chinches y supervivencia. Esta es la magia de la ciudad de Nueva York, que siempre empiezas de nuevo y avanzas rápido, lo que en realidad podría describir un montón de cosas de la vida: mi relación con mi madre, mi carrera, mi aparato digestivo. En esencia, no he aprendido otra cosa que a seguir moviéndome.

Estoy acostumbrada al movimiento de las mudanzas. He sido humorista y he ido de gira durante más de una década. Antes me había ido a la universidad y mi familia había cambiado de casa un poco menos de diez veces. De todas formas, ahora me gusta estar en un lugar. Mi piso me encanta. Está lleno de cosas que hacen que un hogar sea hogareño. En el dormitorio, una gran cama con suaves sábanas de punto de algodón y, por supuesto, mis desagradables peluches. En la cocina, una buena sartén para hacer huevos todas las mañanas y un montón de tés de primera que nunca bebo. También un montón de vino que sí que me bebo (suficiente para sobrevivir al fin del mundo). Y en el salón tiene que haber un televisor de un buen tamaño. No puede ser humillantemente pequeño, pero tampoco demasiado grande, porque no necesito ver *The Bachelor (El soltero)* en IMAX. Solo necesito poder grabar *Saturday Night Live* todas las semanas y poder verle el blanco de los ojos al soltero. Es un apartamento de un dormitorio en el último piso de un edificio de cuatro plantas sin ascensor en el que el vestíbulo y el pasillo son algo desagradables. Nadie quiere visitarme porque hay que subir muchas escaleras hasta aquí, pero me da igual. ¡Es mío y he tardado treinta y cuatro años en conseguirlo! Los últimos diez años siempre alquilaba algo, compartía con alguien nuevo, me mudaba sin parar y acumulaba cosas en casa de mi madre. Es agotador pensar la de veces que me he mudado y a cuántos propietarios les he pagado más del 50% de mis ingresos mensuales.

Nunca he querido transigir e instalarme en otra ciudad. Yo siempre he querido que fuera Nueva York. Sé que quizá sea un bicho raro, pero este es un objetivo del que no me he desviado nunca. Aunque tuviera que vivir en una caja de zapatos, me daría igual, mientras fuera una caja de zapatos de Nueva York. Mi primer piso en esta ciudad estaba en Orchard con Hester, en el Lower East Side, en Manhattan. Era un estudio que valía ochocientos dólares al mes... y era diminuto. Un apartamento diminuto en Nueva York no es como en el resto del país. He visitado a amigos que trabajan de ayudantes de producción en Portland, Oregón, y me he alojado en las casas que ellos describían como pequeñas. Cuando entraba en un piso de una habitación grande con balcón pensaba: «Hay que joderse. No tenéis ni idea». Pequeño en Nueva York es pequeño de verdad. En plan que puedes alargar la mano y tirar de la cadena desde la puerta de entrada, que, gracias a Dios, tiene nueve cerraduras. Y ni siquiera tienes el tipo de espacio de sobra en el rincón que es tu cocina para guardar algo de vino en cajas, porque, sin exagerar, el recipiente es demasiado grande para la nevera. Yo tenía veintidós años entonces y no me podía pagar el alquiler sola, así que puse un anuncio en Craiglist para buscar compañera de piso. Sí, compañera de piso para un estudio. Oye, que he dicho que quería algo cómodo y acogedor, ¿no? Pues aquello lo era. Esta es la realidad que han vivido muchos neoyorquinos. El estudio mediría unos 50 metros cuadrados y cuando me instalé estaba asqueroso. Mi madre y yo lo limpiamos a fondo y lo decoramos con gracia. Hice la cama con mis sábanas favoritas y estaba en la gloria porque era mío.

El anuncio de Craiglist lo contestó una chica que se llamaba Brittney. Era del sur y venía a Nueva York a estudiar arte. Hablamos por teléfono una vez y se instalo. Sé que esto suena a preparación para una película de miedo mala, pero era maja y limpia y congeniamos de maravilla. No nos peleamos nunca. No nos podíamos permitir el cable, pero teníamos un pequeño televisor en el que veíamos DVD de *Sexo en Nueva York* y *Will & Grace*. Ahora que lo pienso, quizá haya sido una de las mejores épocas de mi vida.

Tras pagar el alquiler, apenas podía permitirme comer. Afortunadamente, vivíamos en Chinatown, donde la comida puede ser muy barata. Había un obrador de empanadillas al vapor justo a la vuelta de la esquina y por cinco dólares te daban una bolsa enorme llena, suficiente para comer una semana. Aquel año me comí una cifra récord de empanadillas al vapor. No alimentan pero son deliciosas. La cara se me hinchaba y en los labios me salían ampollas de la sal, porque la única manera de devorarlas es bañándolas en salsa de soja alta en sodio.

El precio de la propiedad —o simplemente el precio del alquiler— en esta ciudad puede nublarte el juicio gravemente. Los alquileres son tan altos y los buenos sitios son tan escasos que a veces te convences de cosas horribles. Un ejemplo: cuando volví aquí con Dan después del apagón de 2003, me dije a mí misma que mi intento de que mi relación con un ex que me había maltratado funcionara no tenía nada que ver con su bonito piso de dos habitaciones. Por supuesto que tenía que ver, aunque también disfrutaba todas las noches plegando mi cama abatible contra la pared. Era una manera estupenda de matar los bichos y de tener espacio en el suelo para tumbarse a llorar.

En aquella época Dan vivía con su amigo Rob en Murray Hill. Tanto él como su compañero de piso eran niños privilegiados que siempre podían confiar en algún familiar rico para que les diera pasta cuando la cosa se ponía fea, pero no tenían trabajo ni dinero propios. El barrio era horrible, cuna de los Estados Unidos de la gente joven y empresaria, con bares de mierda en los que ponían rock clásico de mierda y chavales blancos de mierda que se bebían el dinero de sus padres. Yo cogía el metro para ir a trabajar arrojando chuletones todo el día en un restaurante de carne de la estación Grand Central mientras Dan iba a vete a saber qué. Se esforzó por estar cuerdo y merecer mi confianza, pero al final acabó haciendo locuras de nuevo y empecé a asustarme. Recuerda que este es el mismo novio que me sacó un cuchillo. Sabía que era estúpido y peligroso seguir viviendo con él, pero en lugar de irme yo, lo convencí para que se instalara en casa de su madre. No me costó mucho persuadirlo porque resultaba que su madre era una persona amable con un piso que te cagas. Justo en aquella época a Rob lo invitaron a viajar por Europa con un primo, pero él no quería irse y dejar a su novia Mary. Mary estaba harta de él y le había echado el ojo al piso, por lo que lo convenció de que fuera. Cuando los chicos se hubieron ido, Mary y yo vivimos allí solas. Recuerdo el día en que, de forma oficial, Dan y Rob ya no estaban en casa. Saltamos sobre las camas como niñas pequeñas para celebrar que habíamos tomado decisiones sentimentales sanas y que habíamos echado a nuestras parejas de nuestras vidas. De todas formas, creo que sobre todo estábamos alegres por lo divertido que era que hubiésemos desahuciado a nuestros novios de su piso. Lo importante de esta historia triste es que yo habría hecho lo que fuera por vivir en la ciudad que adoraba. Y, a pesar de que «lo que fuera» incluía tomar una decisión lamentable con un chico, lo considero una buena señal de que poseía la insistencia suficiente para luchar y abrirme paso de un domicilio con un precio flagrantemente excesivo al siguiente.

Siempre estaba buscándome la vida para no complicarme demasiado y tener un alquiler barato. Una vez compartí piso con un matrimonio en Brooklyn que necesitaba a alguien para poder pagar el alquiler. O eso dijeron. Me prestaban mucha atención y me hicieron sentir muy querida, pero pronto me di cuenta de que era porque ya no querían estar a solas. Ahora entiendo que con mi presencia pretendían que los distrajera de su inminente divorcio. Algunas parejas tienen un hijo para intentar salvar el matrimonio. Estos dos, en cambio, tenían a una camarera/cómica/actriz de veintipico años que comía más cosas de la despensa, que no compraba, de las que le tocaban. Su táctica no funcionó y acabaron separándose, pero me ayudaron a apañármelas durante un tiempo, así que, agradecimiento público a la pareja que evitó que tuviera que volver a vivir con mi madre o que tuviera que expulsarme a mí misma a las afueras.

También me gustaría saludar a la dama soltera con la que compartí piso que bajaba las escaleras completamente desnuda de cintura para abajo, a veces para llamar la atención de mi novio. Y también al tío mayor que aún vivía en mi nuevo piso el día que me mudé. Mi compañera y yo tuvimos que recoger toda su ropa y poner en cajas su enorme colección de revistas antiguas de mujeres desnudas. En una de ellas aparecía una chica que llevaba un jersey universitario y se parecía mucho a mí. La revista se llamaba *Babyface*. Me sentí halagada de que hubiera un mercado para chicas como yo, que se parecían a Kid Sister, aquella muñeca de los ochenta, o a una de las chicas de la pandilla basura. Ah, y otro saludo muy especial para la compañera de piso que invitó exactamente a una tercera parte de Manhattan a nuestro piso para una fiesta de Halloween, que acabó cuando encontré a un tío agresivo dando por culo a una mujer disfrazada de vaquera en mi baño, que no habían cerrado.

Considerándolo todo, el hilo conductor de mi triste sucesión de pisos de Nueva York es que aguanté a muchos indeseables y muchas rarezas y «comodidades» para poder estar donde quería estar. Creo que hay que luchar por lo que uno quiere. Estoy orgullosa de casi todas las decisiones relacionadas con los pisos que tomé en el sentido de que permitieron que siguiera en la ciudad donde necesitaba estar. No habría llegado hasta donde estoy como humorista o persona si no me hubiese quedado aquí.

Supongo que solo me apartaba del patrón cuando algún chico me distraía y el traslado se convertía en una táctica que empleaba yo en la relación (una táctica no muy taimada pero sorprendentemente efectiva). Además de la ocasión ya mencionada en la que volví a vivir con Dan, cuando tenía veinticinco años monté una agradable y verdadera vida hogareña con mi novio Rick. Él no estaba en absoluto preparado para que viviéramos juntos, pero eso no impidió que lo presionara para que me dejara instalarme en su casa. Yo había vivido con cuatro novios ya y los había convencido a todos para compartir hogar. Siempre acababa mal. No creo que ni siquiera quisiera vivir con Rick, pero quería que él quisiera vivir conmigo. ¡Qué divertido es ser mujer!

En cualquier caso, Rick y yo vivíamos juntos en Brooklyn, en un piso de una habitación pequeño pero no del todo horrible. Trabajábamos muchísimo todo el día, yo en el restaurante y él en trabajos temporales de oficina, y luego yo hacía un monólogo por la noche, porque justo estaba empezando en esto. Hacia las diez de la noche uno de los dos hacía la cena y luego veíamos una película de Netflix que habríamos recibido por correo ordinario. Bebíamos vino, fumábamos marihuana y comíamos helado. ¡El frigorífico era de tamaño suficiente para que cupieran todas esas cosas! Era el paraíso. ¿Qué más puedes querer en la vida que estar colocado, lleno y follando, a no ser que, claro, estés demasiado lleno? En cualquier caso, después de vivir juntos un tiempo, Rick y yo estábamos enamorados y muy emocionados el uno con el otro. Nos hacíamos reír y nos mirábamos a los ojos, y parecía que la vida iba a ir bien, pero estuve con él durante un gran punto de inflexión de mi vida: cuando cogí la enfermedad del humorista de manual (de la que te he hablado en «Cómo hacerse monologuista»). Me cogió fuerte, y la única cura era ir de gira y hacer más comedia. No me imaginaba priorizando otra cosa en mi vida, ni siquiera un chico al que quería. También estaba aprendiendo que era una introvertida (una de las primeras cosas que te he contado de mí en este libro) que trabajaba mejor si tenía largos periodos de tiempo para mí. Por tanto, a pesar de que la falsa vida de casados estuvo bien durante un tiempo, me di cuenta de que no estaba hecha para mí, al menos en aquel momento. Después de dejar la relación (cuando yo estaba en *Last Comic Standing*), estuve un tiempo viviendo, en esencia, de gira.

Pensarás que ya me habría aprendido la lección sobre lo de convivir con un chico, pero no mucho después, me enamoré de un tío bueno de mi clase de interpretación, Devin, y al final acabé mudándome a Astoria para tenderle una trampa y que saliera conmigo. Funcionó, pero yo pagué las consecuencias. No solo me trasladé a la peor parte de Queens, sino que había chinches, aquello era el 11S de los bichos, y cuando los chinches entran en tu vida te provocan una pesadilla logística y existencial. Es casi imposible deshacerte de ellos, por lo que tuve que someter a mis pobres y ancianos peluches a un viaje pavoroso en una secadora industrial. Además, todos mis conocidos estaban reconsiderando en silencio su amistad conmigo. No se trata de una exageración, sino de otro clásico de Nueva York: hay gente que te elimina de su agenda de contactos sin más cuando se entera de que has sufrido esta plaga. De todas formas, si dejamos de lado los chinches, en Astoria hay muchos sitios maravillosos, ¡aunque donde yo vivía no era uno!

Allí iba al gimnasio con moqueta más asqueroso de la historia. Lo anunciaban como «solo para mujeres», que casi siempre es una expresión en código para decir «por debajo de la media». Estaba construido en una pendiente, así que cuando corrías en la cinta, una pierna aguantaba todo el peso. Había muchas mujeres musulmanas en el barrio y hacían elíptica con los burkas mientras sus maridos esperaban en la zona del vestíbulo a que acabaran sus ejercicios mientras nos miraban a las demás. Me he sentido más cómoda en una revisión pélvica hecha por un ginecólogo con Parkinson. «Amy, eso es muy poco empático con la gente que sufre esa horrible enfermedad y ahora nos hemos enfadado y escribiremos sobre el tema en foros de internet.» De acuerdo, cierto, lo siento. Pero calma: mi primer ginecólogo tenía Parkinson de verdad y era horrible. Tenía un millón de años y supe que había muerto cuando fui a hacerme la revisión anual. El ginecólogo nuevo me lo explicó mientras tenía los dedos dentro de mí y me apretujaba los ovarios. Esta última frase también es el título de mi próximo libro.

En defensa de lo que pasó con Rick y Devin, creo que coger tus cosas y mudarte al barrio del chico que te gusta tiene muchas ventajas. Cuando eres pequeña, te haces amiga de la gente en función de la proximidad y he descubierto que con los hombres es igual. ¡Por eso muchos de ellos se acuestan con sus niñeras, porque están ahí, sin más! Además, sigo siendo muy buena amiga de ambos. Los dos son actores increíbles y Devin Dane (ja, ja, ja, su verdadero nombre es Kevin Kane) se ha convertido en mi compañero de trabajo en todo lo que hago.

Tengo la sensación de que podría escribir un libro entero sobre los lugares desagradables y extraños en los que he vivido y sobre toda la gente rara y maravillosa con la que he compartido piso. Cada lugar solo era una parada temporal en el camino que me llevaba a donde quería ir. Nunca dejé de moverme y no me molestaba en ponerme demasiado cómoda porque quería estar preparada para lo que viniera después.

Ahora que por fin tengo un piso, quizá me quede quieta un tiempo. Tengo todo lo que necesito. Incluso vivo cerca de un pequeño lago al que me gusta ir para practicar mi ejercicio favorito: largos paseos de abuela mientras mordisqueo un bollo. ¿Y sabéis qué? ¡Tengo un enfriador de vino en la cocina! (¿Que no se entiende? ¿Que reniego de mis días de beber vino de tetrabrik en pajita? No, porque sigo haciéndolo. Pero es que acabo de saber que me bebo el chardonnay demasiado frío y ni siquiera sabía que eso fuera posible. Ahora dedico mi vida a subsanar este error.) En cualquier caso, mientras esté en esta ciudad, no muy lejos de mi segundo hogar (el Comedy Cellar), seré feliz.

Sospecho que nunca dejaré de mudarme. De verdad. Puede que viva en algunos (cientos) de pisos más, pero siempre estarán en la misma isla de Manhattan y yo daré vueltas a este mismo estanque una y otra vez, hasta que sea una mujer anciana. Sé que probablemente hay estanques más grandes y mejores en Los Ángeles, pero estoy bastante convencida de que allí es ilegal transportar un bollo de un lugar a otro. ¿Te imaginas llegando al gimnasio SoulCycle de Beverly con un puñado de quiches? Algún día tengo que hacerlo. De todas formas, aunque no les pareciera mal, en Los Ángeles yo nunca me sentiría como en casa.

LAS LAGUNAS Y
LAS CÉLULAS MADRE

Pago impuestos, voto (a mis participantes favoritos de los *realities*, pero también en las elecciones), llamo a mis amigos en su cumpleaños, uso las toallas de baño como máximo una semana y las lavo, bebo a diario la cantidad de agua recomendada y aguanto bien el alcohol. Todo esto me convierte en una adulta. De hecho, mientras escribía esto, mi ayudante de veinticuatro años me ha traído un tentempié de galletas saladas y hummus, así que quizá aún me queda trabajo por hacer.

De todas formas, cuando iba a la universidad, estaba muy lejos de la edad adulta. No hacía ninguna de las cosas mencionadas antes. El penúltimo año de universidad, bebía así: me tomaba dos cervezas en mi habitación de la residencia, luego iba al bar, donde me bebía unos cuatro martinis. Cuatro martinis de verdad, es decir, de Ketel One, sucios y sin hielo, y siempre volvía a la barra y me quejaba de que habían echado demasiada salmuera para que me añadieran más vodka sin tener que pagar. Todos los demás pedían las cosas normales en la universidad, como vodka con zumo de arándanos o whisky con coca-cola, pero yo siempre bebía cerveza y martinis. Y a veces, acababa la noche con algo de vino o champán, a pesar de que no tenía nada que celebrar.

También resulta que me ha tocado la lotería de los genes y soy una de esas chavalas con tendencia a las lagunas. Si no has estado en fiestas de instituto o de universidad, debo contarte que una laguna es cuando la noche anterior la mente se te duerme, pero el cuerpo sigue haciendo sin problemas lo que sea que a tu yo borracho le parezca buena idea. Si tienes una laguna, es que no te dormiste por culpa de la borrachera. Te pasó exactamente lo contrario. El cerebro duerme como una criatura inocente, pero el cuerpo está en una rave y sigue tomando decisiones. Decisiones como «vamos a comer una cosa que se llama 'taco andante' a un sitio de Chicago donde te dan un taco metido en una bolsa de Fritos y te metes todo a puñados en la boca». Por eso tener lagunas es de lo más peligroso. Puedes pareces una chica borracha normal, pero en realidad eres una zombi que luego no recordará una mierda. Una de las cosas emocionantes de las lagunas es el hecho de que a veces te despiertas y todavía estás haciendo la cosa horrible que habías decidido hacer cuando te quedaste dormida. De repente, vuelves a meterte en tu cuerpo como un viajero del tiempo y no tienes ni idea de cuánto tiempo has estado así.

Mi laguna más memorable (en el sentido estricto sería la menos memorable) de la época de la universidad tuvo lugar de la siguiente manera: mi cerebro estaba del todo muerto y entonces, de repente, estaba de nuevo en mi cuerpo, consciente de todo. Miré hacia el sur y había un desconocido comiéndomelo en mi cama. ¿Eh? ¿Qué? ¿Cómo? Lo diré otra vez. Alguien con quien no había coincidido o no había visto en mi vida me estaba chupando la raja como si buscara oro. En aquella época tenía un novio y no era él. No conocía a aquel chico, pero era evidente que él empezaba a conocerme. Le di unos golpecitos suaves en el hombro porque no quería sobresaltarlo y también porque... ¿qué sé yo de ese chico en este momento? Por supuesto, sé que es un caballero de verdad. Me la está comiendo y solo por eso ya mereces que te nombren caballero. En su mejor día —cuando sé que puede que haya visita pronto, por lo que me ducho y me ocupo de ella con atención— mi vagina sigue oliendo como un animal pequeño de corral. Una cabra recién lavada o algo de ese tamaño y potencia. Una cabrita pequeña y mona a la que te entran ganas de comprarle comida en el zoo y dársela. Eso en su mejor día. ¿En su peor día? ¿Después de una noche bebiendo? Probablemente huela a

piscina de tiburones sin lavar. Me imagino que comérmela después
de una noche en la ciudad debe de ser como Indiana Jones entrando
en una especie de habitación llena de telarañas donde tiene que escoger con prudencia un cáliz.

Aquel hombre de apariencia santa me miró después de los golpecitos. Estaba bueno, así que me di unas palmaditas en la espalda y
pensé: «Bien hecho, Schumes». Él me miró pero se quedó allí abajo,
y por un momento pareció que lo estaba pariendo. Le dije: «Hola,
me llamo Amy, me temo que no tenemos el placer de conocernos».
Él estaba muy confundido. Con todo el tacto que pude, le expliqué
lo que había pasado. Se fue bastaaaaaaante deprisa. Entré como un
torbellino en la habitación de mi compañera Denise y le pregunté:
«¿Por qué me has dejado traer a un tío al azar a casa? ¡Sabes que tengo
novio!». Estaba en shock y se defendió en seguida. Por lo visto, yo no
parecía muy borracha y me había paseado por el bar con ese tío toda
la noche, abrazándonos como si fuéramos pareja. Denise había dado
por hecho que yo había tomado la decisión consciente de estar con
él y deshacerme de mi novio. Para nada recordaba haberle conocido.
Lo vi unos años después en un bar y me deshice en disculpas. Él parecía algo incómodo, pero intentó fingir que no le había importado.
Sabiendo lo que habría encontrado entre mis piernas aquella noche,
supongo que probablemente estuvo encantado de que lo dejara escapar de aquella situación con tanta facilidad. Puede que al verme se es-
tremeciera y empezara a tener repentinos recuerdos de una pesca en
alta mar y de un pecio cubierto de plancton y kelp. Tampoco es que
me avergüence. Las vaginas tienen que parecer vaginas y oler como
tales. Revistas para mujeres, alejad de mí esos geles con fragancias
extrañas. Dejaré que mi vagina conserve su aroma natural de sopa de
pollo con fideos, muchísimas gracias.

Durante la universidad hubo más lagunas destacadas, como la vez
que me comí una pizza de Papa John's entera o cuando dejé tirado a
un taxista y me despellejé las manos huyendo de él. Una vez me fui a
casa de un tío que tenía más de dos pitbulls, que para mí es la mayor
señal de alarma posible, y mi hermana aún disfruta recordándome la
vez que la metí en un coche con desconocidos para poder salir más.

Mis lagunas a menudo han tenido que ver con comer como si fuera la última vez que lo hacía, pero la vez que mi cerebro se fue a dormir mientras dejaba que un desconocido despertara a mi vagina sucia sigue ocupando el primer puesto. Quiero animar a todas las damas jóvenes que lean esto a que eviten beber hasta el punto de correr peligro, sobre todo si tienes esta singularidad genética tan guay y tiendes a las lagunas. Es de lo más inseguro y yo tuve suerte, porque di con un tío majo que trató mi vagina como si fuera un Golden Corral.

De todas formas, volvamos a la parte en que os contaba que ahora soy una adulta inteligente y con experiencia. Bebo vino y whisky con bastante regularidad —a veces un martini o un tequila, solo para variar—, pero no en exceso y, por supuesto, no bebo hasta el punto de tener lagunas. La Amy universitaria me enseñó una lección y, además, la verdad es que ya no disfruto estando borracha. Tampoco es que recomiende la sobriedad absoluta, menuda locura, pero ahora solo me gusta ponerme un poquito alegre. Me siento bien conmigo misma y tengo mi comportamiento la mar de controlado.

Gente, hace unos meses tuve una laguna.

No estoy orgullosa. No creo que sea inteligente, ni siquiera que sea divertido. De todas formas, a veces, cuando un cúmulo de circunstancias tristes y complicadas te manda a una cloaca emocional y física, solo puedes reír. Después lloras y bebes.

Todo empezó cuando una mujer que se llama Meg fue a ver *Y de repente tú* con una amiga. Meg tiene esclerosis múltiple y no sabía que la enfermedad sería una parte tan importante de la película, pero acabó gustándole el hecho de que se incluyera en la trama. Se dirigió a mí porque me dijo que quería poner en contacto a mi padre con un médico increíble de Nueva York que la había ayudado a ella.

El Dr. Sadiq es el único médico de los Estados Unidos que tiene permiso de la Administración de Medicamentos y Alimentos para tratar a pacientes de esclerosis múltiple con células madre. Para mí, que mi padre pudiera encontrarse mejor no entraba siquiera en el terreno de lo factible. Estaba muy agradecida a Meg y muy emocionada por que mi padre conociera al Dr. Sadiq, pero tampoco quería hacerme demasiadas ilusiones. Con el paso de los años, había notado un cambio en la disposición de mi padre a tomarse los medicamentos y a seguir los consejos de los médicos. En el centro donde vive puede hacer terapia física varias veces a la semana, pero no iba de forma frecuente o a veces ni siquiera iba. Le mandé una especialista en acupuntura unos cuantos meses y sin consultármelo le dijo que no fuera más. Un día, hace un par de años, tuvimos una discusión sobre el tema, que acabó con él gritando que ya no quería intentarlo más.

Eso me machacó, darme cuenta de que había tirado la toalla, y que no quería oponerse a que la enfermedad hiciera lo que fuera me rompió el corazón. La gente que sufre esclerosis múltiple tiene muchos problemas: dificultades para comer, andar y controlar los intestinos (como bien se ha documentado en este libro), por no hablar de los efectos en las habilidades cognitivas y la estabilidad emocional. Mi padre nunca fue de los que tienen una visión optimista de la vida, siempre estaba mohíno. Incluso en su apogeo, cuando era joven, rico y guapo, a su lado Tim Burton podía parecer Richard Simmons. Pero aquello era otra cosa. Me decía que me apartara y que dejara que se deteriorara. No culpo a mi padre por querer abandonar, pero oírle decir eso me destrozaba de igual forma.

Desde entonces, he estado llorando a mi padre cuando aún está vivo. Una cosa segura de su esclerosis múltiple es que sus habilidades físicas se irán deteriorando hasta que hayan desaparecido del todo. Esto nos ha llevado a vivir muchas «últimas veces» juntos. La más desgarradora fue la última vez que fuimos a hacer *bodysurfing*. Siempre nos había gustado coger olas juntos, así que cuando estuvo claro que no iba a poder andar mucho tiempo más, me pidió que fuera a la playa con él una última vez. Era un día bastante nublado y el aire era fresco. En la playa solo había una o dos personas más. Mientras nos metíamos en el agua, puse cara de normalidad. Las olas eran lo suficientemente potentes como para tener que hacer fuerza con las piernas para pasar por donde rompen. Mi padre lo intentaba. Me hundió ver que las olas lo tiraban. Yo iba delante, guiando, y giré la cara hacia el horizonte marino para que mi padre no viera que el corazón me caía del pecho y se hundía en el agua. Ver a tu padre incapacitado físicamente de esa manera es algo que no le deseo a nadie.

Esperamos una buena ola. La última que cogeríamos juntos. Cuando vimos que se formaba, establecimos contacto visual e hicimos que sí con la cabeza, como músicos que se ponen de acuerdo para tocar el interludio. Doblamos las rodillas, nos inclinamos hacia la orilla con las manos por encima de las cabezas y nos lanzamos. Fue una ola larga y difícil y la cogimos toda. Notábamos la fuerza del mar que nos arrastraba. Cuando nos detuvimos, levanté la cabeza para ver dónde estaba mi padre. Estaba justo a mi lado, entrecerrando los ojos por el agua salada y apartándose el pelo de los ojos. Me miró y nos dedicamos una gran sonrisa, con los ojos abiertos de par en par para no tener que chillar. Lo cogí de la mano y lo ayudé a andar por la arena mojada hasta que llegamos a la seca. Cogimos aire e intentamos no aspirar la gravedad del momento.

Yo nunca quise perder la esperanza de que algún día pudiéramos volver a salir al mar. De todas formas, ninguno de los estudios sobre esclerosis múltiple que me leí albergaba la posibilidad, por lo que decidí que en lugar de intentar curarlo haría todo lo que pudiera para que su tiempo en este planeta fuera tan agradable y cómodo como fuera posible. Si me pedía que le llevara quinientos caramelos Werther's Original para chupar sin parar, lo haría. Si quería alcohol (aunque nunca me lo pidió), le compraría. Si me pedía galletas de marihuana (que pidió), le llevaría. Haría lo que fuera por mi padre. Le pagaría una estríper que le bailara en la falda, le compraría un perrito faldero, lo que hiciera falta.

Así pues, cuando recibí el correo electrónico de Meg sobre el Dr. Sadiq, me acordé de que había prometido dejarlo en paz y pensé: «¡Que le den! ¡Irá a este médico como sea!». Me daba igual si había que llevarlo en camilla pataleando y gritando. Bueno, no puede patalear, solo gritar.

Ni siquiera se lo pregunté, solo le dije que lo visitaría un médico especial y me las ingenié para que sonara emocionante y maravilloso, como si fuera algo de lo que había que tener ganas. Y se lo tragó.

Al día siguiente, mi padre viajó dos horas desde Long Island para encontrarse conmigo y con Kim en la consulta del Dr. Sadiq en Manhattan. Con qué versión de mi padre me encontraré es siempre una lotería. La medicación a menudo hace que no sea él y que esté como desagradable, pero aquel día, cuando salió del ascensor en la consulta del médico, sonreía y no dijo nada hostil al personal. Mi padre puede ser muy irónico y meterse con la gente de una forma muy divertida, pero a veces no tiene ni pizca de gracia y es cruel sin más. Le he visto gritar a camilleros muy cuidadosos y amables que solo intentan ayudarlo a sentarse de nuevo en su silla. Es antipático con el personal de enfermería: desdeñoso y frío si tienen suerte, ligón y agresivo si no. De todas formas, aquel día no hizo ningún contacto visual o «nalgal» con las enfermeras. Hubo un momento en que la enfermera preguntó quién era mayor, Kim o yo, y él contestó «la grande» mientras me señalaba. Aparte de este insulto divertido, aquello pintaba bien.

Mi padre y yo nos cogimos de la mano mientras el Dr. Sadiq explicaba lo que los tratamientos con células madre implicarían durante los próximos seis meses. Cuando todavía no íbamos por la mitad de la conversación, mi padre interrumpió al Dr. Sadiq, que se quedó a media frase.

—Tengo que hacer pis —dijo.

Su ayudante empujó su silla de ruedas hasta el baño, donde estuvo mucho tiempo. Más de los cinco minutos habituales. El médico siguió mientras mi padre estaba en el servicio y nos explicó que el tratamiento con células madre podía, como poco, hacer que mejorara de forma significativa, incluso era posible que volviera a andar. Esto fue una noticia increíble, por supuesto, pero Kim y yo no debíamos de parecer del todo convencidas, porque el Dr. Sadiq empezó a ofrecernos referencias de personas que podían avalar la calidad de sus tratamientos.

—No, doctor, no nos preocupa usted —dije.

Lo solté enseguida. Reconocí que lo que temía es que mi padre se resistiera por completo al tratamiento o se pusiera tan difícil que el médico al final rechazara tratarlo. El Dr. Sadiq —un hombre tan decidido y dedicado a su trabajo que duerme muchas veces en la consulta— siguió hablando.

—Ah, no, lo trataré le guste o no. Puede darme un puñetazo en la cara e insultarme todo lo que quiera, que no lo dejaré escapar —explicó en broma.

Y después, con su manera natural de decir las cosas, añadió algo de lo que yo debería haberme dado cuenta.

—Vuestro padre no quiere tener esperanzas —dijo.

Noté una punzada en todo el cuerpo. Por supuesto, ¿cómo no lo había visto yo sola? Es un tema importante en toda mi vida, e incluso en mi película. *Y de repente tú* es, en muchos aspectos, una carta de amor a mi padre. Es mi manera de decir «a pesar de que has sido injusto con gente y te has equivocado, te quiero, y tu vida no ha pasado desapercibida». Quería que se viera a sí mismo como lo veo yo, como un humano que está enfermo y es imperfecto, pero que yo considero maravilloso la mayor parte del tiempo. Supongo que la necesidad de protegerte hasta el punto de resultar gilipollas es cosa de familia. Mi padre y yo nos hemos quemado tantas veces que usamos el humor y lo macabro para mantener a raya los posibles daños. Cuando mi padre se negó a tratarse la esclerosis múltiple se lo hice pasar muy mal, pero él se resistía por un buen motivo. La enfermedad lo había abatido en infinitas ocasiones, también en el sentido literal.

Kim y yo estábamos al borde de las lágrimas y diciendo que sí con la cabeza cuando metieron de nuevo a nuestro padre en la sala. Le apreté la mano y me di cuenta de que ya no estaba de tan buen humor.

Contuve la respiración. No me atrevía a mirar a mi padre. El Dr. Sadiq explicó todos los detalles de los próximos seis meses de su vida y aunque no hacía que pareciera sencillo, se centraba en los resultados.

Durante toda la charla, mi padre estuvo mirando el suelo y el Dr. Sadiq lo riñó amablemente.

—Mírame, Gordon —le dijo.

Cuando acabó la explicación, mi padre volvía a estar mirando el suelo. Se produjo un silencio largo. Estábamos todos muy quietos.

Y de repente mi padre levantó la cabeza.

—De acuerdo, tendré esperanza y fe en usted —dijo.

Joder, Kim y yo no podíamos creérnoslo. Nunca había oído a mi padre pronunciar las palabras «esperanza» o «fe». Creo que mi padre podría estar en el Muro de las Lamentaciones o sentado con el dalái lama en una montaña del Tíbet y se estaría quejando de que a su lado alguien murmura demasiado alto o de que tiene hambre. Lo que quiero decir es que no es nada espiritual.

Lo abracé y me senté de nuevo antes de que las lágrimas empezaran a deslizarse descontroladas por mis mejillas. Me incliné hacia delante.

—¡Estoy muy orgullosa de ti! ¡Te quiero! —le dije.

No solo había aceptado el tratamiento, sino que en su interior todavía albergaba alguna esperanza.

Fijamos la próxima visita con el Dr. Sadiq y nos despedimos. Me fui a casa y pasé la noche con mi amable novio Ben. Yo me sentía muy emocionada, pero me contenía. Nos pusimos cómodos en el salón.

—Hoy ha sido un día duro. ¡Esta noche quiero tomar algo de vino! —dije.

Abrí una botella y cogí una copa. Empezamos a ver el último episodio de *Girls* y, casualmente, trataba del padre de Hannah, que acababa de salir del armario ante su hija y que se enfrentaba a vivir su vida como gay. Los papeles de progenitor/hija estaban cambiados, porque Hannah acudía al rescate del padre cuando estaba triste y desorientado. El episodio acababa con los dos caminando por Times Square juntos y él diciendo, triste: «No sé qué hacer». A lo que Hannah contestaba: «Tranquilo, estoy aquí... y siempre lo estaré».

Todas las lágrimas que había contenido a lo largo de toda mi vida salieron justo allí, en aquel momento. Las compuertas se abrieron y me puse a berrear. Gracias a Dios, cuando lloro estoy muy muy guapa. Ben fue muy tierno y vio que me caía la mucosidad de la nariz al sofá y cuando al final recobré el aliento, me abrazó. Cuando hube acabado de llorar, me bebí otra copa de vino y fumé algo de marihuana. Quería que el día se acabase porque si ya era suficientemente duro darme cuenta de todas esas cosas de mi padre, también era nuevo tener a un novio allí, presenciándolo todo. Ser hija de un padre alcohólico y de lo que sea que es mi madre me ha hecho casi incapaz de creer que la gente que quiero no me dejará o no me hará daño de una manera de la que me parecían incapaces. Tengo que luchar contra todos mis impulsos e instintos retorcidos para aceptar cualquier forma de amor. Y aquella noche no era ninguna excepción. Había que dar por acabada la jornada, y rápido. Me tomé cinco miligramos de zolpidem, que para mí es el límite máximo de una dosis normal para dormir, y empecé a prepararme para acostarme. Tenía las extremidades algo doloridas del paseo en bici de diecisiete kilómetros que había dado con Ben por la mañana. (Puaj, somos una pareja blanca de las que dan rabia.) Estaba exhausta, física y mentalmente... y un poco borracha. Añadir zolpidem a la mezcla no fue inteligente puesto que, como aprendí a lo bestia, aumenta los efectos del alcohol y viceversa. Si tuviera que darte yo los detalles de lo que pasó después, te diría que me tomé otra copa de vino y me desperté a la mañana siguiente.

Según mi afectuoso y paciente novio (que miraba apesadumbrado el techo cuando abrí los ojos a la mañana siguiente), después de aquella copa de vino pasaron muchas cosas.

Según Ben, poco después de encomendarme a la santísima trinidad del zolpidem, el vino y la marihuana, empecé a untar galletitas saladas en mantequilla como si fuera guacamole. Mientras él me observaba durante aquel ataque de gula, le acusé de juzgarme. Me dijo que lo perseguía por todo el salón diciéndole «¡me juzgas!» sin ningún respeto mientras él me contestaba «¡estás manchando todo el piso de mantequilla!».

Luego me senté en el sofá a ver la tele y a seguir comiendo mi «mantequimole». Puse *Keeping Up with the Kardashians (Al día con los Kardashian)*, el programa que menos le gustaba, y no paré de hablar de Khloé y de lo mucho que había cambiado. Al menos eso es lo que Ben cree que dije, porque apenas entendía el treinta por ciento de lo que cascaba. Acabé calentando dos pizzas congeladas, una de las cuales quemé, antes de que por fin me convenciera de que me acostara. En la cama, apilé con agresividad todas las almohadas en mi lado de la cama en lugar de quedarnos dos cada uno, como siempre. Después puse la cabeza encima, como la princesa y el guisante.

—Amy, nos tocan dos a cada uno —me dijo Ben.

—Esta noche no, cabronazo —contesté yo con elegancia.

Y ahora, que suene la canción de Stevie Wonder «Isn't She Lovely[104]».

En cualquier caso, aquí la lección es que no hay que mezclar alcohol, zolpidem y marihuana el mismo día que haces una maratón en bicicleta, descubres que tu padre vuelve a tener ganas de vivir y ves un episodio desgarrador de *Girls* que te toca demasiado cerca.

Este episodio de laguna a los treinta y cuatro años fue muy distinto de algunas de las situaciones peligrosas en las que me había visto envuelta durante la universidad, pero no recomendaría a nadie que haga nada así, ni siquiera a adultos con relaciones afectuosas y solidarias que beben a salvo en sus hogares. Ben fue bastante generoso con la situación. No me juzgó ni me criticó, pero se preocupó. No le gustó que decidiera «pasar» de él, y con razón. No es justo y no he vuelto a hacerlo.

Los dos años en los que vi que mi padre pasaba así de la vida y que iba muy en serio cuando decía que ya no intentaría mejorar su condición fueron complicados. Una parte de mí lo entiende. Para él, la realidad es dura la mayor parte del tiempo. Yo soy fuerte y estoy sana y, con todo, un par de veces al día tengo que luchar contra las ganas de dejarlo todo. Tres veces al día durante la temporada de los premios a series y programas. En su época joven y sana, mi padre trabajaba, salía, era mujeriego y bebía. Sé que debe de añorar esos tiempos. Me siento afortunada de tener todavía un cuerpo que me permita equivocarme.

A veces, cuando voy a visitarlo y parece especialmente apagado o triste, intento darle ánimos. Lo saco afuera a dar un paseo en la silla de ruedas, hago que participe, le obligo a pasarlo bien. Sigue estando ahí cuando quiere, y es algo que me gusta ver. Como sabemos que existe la posibilidad de que vuelva a andar, todo se ve mucho mejor, y parece que regrese. Empujo su silla de ruedas afuera, al aire fresco, y le digo que mire el cielo. Veo que el sol le da en la cara y revive y todas las células de su cuerpo prenden para provocar problemas, que es para lo que él está hecho.

104. El título de esta canción podría traducirse por «¿A que es encantadora?». [*N. de la T.*]

UNA ÉPOCA EMOCIONANTE PARA LAS MUJERES DE HOLLYWOOD

Imagina que has escrito y protagonizado tu propia película por primera vez. La película se estrena, va bien y te sientes como si estuvieras en la cima del mundo. Y estás agotada porque hacer una película es mucho trabajo y también porque tuviste que perder (y no recuperar) cuatro kilos y medio con los que suele gustarte cargar. (Porque no es verosímil que una mujer sea adorable si no se le ve la clavícula desde todos los ángulos.) Después, antes de que acabes de celebrar el estreno de tu película, en la que has echado el resto, te explican que a los actores en realidad no les pagan por actuar. Les pagan por atender a la prensa.

Qué descubrimiento más desagradable.

Lo entiendo. Es muy caro producir películas, por lo que los estudios tienen que asegurarse de que la gente vaya a verlas. Me disculpo si me has visto demasiado la cara en anuncios, vallas publicitarias y por la tele en el verano de 2015. Si te sientes así, dale las gracias a los del departamento de marketing. Y, créeme: yo soy la que estaba más harta de oír mi voz.

Antes de *Y de repente tú* nunca había protagonizado una película, así que en otros países casi no me conocían. Esto implicó que tuviera que comprometerme a una intensa gira internacional de prensa para publicitar el film. Las giras de prensa consisten en visitas a múltiples ciudades donde te sientas en salas con periodistas (suelen llevar cámara) que te piden que hables de tu película para que al salir escriban, con suerte, cosas positivas para que la gente vaya a verla. En aquella gira de prensa me entrevistaron lo que a mí me parecieron absolutamente todos los periodistas del mundo, desde las cadenas de noticias más conocidas a gente que grababa el primer episodio de su pódcast. Tenía que decir que sí a todo porque el estudio estaba apostando por mí. Era una empleada nueva y entonces es cuando tienes que hacerte la emocionada por la oportunidad y ser una buena abejita trabajadora.

La primera vez que oyes que vas a ir a Australia, Alemania, Londres, Ámsterdam, Dublín y más y más, piensas: «¡De puta madre! ¡Viaje gratis! ¡No he estado en Berlín!». Luego te das cuenta de que pasarás todos los segundos de todos los días oyendo cómo cada uno de los periodistas te hace las mismas preguntas y de que de ti se espera que les interpretes las respuestas como si salieran de tu boca por primera vez cada una de las veces. Sin falta, absolutamente todos me preguntaron hasta qué punto la película era autobiográfica. Empecé a sentirme como un mono de feria sin alma. Pasarte todo el día hablando de ti así te procura una especie de vacío que es difícil de describir. Y es mucho para alguien como yo, tan desgraciadamente propensa a la sinceridad.

Además de sentir que convencer a la gente de que comprara entradas dependía de mí, tenía la carga adicional de ser una mujer. Y es que cada vez que hay una protagonista femenina en una película, todo el mundo salta y pregunta: «¿Será un punto de inflexión para las mujeres?» o «¿Qué significa esto para las mujeres de la comedia?».

Así pues, hay mucha presión, porque la película no solo tiene que ir bien para que yo pueda sentirme orgullosa de ella o para que el estudio pueda ganar dinero. Tiene que ir bien para el cincuenta por ciento de la población que, por lo visto, ahora represento. «¡¿Qué significará esto para nuestro género en los años venideros?!» Este tipo de preguntas son bastante tendenciosas, sobre todo porque era mi primera película y no pretendo hablar por todas las mujeres. Yo escribo sobre mi vida y cómo veo y vivo el mundo, sin dar por hecho que mi perspectiva es universal.

En cualquier caso, hice una gira de prensa enorme, no solo para la película, sino para todo el género femenino. Y como exactamente en todas partes, desde los albores de la humanidad, las preguntas favoritas de todos los periodistas eran: «¿Estamos en una época interesante para las mujeres del espectáculo?» o «¿Qué significa esto para las mujeres de Hollywood?».

«¿No es un momento emocionante?»

Y yo quería gritar: «¡No!».

En primer lugar, yo no me considero una «mujer de Hollywood». Ni siquiera estoy del todo segura de lo que significa el término. De todas formas, me parece que si tuviera que jugar a la asociación libre conmigo misma y oyera ese término, creo que pensaría en alguien que o bien tiene un nombre abreviado de famosa, como J. Law/Lo, o en alguien que ha salido muy buenorra en algunas películas y que también, no sé, ¿tiene un blog de estilo de vida y una línea de productos, quizás? Como una Alba o una Paltrow. Yo no tengo nada de eso. «A. Schu» no tuvo el éxito que todos esperábamos que tendría.

Además, no soy una «mujer de Hollywood» en el sentido más literal. Como sabes, siempre he vivido en Nueva York y no, no parece una época emocionante. La época emocionante vendrá cuando nadie tenga que contestar esa pregunta estúpida. Todo el mundo, a la de tres: dejad de preguntarlo, para siempre. Parad. ¡Uno, dos, tres! Y, además, Hollywood no es en absoluto emocionante para las mujeres. No creo que a nadie le sorprenda leer que es una industria de gente que juzga a la mayoría de las mujeres casi solo por su apariencia y en la que todos los días hay mujeres que sienten que avanzan deprisa hacia la muerte y la decadencia mientras que actrices más menudas y buenorras como Selena no dejan de aparecer, como si fueran muñecas rusas. Es un sector donde pasas de interpretar un papel protagonista de mujer enamorada a ser una abuela con cuello de tortuga y chaleco de punto que, a pesar de echar de menos a su marido, aún tiene mucho amor que dar a sus animales domésticos. Y todo en la mitad del tiempo en que un hombre protagonista se convierte en abuelo.

Yo opino que en la mayoría de los sectores, las mujeres tienen que trabajar el doble para llevarse la mitad del mérito. Después de esforzarme tanto por hacer una buena película, me parecía bastante degradante que la llamaran una «comedia de mujeres». Con esta etiqueta absurda me arrinconaron y me obligaron a hablar en nombre de todas las mujeres, porque yo soy la mujer de verdad que ha escrito la comedia de mujeres y luego he interpretado a la mujer protagonista en esa comedia de mujeres. ¡A Seth Rogen no le piden que sea todos los hombres! Ellos no hacen «comedias de hombres». A Ben Stiller no le preguntan: «Oiga, Ben, ¿cuál era su mensaje para todo el género masculino cuando fingía que tenía diarrea y perseguía a ese hurón en *Y entonces llegó ella*?».

En la gira de prensa muchos de los periodistas reconocieron el problema y enseguida salieron a preguntar: «¿Siente la presión de que tiene que hablar en nombre de todas las mujeres?». Agradezco que lo abordaran. Quizá sea una buena pregunta. Entiendo que tengo puestos en mí suficientes ojos y oídos como para que mis palabras y acciones tengan relevancia. Se trata de una responsabilidad que para mí es un honor, porque es una oportunidad de hacer todo lo que pueda para empoderar a las mujeres de la única manera que sé: escribiendo un guion sobre una mujer desde el punto de vista de una mujer.

Y de repente tú hablaba de la igualdad de oportunidades. De la igualdad de oportunidades para tener fobia al compromiso, aunque seas chica. A algunos de los periodistas esto los desconcertaba. Muchos me preguntaron por qué había decidido invertir los roles del chico y de la chica, es decir, por qué había hecho que la chica fuera la que no era demasiado vulnerable y que el chico fuera el que quería un compromiso más fuerte. ¿Por qué era la chica la que tenía un piso de soltera y una colección de rollos de una noche y el chico era el que tenía una carrera muy respetada y un estilo de vida sensato? A los periodistas les sorprendía que les contara que no lo había hecho de forma intencionada, sino que había escrito algo fiel a mi experiencia. Las mujeres tienen la fama de ser las locas y las que son demasiado sensibles en las relaciones, pero en mi experiencia son los tíos los que hacen eso. Nosotras no damos tanto o tan de prisa en las relaciones y no involucramos tanto a nuestros egos. Reconozco que exageré el personaje de LeBron James. Hicimos que se preocupara demasiado

por la vida amorosa de su amigo, como muchas veces se caracteriza
a las mujeres, y esto sí que no lo he visto en mis amigos hombres.
Pero ahí es donde empieza y acaba la inversión de roles en *Y de repente
tú*. Yo escribí lo que me pareció sincero, real y convincente desde mi
perspectiva y mi vida real. Y a pesar de que no reconoceré que represento a todas las mujeres, también estoy bastante segura de que no
soy la única chica con experiencias así.

Sin embargo, la tildaron de zorra más de lo normal. Quizá que los
periodistas extranjeros parecieran pasarse solo era una cuestión cultural. Algunos de ellos iban de este rollo: «Bien, usted habla del tema
del sexo en su película, así que puedo decirle lo que quiera». Lo que
provocaba que quisiera ducharme durante el tiempo que me quedara
de vida. Una de las entrevistas que di en Australia se hizo viral cuando
el periodista me hizo la pregunta siguiente: «Así pues, su personaje
es una guarra. ¿Tienen algún término para "guarra" en los Estados
Unidos?». Le dije que era una pregunta grosera y estuvimos deba-
tiendo un poco sobre el tema y, por supuesto, si haces algo más que
solo sonreír, decir que sí con la cabeza y agradecerles su tiempo, si de
verdad tienes una reacción desfavorable o impulsiva a una pregunta
grosera, se arma una gorda. La gente reacciona como si por supuesto
no pudieras aguantar la presión y necesitaras escurrir el bulto, pero
yo nunca he sido una chica que sonría y diga que sí con la cabeza o de
las que necesitan escurrir el bulto.

La peor experiencia la tuve en Berlín —sorpresa, sorpresa—, cuando me entrevistó la misma persona dos veces. Era un hombre de
cincuenta y muchos o sesenta y pocos que llevaba vaqueros y una
camisa con las palas del cuello abotonadas. Por arriba se estaba quedando calvo y se dejaba el pelo un poco largo por detrás. Era algo a
medio camino entre el peinado a lo paje y Robert Plant. Llevaba gafas
y en ningún momento sintió la presión de las normas sociales por
sonreír. Primero nos entrevistó a mí y a Bill Hader a la vez. Preguntó
a Bill si le había gustado interpretar a un médico y luego me preguntó
a mí cómo era tener relaciones sexuales con Bill. A Bill no le gustó
la pregunta y salió en mi defensa, pero yo dije que no pasaba nada y
expliqué que era como estar con uno de esos artistas que se suben a

cajas en esquinas de la ciudad totalmente pintados de color plata con espray. No sabes si son estatuas o no, pero cada dos minutos se mueven ligeramente. Dije que la única diferencia era que a mí nadie me había dado ningún dólar. (Debo corregir esto ahora y decir que después de aquello mi novio, muy generoso él, una vez sí que me deslizó un dólar por debajo de la puerta después del sexo. Estaba sentada en el váter y vi cómo el dólar entraba en el baño mientras esperaba a que mi cuerpo quisiera hacer pis para no coger una infección del tracto urinario. Miré el dólar sintiéndome querida.)

A aquel mismo periodista de Berlín le permitieron, por algún motivo, volver después y entrevistarme de nuevo, entonces con Vanessa Bayer, que interpreta a mi amiga y compañera de trabajo en *Y de repente tú*. Enseguida estuvo brusco y desagradable y empezó a preguntarme cosas que parecían expresar aversión hacia la película y también hacia todas las veces que yo había respirado en mi vida.

—¿Por qué cree que está bien incomodar a la gente? —preguntó con estas palabras exactas.

Mientras decía eso me fijé en que tenía un agujero enorme en la entrepierna y me di cuenta de que no se le veía solo un testículo, sino los dos. Lo miré fijamente a los ojos.

—No quiero avergonzarlo, pero me gustaría que se tapara el regazo —le dije.

Vanessa miró abajo, lo vio e hizo que sí con la cabeza mientras se ponía roja como un tomate. Estuvo de acuerdo en que sus huevos eran como la respuesta, amigo mío, ondeando en el viento[105]. Miró abajo, cruzó las piernas y recobró la compostura.

—¿Por dónde iba? —preguntó.

—Me preguntaba por qué creo que está bien incomodar a la gente —contesté.

Después de la entrevista número trescientos en la que hablaba de con cuánta gente me había acostado para después pasar torpemente a hablar de la enfermedad de mi padre, pensé: «A la mierda, no pienso volver a hacer ninguna otra peli». ¡Es broma! Voy a hacer más pelícu-

---

105. Referencia a la canción de Bob Dylan «Blowin' in the Wind». [*N. de la T.*]

las, pero no volveré a dar tantas entrevistas. No volveré a perder peso. Bueno, no tanto, al menos. Delgada parezco idiota. Mi cabeza grande de muñeco Cabbage Patch conserva el tamaño y el resto de mí se contrae y adopta otra proporción. ¿Y cuál es la recompensa? ¿Ser una «mujer de Hollywood»? ¡No, gracias!

Ahora que lo pienso, quizá lo que signifique ser una «mujer de Hollywood» es ser una de esas mujeres enfadadas, desconcertadas y voraces que solo querían ser actrices o artistas y a las que les hicieron creer que quizá algún día podrían serlo si superaban quinientas pruebas innecesarias en el instituto, en la universidad, en los despachos desagradables de representantes y jefes, y en los tranquilos sótanos de las iglesias donde interpretaban obras de un solo acto y musicales dejándose la vida en ello. Quizá una «mujer de Hollywood» es solo una persona que hace lo de siempre e intenta cumplir sus sueños —los mismos que los hombres—, pero que por el camino se ha retrasado, hambrienta y exhausta, por tener que rechazar dobles morales absurdas y preguntas estúpidas de periodistas.

Si una «mujer de Hollywood» es eso, de acuerdo, quizá lo sea. Culpable de lo que se me acusa.

Pero a pesar de que la prensa extranjera no podía estar más equivocada con lo de la «época emocionante» que vivimos todas las mujeres de Hollywood, algunos periodistas me entendieron. A mí y la película. Agradecí mucho que me nominaran a un Globo de Oro, que es algo que decide la Asociación de Prensa Extranjera de Hollywood. La noche de los Globos de Oro fue un sueño. Me acompañó toda mi familia y, aunque no gané, tuve la suerte de perder ante una amiga cuyo trabajo me vuelve loca. Algunos periodistas de la Asociación de Prensa Extranjera de Hollywood que estaban allí aquella noche fueron increíbles. Hablé con muchos de ellos y acabé las entrevistas sintiéndome alentada, agradecida y comprendida. ¡Al final quizá no fuera una chica tan desastre! Empecé a sentirme mejor y me reconfortaba intentar verme a través de sus ojos, recordando algunas de las cosas amables que me habían dicho. Sin embargo, volví de golpe a la tierra cuando vi cómo habían titulado a la película en algunos países:

Italia: *La chica desastre*
Bulgaria: *Siniestro total*
República Checa: *El descarrilamiento*
Alemania: *La reina de las citas*
Finlandia: *Solo de noche*
Portugal y Polonia: *Descarrilada*
Hungría: *Desastre*
Francia: *Amy la Loca*
Canadá francófono: *Caso perdido*
Argentina: *Esta chica es un desastre*

Como aquella noche no gané el Globo de Oro y no pude subir al escenario a dar un discurso, quiero aprovechar esta oportunidad para dar las gracias a todos los periodistas de los distintos países en los que estuve. En primer lugar, me gustaría dar las gracias a toda la gente que señaló que yo era una mujer. Expresasteis vuestros halagos con mucha precisión, porque nunca me describíais solo como «divertida», sino como una «mujer divertida». Os asegurasteis de que no perdiera de vista mis ovarios. Gracias. De no haber sido por vuestros continuos recordatorios, me habría olvidado el útero en un autobús, pero hicisteis que fuera eternamente consciente de que sangro una vez al mes ¡y sé explicar chistes! También quiero darle las gracias al periodista que me llamó «guarra». Me di cuenta de lo infeliz que eras con tu vida y lo sentí mucho por ti. Si me lees, quiero que sepas que yo soy muy feliz y que vivo un buen momento de mi vida. Y para acabar, quiero dar las gracias de forma especial a los huevos del periodista de Berlín. Si no fuera por vosotros, chicos, probablemente podría dormir por las noches, y quién coño quiere dormir. *Auf Wiedersehen.*

MAYCI Y JILLIAN

Era el 23 de julio de 2015 e *Y de repente tú* llevaba alrededor de una semana en cartelera. Me sentía feliz de estar en mi país, acababa de aterrizar en Los Ángeles después de pasar la susodicha semana dedicada a la muy fatigosa promoción de la película, esta vez en Australia. Me resultaba especialmente agradable estar en los Estados Unidos, porque aquel viaje no había sido muy edificante. Iba a salir a cenar con mi amigo Allan aquella noche. Es uno de mis mejores amigos, aunque no sé si su nombre se escribe Alan o Allan. También tengo dudas trascendentales sobre cómo escribir su apellido.

Tenía jet lag y me dolía muchísimo la espalda de todo el viaje, por lo que reservé un masaje. Al salir del spa del hotel me sentía de maravilla, entusiasmada en general con la vida, afortunada y rejuvenecida. Miré el móvil y tenía un montón de llamadas perdidas de mi publicista, Carrie, que también me había mandado muchos mensajes de texto diciéndome que la llamara de inmediato. Me entró una risa tonta. Si intentaba contactar conmigo con aquella urgencia, estaba segura de que había salido a la luz una foto mía desnuda o una cinta de contenido sexual. Una vez, cuando tenía veinte años, mantuve relaciones sexuales con mi novio ante una cámara de ordenador, cosa que había sido de lo más espantosa. No nos centrábamos en absoluto el uno en el otro y nos mirábamos en el monitor. Yo había comprado lencería de encaje negra con un liguero. No comprendía que tienes que ser una modelo de Victoria's Secret para no parecer una chalada con esa indumentaria. Un fotograma de Rupert Murdoch en una mecedora habría resultado más sexy que yo con aquel conjunto. En general era una visión horrorosa y pido perdón por adelantado por esa cinta de contenido sexual en caso de que salga efectivamente a la luz. Siento mucha pero que mucha compasión por cualquier persona cuyo móvil u ordenador haya sido pirateado, y espero de veras que no me pase nunca a mí. De todas formas, las fotografías desnuda no me dan miedo. Estoy segura de que algún día se filtrarán, y no sé cómo me sentiré entonces... pero a día de hoy, en este momento concreto de mi vida, creo que me reiría si pasara. Y pediría perdón a todos los que hubiesen visto las imágenes o las fotos.

Así que el 23 de julio de 2015 estaba preparándome para la noticia de la filtración de la cinta de contenido sexual y para tranquilizar a mi publicista y hacerle saber que no me importaba. Telefoneé a Carrie y ya estaba sonriendo. La risa tonta se había convertido en carcajada para cuando me contestó.

Entonces dijo: «Ha habido un tiroteo en un cine de Lafayette, en Luisiana, en un pase de *Y de repente tú*».

Se me partió el alma en ese momento, allí. Lo digo en serio. Solo he sentido una tristeza tan profunda en mi vida cuando, después de un accidente de surf, estaba segura de que iba a perder una pierna, y al enterarme de la muerte de un par de amigos íntimos. La noticia me dejó abatida. Fui a la habitación del hotel, puse la CNN y me quedé casi catatónica. Todavía no sabía que dos mujeres preciosas, inteligentes y fuertes morirían aquella noche. No sabía nada de Mayci Breaux, que acababa de cumplir veintiún años y era una chica encantadora, amable, guapísima y practicante que estaba lista para casarse con su novio del instituto. Ni de Jillian Johnson. Acababa de cumplir treinta y tres años y era miembro activo de su comunidad. Era una esposa y madrastra estupenda, una empresaria inteligente y creativa, una música y una artista maravillosa. Necesitaba saber todos los detalles, y quería volar directamente a Luisiana para estar con las familias afectadas por aquella tragedia.

Mi amigo Allen vino a la habitación del hotel y me dejó poner la cabeza en su regazo mientras lloraba. Llamó a las personas necesarias y se ocupó de mí. Estuve bastante desorientada un par de semanas. Tenía que seguir con la promoción de *Y de repente tú* y unas vacaciones planeadas con amigos, pero quería cancelarlo todo.

Leí cosas sobre el hombre trastornado que mató a Mayci y a Jillian e hirió a otras nueve personas. No creo en conceder a los que disparan en masa su momento de gloria. No quiero escribir su nombre. Jamás lo he pronunciado y no lo pronunciaré. Pero sí que quiero esbozar algunos hechos relacionados con él. Le encantaba el Tea Party. Odiaba públicamente a las mujeres y elogiaba a Hitler. Aquel hombre escogió a propósito mi película para disparar y matar a mujeres.

He aquí unos cuantos hechos más: en 2006 fue detenido por provocar un incendio (y a raíz de ello se le negó el permiso de portar un arma oculta en el condado de Russell, Alabama), aunque al final se retiraron las acusaciones de incendio provocado. En 2008 sus familiares pidieron a un tribunal que lo internaran contra su voluntad para recibir tratamiento psiquiátrico porque era un peligro para sí mismo y para los demás, pero solo fue ingresado de urgencia y jamás alcanzó la fase de hacer que un juez fallara sobre su capacidad mental. Además, en 2008 su antigua pareja solicitó una orden de alejamiento contra él, pero el tribunal no dictó ningún auto definitivo. A pesar de todo esto, en febrero de 2014 pudo comprar legalmente un arma en una casa de empeños de Phenix City, Alabama, el arma que acabaría siendo el arma del crimen.

No se le prohibió tener armas, pero era precisamente el tipo de persona peligrosa a la que se le debería impedir, alguien con antecedentes que maltrató y amenazó a familiares y que tuvo vínculos con el sistema de salud mental. Varios estados han aprobado leyes denominadas a menudo «órdenes para contener la violencia relacionada con las armas», que permiten a los familiares de esta clase de gente peligrosa pedir a un tribunal que prohíba de forma temporal a la persona tener armas. Si se las conceden, estas órdenes no solo le impiden comprar un arma, sino que también exigen que la persona entregue las armas que ya posee. Si esta herramienta hubiera estado disponible para los familiares de aquel hombre cuando los amenazó, a lo mejor las cosas habrían ido de otro modo en el caso de Mayci y Jillian.

Saber esto es insoportable. Saber esto basta para que yo quiera hacer algo.

Y sin embargo, las órdenes para contener la violencia relacionada con las armas solo son la punta del iceberg. Porque incluso si todos los estados sin excepción tuvieran establecidas leyes así para mantener las armas alejadas de las manos peligrosas, sigue habiendo una enorme laguna jurídica que hace que a cualquiera —a cualquiera— le resulte fácil comprar armas a través de vendedores no autorizados, a lo mejor en ferias de armas o por internet, porque en esas ventas no se revisan los antecedentes ni se hacen preguntas. Estudios realizados a lo largo de tres décadas demuestran de forma constante que entre el 30 y el 40% de los traspasos de armas se lleva a cabo sin una revisión de los antecedentes. En muchos estados, conseguir un arma es más fácil que conseguir un anticonceptivo. Sigue leyendo. La cosa mejora (empeora). En varios estados de este país, es legal comprar un arma aunque uno esté totalmente ciego, y en la mayoría de los estados es legal comprar un arma si estás en una de las listas de vigilancia de terroristas. Voy a decirlo otra vez. Si no ves nada, pero que nada de nada, puedes comprar un arma. Si estás no solo en la lista de exclusión aérea sino, en sentido literal, en la lista de las personas que nuestro gobierno sospecha que son terroristas, puedes COMPRAR LEGALMENTE UN ARMA.

No me malinterpretes. Soy muy amiga de muchas personas que tienen armas. Creo que los norteamericanos respetuosos con la ley tienen todo el derecho del mundo a poseer un arma. Pero creo que se pueden hacer mejoras. ¿No crees? ¿No ha habido suficientes tiroteos? ¿Sabes quién dice que no? La gente que más se beneficia de la venta de armas. Pero el 92% de los norteamericanos —incluido el 82% de los poseedores de armas y el 74% de los miembros de la NRA[106]— apoyan la revisión de los antecedentes delictivos para todas las ventas de armas. Sin embargo, el lobby de las armas se opone a esta política,

106. La Asociación Nacional del Rifle. [N. de la T.]

llena de sentido común. Y sus perros falderos del Congreso —a los
que han comprado y pagado— le siguen al dedillo.

Me sorprendí muchísimo al saber que la violencia relacionada con
las armas es específicamente un problema de las mujeres: las mujeres
en Estados Unidos tienen once veces más posibilidades de ser asesinadas con armas que las mujeres de otras naciones desarrolladas. En los
dieciocho estados que exigen revisiones de antecedentes para todas
las ventas de pistolas hay un 46% menos de mujeres asesinadas por
arma de fuego a manos de sus parejas que en los estados que no las
exigen.

¿Sabes mucho de todo esto? Antes del tiroteo de Lafayette, yo no.
Te debes a ti y debes a tu familia tener información sobre ello, porque
es un problema que podemos ir reduciendo juntos.

Como he documentado en este libro, en general he sido capaz
de encontrar el humor en los momentos más oscuros. Pero en este
caso es difícil. Sé que para muchos de vosotros puede que este no
sea un capítulo para el que os apuntasteis a leerme y que a lo mejor
estéis pensando: «¡Vuelve a contar bromas de chochos! ¡Haznos reír,
payasa!». Os entiendo. Cuando he escrito sketches sobre la seguridad
relacionada con las armas en mi programa de televisión, la gente ha
respondido diciendo que querían que fuera divertida, sin más. Me dicen que me ciña a la comedia porque para eso acuden a mí. Te diré lo
que les digo a ellos: ¡No! Me encanta hacer reír a la gente y agradezco
estar preparada para hacerlo, pero cuando una injusticia me afecta
mucho, hablo de ella, y te sugiero que hagas lo mismo. Ojalá pudiera
reunir fuerzas para darle un sesgo inteligente e irónico a algunas de
las graves estadísticas de la violencia relacionada con las armas en
Estados Unidos, pero debo decirte que no puedo, joder. Pude escribir
una escena divertida sobre la seguridad relacionada con las armas en
mi programa de televisión este año, y si quieres apuntarte a la risa,
mírala, por favor, pero para este capítulo del libro… no voy a reírme. Pienso en Mayci y Jillian todos los días. Llevo fotografías de ellas
conmigo de viaje, y cuando veo que otra persona norteamericana o
varias personas han muerto sin ningún sentido por armas de fuego,
lo único que puedo pensar es que ya está bien, coño. Punto.

Empecé a trabajar con el senador Chuck Schumer, primo lejano de mi padre, para abogar por maneras sensatas de detener la violencia relacionada con las armas. Soy miembro de un comité de Everytown, un movimiento de norteamericanos que trabajan juntos para poner fin a la violencia relacionada con las armas y construir comunidades más seguras. Mientras redactaba este capítulo, y no miento, recibí una invitación a la Casa Blanca para conocer al presidente Obama, y estuve allí cuando anunció un conjunto de medidas ejecutivas nuevas para abordar esta crisis nacional.

La Casa Blanca me permitió llevar a algunos invitados, así que fui con mi hermana, mi hermano y Ben. Hay muy pocas personas por las que lo dejaría todo y volaría al otro extremo del país con tan poca antelación. El presidente Obama es una de ellas. Common y Tatiana Maslany, de *Orphan Black*, son otras dos. Lo que quiero decir es que era emocionante poder estar allí. Nos acompañaba el rapero Wale y dos chicos del equipo de baloncesto Washington Wizards que son defensores de poner fin a la violencia relacionada con las armas. Estuve con ellos la mayor parte de la visita.

Cuando llegó el momento de que el presidente entrara en la sala para conocernos, formamos una fila de recepción. Enderecé las corbatas y los cinturones de los Wizards y luego vi que tenía suciedad en una pierna, así que me lamí rápido un dedo y la quité frotando, porque soy tan elegante como higiénica. Nos convertimos todos en niños pequeños ayudándose mutuamente el día de la foto. Cuando faltaba poco para que llegara el presidente, nos pidieron que escribiéramos nuestro nombre y nuestra profesión en una tarjetita muy fina y se la diéramos a un estoico oficial de marina a fin de que pudiera anunciarnos al presidente antes de que le diéramos la mano. Cuando me tocó, el oficial miró lo que había escrito en la tarjeta y, sin alterarse, anunció con precisión militar: «Amy Schumer. ¡Es modelo!».

Di un paso adelante y el presidente Barack Obama me sonrió. Nos dimos la mano y habló primero él.

—Eres muy divertida, Amy Schumer —sonaba igual que en la televisión.

—Usted también —contesté.

—Lo pasamos en grande con *Y de repente tú* —dijo.

—¿De verdad ha visto *Y de repente tú?* —pregunté.

—Por supuesto —dijo tras asentir con la cabeza.

No me lo podía creer. Era majísimo. Estaba alargando la conversación conmigo y yo no quería robarle más tiempo, así que hice precipitadamente la foto de los dos juntos. En la foto salgo perdiendo la cabeza, de tan conmovida y emocionada como estaba. Me dio las gracias por mi interés en intentar poner fin a la violencia relacionada con las armas, yo le di las gracias también y entré en la sala donde iba a tener lugar la conferencia de prensa.

Poco después, el presidente se colocó de pie frente a las cámaras, delante de los padres de niños cuyas vidas habían sido arrebatadas por la violencia relacionada con las armas, muchos de ellos de los tiroteos de la Escuela de Primaria Sandy Hook, de Newtown, en Connecticut. Pronunció el discurso más elocuente y sincero que oiré jamás. Habló de los alumnos de primero que fueron asesinados. Repitió las palabras —alumnos de primero— y derramó algunas lágrimas. Yo las vi. Se secó las del lado izquierdo pero no las del derecho. Después de unos momentos se secó los dos ojos. Habló de lo fácil que era conseguir armas de fuego en internet o en ferias de armas sin revisión de antecedentes. Luego esbozó el plan para solucionar eso y muchas cosas más.

Cuando terminó la conferencia de prensa, me quedé en la sala un rato y se me acercaron personas que llevaban distintivos con las fotografías de sus hijos asesinados. Padres que llevaban a sus hijos muertos en las solapas. Solo querían hablarme de sus hijos. Algunos los habían perdido en Columbine. Una agradable pareja cuya hija había sido asesinada en el tiroteo del cine Aurora me dijo que ella era admiradora mía. Los escuché y los abracé y prometí que seguiría luchando por ellos.

En la Casa Blanca pasé el día entero pensando en Mayci y Jillian. Había estado conteniendo las lágrimas durante horas, pero cuando el presidente mencionó el tiroteo de Lafayette en la conferencia de prensa no pude impedirme a mí misma llorar. Siempre tendré a esas mujeres en mis pensamientos. No las olvidaré. Trabajaré duro todos

los días para honrar su recuerdo y vivir de un modo que espero que
las hubiera hecho sentirse orgullosas.

En los meses posteriores a la Casa Blanca, he dicho muchas cosas
sobre las armas sobre el escenario o he emitido esas escenas relacionadas con las armas en mi programa de televisión. La gente siempre
me ataca de inmediato con críticas por internet, por decirlo suavemente. Muchos se sienten indignados con la idea de que el gobierno
quiera «quitar [les] las armas», que no es de ninguna manera lo que
yo defiendo. En lo que tiene interés la mayoría de la gente de este
movimiento es en poner fin a la violencia relacionada con las armas
y en volver más seguras nuestras comunidades. La gente echa pestes
de mí en Twitter (y de hecho este es uno de los insultos más amables
y aceptables que recibo): «Esto te viene demasiado grande, Schumer.
Limítate a lo que sabes». Por supuesto, la mayoría me llama gorda hija de puta, que ha terminado por encantarme.

De todas formas, se equivocan (no en el hecho de que sea una gorda hija de puta, eso es algo subjetivo). Se equivocan al decir que me
viene demasiado grande, porque conozco a fondo este problema. Y
tú también. Cualquiera que viva y respire y tenga una opinión sobre
si deberían disparar o no a niños de primero en el colegio está habi-
litado para hablar sobre esta cuestión. No soy política ni una judía
taimada que odia la NRA, que es como me ven algunos en ciertas
zonas del país. La mayoría de miembros de la NRA son personas
estupendas. Los que sobran son sus líderes. Yo soy solo soy una norteamericana que piensa que podemos tener más sentido común en lo
que se refiere a impedir que nuestras familias, nuestros hijos y nuestros amigos mueran por disparos de una persona inestable que, para
empezar, jamás debió hacerse con un arma.

Mayci Breaux   *Jillian Johnson*

Quiero dar las gracias a Jason Rzepka y Noelle Howey de Everytown por ayudar a informarme sobre la violencia y la legislación relacionada con las armas. También quiero dar las gracias a las familias de Mayci Breaux y Jillian Johnson por proporcionarme estas fotografías y permitirme honrar el recuerdo de Mayci y Jillian.

COSAS QUE
ME HACEN FELIZ

1. Que mi sobrina, que es un bebé, se ría o haga casi cualquier cosa. Me encanta cómo pronuncia mi nombre y grita «¡Mimi!» cuando me ve. También su pelo, que durante un tiempo se pareció al de Benjamin Franklin.
2. Los *scones*. Y no los comprados en tiendas que vienen de seis en seis en un envase de plástico. Me refiero a los *scones* de Alice's Tea Cup, en Nueva York, ya sea el vegano (no porque yo sea vegana, sino porque la textura es genial) o uno con algún tipo de chocolate (no chocolate blanco, chocolate de verdad). Bueno, también los comprados en tiendas.
3. Ver feliz a la gente a la que quiero.
4. Montar a caballo. Cuando yo era pequeña teníamos una pequeña granja al norte del estado, y aprendí a cabalgar en una cuadra de allí, donde daba vueltas montada en el caballo más pequeño. Desde entonces, me subo a un caballo siempre que tengo la ocasión. Sin preguntar nada. Un día, hace unos años, estaba tumbada en el sofá viendo *Juego de tronos* en casa de mi hermana, y entró en el salón y dijo: «Nena, ¿quieres montar a caballo?». Vive en un barrio normal de Chicago, donde jamás debería haber un caballo cerca, pero me levanté en silencio y la seguí afuera, y había un caballo al otro lado de la calle. Se llamaba Norman. Ya somos amigos.
5. Contar un chiste nuevo que me hace ilusión en el escenario, in-

cluso si no tiene éxito. Contar un chiste nuevo es algo que jamás envejece.

6. Oír a mi hermano Jason tocar la trompa. A los dos nos encantan Miles Davies, John Coltrane y Thelonious Monk, pero Jason toca una cosa muy flexible y loca que se llama «free jazz». Es el tipo de jazz que oyes de fondo cuando Claire Danes está muy tensa en *Homeland*. Pero es que me encanta oírle tocarlo. Tampoco tiene que ser en un escenario. A veces en su casa oigo de repente la trompa desde otra habitación, y el maravilloso sonido hace que me sienta en paz al instante.

7. Ver series policiacas británicas o irlandesas basadas en agresiones sexuales en casa de mi hermana y mi cuñado. Cuanto más fuerte es el acento, más fuerte es el motivo por el que tengo que cambiarme al final la ropa interior (puajjjjj). Lo digo en serio. Tengo que verlas subtituladas.

8. Estar sentada con mis amigos en el Comedy Cellar mientras nos reímos los unos de los otros. Sobre todo de Keith Robinson, que jamás tiene razón en nada pero que sigue entregándose a las discusiones como si le fuera la vida en ello.

9. Correrme.

10. Estar en un barco o en una Jet Ski que va rapidísimo y gritar como una loca.

11. Acurrucarme en el sofá con Abbott, el perro de mi hermana, que tiene tres patas. Tenemos una relación estupenda, yo nunca le doy ningún regalito, así que sé que su amor por mí no está en modo alguno motivado por la comida.

12. Hacer reír a la gente hasta el punto de que se seque las lágrimas.

13. Despertar al lado de la persona de la que estoy enamorada y apartarme rodando de ella al momento para ocultar la cara hecha polvo de la mañana y mi aliento, que huele a pañales. Pero me abraza el trasero y me acerca hacia sí, sin que le importe nada.

14. Mi hermana. Jugar al voleibol con ella, ver *Orphan Black* y comer pasta con ella. Beber con ella. Fumar maría con ella. Recorrer el mundo con ella y hacer programas de televisión y películas de las que estamos orgullosas juntas. Hacerla reír delante de la cámara.

A veces la obligo a estar en un sketch para mi programa de televisión y una de mis cosas favoritas es hacerla reír durante la escena, estropeando todas las tomas posibles. Sé que a ella le entra el pánico y le preocupa hacer perder el tiempo a todo el mundo riéndose, pero no lo puedo evitar.

15. Me gusta cuando un animal pequeño va a lomos de un animal mayor (piensa en Sir Didymus y Ambrosius en *Dentro del laberinto*). O en un vídeo de un león y una foca que se hacen amigos, o algo parecido.

16. Cuando pasa alguien en una silla de ruedas motorizada, me gusta levantar una mano para tapar el cuerpo de la persona, de modo que parezca una cabeza zumbando por el aire.

17. Cuando el perro muerde. Cuando la abeja pica. Lo siento.

18. Reírme de mis amigas del instituto y gritarles cuando intentan fumar maría en el baño de cualquier sitio donde esté actuando, por muy elegante que sea. Intentaron fumar maría en *Saturday Night Live* y en el Carnegie Hall.

19. Oír a mi hermana hablando con un sitio de reparto a domicilio después de que hayan traído una comida que no ha pedido o de que no hayan puesto suficiente salsa. Empieza muy tranquila y racional, pero luego, a los treinta segundos, se le va la puta olla.

20. Estar sentada en un sofá con una amiga, la una frente a la otra, y mantener largas conversaciones sobre lo que pasa con los chicos o las chicas en nuestras vidas. Sí, con vino. Pensaba que no hacía falta añadirlo, pero si va a ser un problema, sí, por supuesto, con vino, a menos que haga falta whisky.

21. Hacer una amistad. Cuando pasas de los veinte es difícil, pero de tanto en tanto aparece alguien en el que quieres invertir tiempo de verdad, y es algo muy especial.

22. El salmón ahumado.

23. Ver a Dave Attell en el escenario. Nadie me hace reír con más ganas.

24. El sexo. Ya sé que he dicho correrme, pero el sexo es bastante guay y debería mencionarse.

25. Enamorarme.

MAÑANA SALDRÁ
EL SOL

Llevaba soltera unos tres años cuando conocí a Ben. Bueno, eso no es del todo cierto. Hay tres tíos que a lo mejor leen esto y digan: «¿Pero qué coño dices, Schumer?», y yo les contestaría: «¡No me llames 'Schumer', esa es una de las razones por las que rompimos!». Estoy bromeando, pero hubo tres chicos que fueron novios míos a lo largo de esos tres años. ¡Uy! Quiero decir cuatro. Acabo de recordar a otro. Sin embargo, con todos ellos se acabó después de un par de meses, y nunca llegué al punto de sentirme como una pareja de verdad con ninguno de ellos. Jugábamos a serlo. Lo probábamos como quien se prueba unos pantalones vaqueros para ver qué tal. Después de un mes o dos, uno de nosotros llamaba al otro «cariño», o conocía a los amigos del otro, o hacía planes hipotéticos de futuro, pero nunca llegábamos a ser pareja de verdad. Nunca llegué a eso con nadie durante los últimos años antes de Ben.

Durante aquella época estaba muy satisfecha en mi trabajo. Sé que esta frase puede parecer una llamada de socorro. «Ahora mismo, soy feliz volcándome en el trabajo, sin más» (*mientras busca un frasco de pastillas con un litro de Jack Daniel's*). Pero lo digo en serio. Este tipo de improbable satisfacción puede producirse, aunque parezca mentira. Casi resultaba perturbador no tener ningún problema con estar soltera. Estaba casi segura de que empezaría a necesitar alguna clase de estimulación romántica o de actividad sexual para sentirme completamente a gusto conmigo misma, pero dicha necesidad jamás llegó. Me sentía genial trabajando como una mula, haciendo cosas de las que estaba orgullosísima. (Como una escena de mi programa de televisión que representaba a una chica que se pedorreaba de modo incontrolable cuando estaba asustada, cosa que al final la lleva a morir asesinada.) Que mi trabajo sea en realidad divertido ayuda.

Ya había pasado por el pánico que te llega cuando todas tus amigas se casan a los veintitantos y empiezan a tener hijos. A esto le siguió luego el pánico todavía peor de cumplir los treinta y seguir soltera. Durante esa fase estaba aterrorizada, y empecé a hacer pactos con amigos según los cuales si a los cuarenta y tantos seguíamos solteros nos casaríamos y nos permitiríamos ver a otras personas, pero mantendríamos nuestro compromiso de envejecer juntos. Comparado con los matrimonios de los que fui testigo al crecer, un matrimonio concertado de antemano a una edad tardía con un amigo (o dos), en realidad no me parecía tan descabellado. No obstante, probablemente era un poco chalado que empezara a hacer tantos pactos para casarme. Estaba planeándolo de forma que mis cuarenta y tantos fueran una especie de inversión de la situación de *Big Love*… un montón de hermanos-esposos de carne y hueso. ¿Por qué no existe una cosa así?

Mis padres se han casado los dos. Mucho. Tres veces cada uno, para ser exacta, lo cual te enseña a no invertir demasiado en amar a alguien, porque a lo mejor es sustituido en menos de dos meses. Yo he tenido infecciones del tracto urinario que han durado más que algunos matrimonios de mis padres. Y esos matrimonios han conducido a una continua puerta giratoria de hermanos. La primera vez que tu padre o tu madre sale con alguien el tiempo suficiente y con la seriedad suficiente para que conozcas a sus hijos, te involucras. Piensas: «¡Vaya! Esta persona puede convertirse en mi nueva hermana o mi nuevo hermano. ¡A lo mejor compartimos ropa y tomamos el té juntos los martes en Alice's Tea Cup!». Muestras interés por esas personas en tanto que seres humanos. Les haces preguntas como: «¿Qué día es tu cumpleaños? ¿Te gusta la remolacha? ¿Has usado alguna vez un vibrador?». Bueno, la última no. Pero para cuando viene el matrimonio número tres y el hermanastro o hermanastra número lo que sea, te limitas a aprenderte el nombre y a lo mejor, si puedes, empiezas a pillar de qué rollo van.

Para cuando mi padre conoció a su segunda esposa, Melissa, yo ya había aprendido esta estrategia. El matrimonio de papá con Melissa se consumó, en no escasa medida, a fin de que él pudiera beneficiarse del seguro médico de ella. ¿Hay algo más atractivo y romántico? ¡Ojito a cómo se conocen! Si tuviera que hacer una película de tres segundos para ilustrar su relación, empezaría con una mujer muy desafortunada a la que se le cae la cartera. La tarjeta Blue Cross Blue Shield sale despedida de una forma teatral y mi padre la recoge despacio sin establecer ningún contacto visual con la mujer. Cuando la cosa se hizo oficial entre ellos, Melissa nos presentó a su hija en una comida en Ruth's Chris Steak House.

Mi padre ha estado en la mayoría de restaurantes de esa cadena por todo el país, de lo cual se enorgullece, y te dice —si le escuchas— cuántas y qué ciudades le quedan por visitar. Se convirtió en una tradición que nos llevara allí a Kim y a mí, y empezábamos con los calamares (me gustan los que tienen patas porque soy truculenta; también como sándwiches de lengua de vaca y albóndigas de pescado. ¡Me la sopla!) y luego tomábamos patatas gratinadas, espinacas con nata y filetes, todavía chisporroteando con fuerza de la mantequilla hirviendo en la que están empapados. Así que cuando mi padre nos presentó a la persona que iba a ser nuestra nueva/siguiente hermanastra, como es lógico escogió Ruth's Chris. Kim y yo ya éramos conscientes de que aquella insta-hermana no iba a figurar mucho tiempo, así que cuando empezó a hablar de lo emocionada que estaba porque siempre había querido tener hermanas, se nos rompió un poco el corazón. Bebimos sin tener edad para ello y nos comimos a trancas y barrancas los filetes, todo lo rápido que pudimos para terminar la comida.

El matrimonio con Melissa duró unos meses y se acabó aquella hermana. Sigo pensando en ella cada vez que... ¡nunca! Nunca pienso en ella.

Pero volvamos a mis padres y a su desfile de matrimonios. Mi madre ya estaba a un divorcio de profundidad cuando conoció a mi padre. Su primer marido se llamaba David y tuvieron un hijo, mi hermano Jason. Cuando Jason tenía unos cuantos años se divorciaron, y poco después mi madre se casó con mi padre. Yo nací un año después, y luego de alguna manera Kim se coló en este mundo. Nos llevamos todos cuatro años. Cuando Jason tenía once años perdió a su padre, que murió de repente de un ataque al corazón a los treinta y nueve años. Después de que mis padres se separaran, mi madre salió con varios tíos.

Estuvo, por supuesto, el primer hombre con el que salió después del divorcio, llamado Lou, del que te he hablado en el capítulo «Mamá» y que casualmente era el padre de mi mejor amiga, Mia, y luego John, que terminó como mínimo enganchado a la cocaína, aunque mis hermanos y yo pensamos que más probablemente al crack. Mi madre pensó que había llegado el momento de meter a aquel hombre en su casa con sus hijas a los pocos meses de conocerlo. Un fin de semana mi madre se fue a un torneo de voleibol con mi hermana y me dejó sola con John, que se largó para pegarse una juerga con drogas que duró una semana y me dejó en casa. Por entonces yo era una adolescente y flipé. De todas formas, probablemente sea mejor no vivir con un adicto al crack. Para conceder a mi madre el beneficio de la duda, me imagino que hay cosas peores que meter a un adicto al crack en tu casa con tus hijas, como... no, un adicto al crack es lo peor. Después de que me dejara sola, mi madre rompió su compromiso con él por poco tiempo, hasta que se juntaron otra vez y volvió a hacer lo mismos unos meses más tarde.

Luego vino Andrew, que era muy pero que muy corto. Quiero decir, *Yo soy Sam* habría instruido a ese tío en una partida de Quién Soy. Estuvo Doug, el novio de la infancia de mi madre, que resurgió brevemente, y Hank, con quien casi nos mudamos.

Hubo unos cuantos más, de los que no me gustó ninguno, y de hecho yo intentaba ahuyentar a los pretendientes. En cuanto mi madre me los presentaba los llamaba «papá» y hacía todo lo que podía por inquietarlos. Los miraba a los ojos y decía: «Mi madre hace que los hombres se enamoren de ella y luego se cansa de ellos. Se deshará de ti como si fueras un Kleenex dentro de una semana». Les entraba una

risa nerviosa y pensaban que era una impertinencia. Hasta que acababan en el fondo del cubo de la basura.

El tercer matrimonio de nuestra madre fue con su amigo Moshe,
un judío persa de Israel dueño de un taller de coches de Queens. Moshe era un hombre testarudo, chillón, embarazoso y lleno de fuertes
convicciones. Mi madre y él eran una auténtica pareja y se querían
de verdad. Descubrí que se habían casado al echar un vistazo a unas
fotografías que se había dejado ella en la encimera un fin de semana,
al volver a casa de la universidad. En una fotografía se los veía con dos
testigos de pie delante de un juez de paz. Dije chillando hacia la otra
habitación: «¿Te has casado con Moshe?». Y ella me contestó gritando:
«¡Sí!». Lo hicieron para que él pudiera quedarse en el país, pero vino el
9 de septiembre y nadie tenía mucho interés en conceder la ciudada-
nía a un judío iraní. Al cabo de unos años se divorciaron, y poco después Moshe tuvo que regresar a Israel para cuidar a sus padres y nunca
le dieron el permiso para volver a Estados Unidos. Todavía lo echo de
menos. Era amable y nos quería muchísimo a nosotras y a mamá.

Desde que Moshe salió de escena, mi madre sale con alguien de
vez en cuando, y espero que encuentre a un hombre con quien envejecer, si es lo que quiere. A veces da la impresión de que a lo mejor solo quiere estar sola, y también entiendo ese impulso. Siendo
una persona que siempre anda de viaje, sé perfectamente lo difícil
que puede resultar compartir tu vida con alguien cuando estás tan
acostumbrada a la soledad. Tienes que hacer preguntas como «¿Qué
quieres comer?», «¿Me das algo más de manta?», «¿Me das algo más
de tu comida?» o «¿Puede ser la comida cerditos en una manta[107]?».
Y eso puede ser más difícil de lo que parece. Pero también puede ser
genial. Me estoy distrayendo. ¿Qué puede haber mejor que cerditos
en una manta? Lee mi próximo libro para saber la respuesta. El título
es *Nada*.

Entonces un día, de repente, el miedo que yo tenía de envejecer
sin estar casada se desvaneció sin más. Mi vida parecía plena. A pesar
de los diversos intentos de casarse de mis padres, había oído historias

---

107. «*Pigs in a blanket*», salchichas envueltas en hojaldre. [*N. de la T.*]

de segundos matrimonios felices, o de personas que no se conocían hasta los cincuenta y tantos o sesenta y tantos, y estaba tranquila con todo aquel asunto. Me estaba adaptando bastante bien a los treinta y tantos. Salía un poco con hombres, pero eso no me consumía en absoluto como en la adolescencia o a los veintitantos. Los días de «No me ha llamado hoy y son las tres de la tarde, ¿qué significa eso?» habían quedado atrás, sin lugar a dudas. Me di cuenta de que no faltaba nada. Me sentía guapa y fuerte en mi pellejo. Desde dentro. No desde el reflejo que veía mientras observaba las pupilas de un tío. Sentía que lo tenía todo.

Fue un año de bastante éxito. Ya sabes todo esto de las páginas previas de este libro... Se estrenó mi película, presenté *Saturday Night Live* y grabé un especial de comedia de una hora dirigido por uno de mis ídolos, Chris Rock. Así que muchos de mis sueños se hacían realidad a la vez y muchas personas me prestaban atención, entre ellas Barbara Walters. Acababa de calificarme como una de las «personas más fascinantes del año». Claro, ¿por qué no? Yo no me veía especialmente fascinante, pero si se lo parecía a Babs, debía de ser cierto. Grabé una entrevista con ella durante la cual me hizo una de esas preguntas sobre dónde me veía dentro de cinco o diez años. Contesté que querría estar escribiendo, produciendo, dirigiendo y creando. Se sorprendió. Dijo: «No has dicho casada y con hijos». Yo también me sorprendí, porque ni siquiera me había pasado por la cabeza. Me reí para mis adentros y le dije: «Sí, supongo que llevas razón. Me encantaría tener esas cosas, pero no sé hasta qué punto eso es realista en mi caso».

Y a lo mejor tendí hacia esa respuesta porque mi oficio no es lo que se dice compatible con la vida de casada y, sobre todo, porque empezaba a pensar que mis padres eran, en esencia, los dos solitarios. A lo mejor yo era como ellos. ¿Qué tiene de malo estar sola, de todas formas? La soledad a veces es un sitio estupendo donde estar, pero la gente siempre está intentando ayudarte a corregir este «problema», aunque tú misma no tengas ningún problema con ello.

Ver a mis padres como «una unidad» últimamente es, en cierto modo, incluso una razón para permanecer sola. A veces mi madre me echa una mano llevando provisiones al hospital donde vive mi padre, y verlos interactuar es extraño. Estuvieron casados catorce años y tuvieron dos hijas, pero ahora hablan con toda la afabilidad y el respeto de dos personas que a lo mejor fueron al mismo instituto un año, pero en épocas distintas. El distanciamiento entre ellos probablemente empezó el día uno de su matrimonio, algo de lo que no necesito todos los detalles, la verdad, aunque algún día oiré, estoy segura, porque a mi padre le gusta compartir. Un día me habló de una mujer, Lana, que pasó a convertirse en su tercera esposa. Habían salido juntos en los años setenta, cuando mi padre era la leche. Bronceado, atlético, divertido y, a mayor abundamiento, rico. (No sé qué significa «a mayor abundamiento», pero como ya has comprado este libro, no puedes devolverlo, es demasiado tarde.)

Lana estaba loca por mi padre. En los setenta llevaba sus cacharros a la casa que tenía él de soltero y le cocinaba. Estaba enamorada hasta la médula, y esperó el tiempo suficiente e hizo un gran esfuerzo para convertirse en la novia de mi padre. Cosa que no juzgo, por cierto. Como sabes a estas alturas, me he mudado al barrio de Astoria, en Queens, para entrampar a un hombre en una relación, y le he cocinado falda de ternera con espinacas con nata y patatas hervidas, porque eso es lo único que sé cocinar. (Y si vienes y te das cuenta en voz alta de que nunca he usado los fogones te rajo con un cuchillo de cocina sin estrenar.) En fin, un día vinieron los padres de Lana a Manhattan de visita. Mi padre y Lana habían estado en el ático de él pasando el rato y fumando «hierba», como la llama mi padre. «Y Aim, era una hierba buenísima», me dijo. Estaban bajando todos juntos en el ascensor para ir a cenar, y cuando llegaron al vestíbulo entró en el edificio una mujer muy guapa. Mi padre me dijo que se apartó de Lana y sus padres, fue derecho hasta ella y le preguntó: «Perdona. ¿Has visto el ático de este edificio?». Dijo que no. Le preguntó: «¿Te gustaría?». Dijo que sí. Lo siguiente que me dijo mi padre fue: «Y esa fue la única vez que me han atado».

Para repetir los hechos: mi padre dejó a su novia y a sus padres en el vestíbulo de aquel edificio para subir y mantener relaciones sexuales con una absoluta desconocida, a la que al parecer le encantaba el bondage. Y sintió la necesidad de contárselo todo a su hija treinta y pico años después. El padre de Lana aporreó la puerta y llamó a mi padre sin parar, que se encerró durante horas en el piso con la desconocida. Y sin embargo, treinta años después, Lana todavía quería reencontrarse con él y convertirse en mi madrastra número dos.

———◆———

Alrededor de una semana después de la entrevista de Barbara Walters, estaba pasando el rato con mi amiga Vanessa Bayer y hablábamos de las últimas noticias sobre tíos. Siempre teníamos ambas un tío o dos con los que jugábamos pero sin que nos emocionaran. Cosa que, por cierto, significa solo mandar mensajes de texto y no quedar realmente. Comprendo que podría parecer que lo que quiero decir es «Vanessa y yo nos relacionábamos con un montón de pollas distintas», pero no. Siempre mandábamos mensajes de texto a la gente. No es que jugar con pollas sea malo. De hecho, es el título de mi tercer libro, *Jugar con pollas*. Así que Vanessa dijo que le habían hablado de una aplicación de contactos para móvil dirigida a la gente creativa en concreto que atraía a muchos famosos. Decidimos apuntarnos. Escoges algunas fotos tuyas para colgarlas y una canción que sonará si la gente hace un clic en tu perfil. Yo escogí la canción «Dirty Work» de Steely Dan, pensando que era bastante divertido poner eso en un sitio de contactos. En la foto del perfil principal llevaba gafas de sol y una gorra de béisbol sin maquillaje. Era un selfie y ponía una cara repulsiva, parecía como si estuviera muriéndome, porque estaba de caminata, conque sí que estaba muriéndome. También puse una foto de Sophia de *Las chicas de oro*, de Claire Danes poniendo esa cara de llorar de *Homeland* y una foto más normal donde salía yo sonriendo con una sudadera. Vanessa y yo colgamos nuestros perfiles al mismo tiempo y chillamos / nos reímos tontamente como unas chiquillas.

Clicamos en los perfiles de un par de tíos que parecían monos, y daba la sensación de que todos los pavos eran modelos o fotógrafos. Todos colgaban las mismas dos canciones de los Rolling Stones y las mismas fotos suyas yendo en moto, relajándose con un bulldog, sujetando una cámara del tipo antiguo en Europa o haciendo un salto de bomba desde algún acantilado tropical. Eran atractivos —demasiado atractivos— y, sin lugar a dudas, una panda de imanes de coños a tiempo completo. Era muy desalentador. Vanessa y yo llevábamos en aquella aplicación solo unas cuatro horas y yo ya me sentía dispuesta a tirar la toalla, la esponja y la cuchilla desechable.

Con todo, decidí perseverar. Me obligué a clicar el botón de «me gusta» en los perfiles de unos cuatro chicos, y en menos de cuarenta minutos ya tenía la primera pareja. El chico era Ben. En la foto de perfil estaba bailando con su abuela en lo que parecía una boda. Su canción era «LSD», de A$AP Rocky, mi canción favorita de ese disco. No era actor o fotógrafo de profesión como todos los otros chicos y no vivía en Los Ángeles o Nueva York. Era un chico de Chicago. Nos enviamos saludos muy sencillos y mensajes cortos y divertidos.

Pasaron unas horas y seguíamos mandándonos mensajes. Era divertido, un poco raro e interesante, y eso me puso paranoica. Esto tiene que ser una trampa. Soy famosa, leeré toda esta conversación mañana en alguna página web de pacotilla. Poco a poco me puse de lo más frenética. Le dije que quería usar FaceTime para asegurarme de que no era una jugarreta de un nini con un pódcast cómico. Dijo: «Claro, no hay problema». Lo intentamos, pero el wifi de mi antiguo piso no funcionaba, así que me llamó por teléfono y hablamos a la antigua usanza unos minutos. Tenía una voz parecida a la de Christian Slater y por teléfono era igual de divertido. Sabía quién era pero no había visto mi película, monólogo o programa de televisión. Me gustaba hablar con él. Colgamos y pensé que parecía guay y que en algún momento me gustaría conocerlo, pero no le di muchas más vueltas.

Me envié mensajes con unos pocos chicos más en la aplicación e incluso hice planes vagos para conocer a unos cuantos, pero no acabé de dar más pasos. Quité el perfil en menos de 48 horas. La experiencia fue demasiado intensa, y si veía a otro chico mirando a lo lejos en un barco me abriría las muñecas y me metería en una bañera de agua caliente. Unas semanas después contacté con Ben porque iba a ir a Chicago a visitar a mi hermano. Me dijo que, de hecho, estaba yendo en coche a Nueva York. Es diseñador de muebles y llevaba a un cliente una cosa que le había hecho. Hicimos planes para quedar a tomar

una copa en mi casa la noche siguiente. Mi hermana vetó de inmediato esta peligrosa idea y me hizo proponer un restaurante pequeño y
tranquilo donde quedar.

Sé que es un paso atrevido invitar a un chico que no conocía en
persona a mi casa a tomar una copa, pero, la verdad, no se puede
comparar con mi padre representando *Cincuenta sombras de Grey* en
el ático. Por cierto, seguro que te mueres por saber si Lana perdonó a
mi padre después de que la plantara para que lo atara de pies y manos
una completa desconocida. La respuesta es sí, y es una chalada con
todas las letras. Tenía una hija vietnamita adoptada, de unos siete
años. Se llamaba May, y cuando supimos todos que nuestros padres
iban a casarse, May estaba convencida de que Kim y yo íbamos ser
sus hermanas para siempre. Se nos pegaba de una manera que partía
el corazón, y nosotras le seguíamos el juego, a pesar de que no nos
hacía falta ser videntes para adivinar el destino de aquella unión. Me
habría encantado mantener el contacto con May, pero su madre se
aseguró de evitarlo.

Mi padre estaba cerca de los sesenta y ya en una silla de ruedas
y muy enfermo antes del día de la boda. Fuimos a un sitio de Long
Island que era en parte capilla y en parte el salón de alguien y, sobre
todo, una casa encantada. La persona que los casó parecía que podría
ser el camarero del Club Jekyll y Hyde, con un aspecto muy repulsi-
vo y sobrepeso, al estilo del tipo de *Bitelchus* en la escena de la mesa,
cuando cantan todos «Day-O». Lana, nuestra nueva y reluciente madrastra, llevaba un vestido blanco, un velo y un maquillaje que se notaba mucho, que incluía un lunar pintado en la cara.

El convite fue en un restaurante chino y había alrededor de cuarenta personas allí, de las que el 98% eran invitados de Lana. Sus amigos
eran todos muy extraños con un toque inquietante y la mayoría era
gente del teatro de su comunidad. Después de los brindis de sus amigos actores, Lana se puso de pie y leyó —sin exagerar— un discurso
de veinticinco minutos, lleno de divagaciones y sin ningún sentido.
No obstante, pensé que mi padre tenía al menos que mirar en la dirección general de Lana mientras ella le leía a él, su nuevo marido.
No le echó ni un vistazo. Ni uno solo, durante toda la condenada pe-

rorata. Se limitó a comer cerdo *mu shu* y arroz frito con langostinos, y en ningún momento reconoció su presencia durante todo el discurso. A ella no parecía importarle demasiado. Estaba claro que era una pura representación, y estaba encantada de acaparar tantas miradas, incluso aunque ninguna de ellas fuera la de mi padre. Fue un día incómodo, y la noche se hizo más incómoda. Parecía que las cosas no podían empeorar más. Kim estaba casi catatónica al final de la noche. Habíamos bebido las dos todo el vino blanco que habíamos encontrado, y entonces es cuando las cosas tocaron fondo. Sentí una manita en un hombro y una voz dulce me preguntó: «Amy, ¿quieres cantar conmigo "Mañana saldrá el sol"?». Era mi nueva hermana, May. Era una angelita preciosa y de lo más inocente. Joder, no podía creerme que fuera a cantar una canción que odio en un restaurante chino de Long Island con mi hermanastra vietnamita temporal. Quería girarme y decirle: «¡No puedo! ¡Esa canción es mentira! ¡Tienes un camino muy difícil por delante! ¡Tu madre está tarada y voy a sacarte de aquí y a criarte yo misma para que tengas alguna posibilidad de ser feliz en este horrible mundo!». En cambio, dije: «Sí». Se puso de pie en una silla, nos cogió de la mano a Kim y a mí y cantamos las tres «Cuando estoy atrapada en un día que es gris y solitario, aprieto los dientes, sonrío y digo 'ohhhhh!'».

Al final, mañana no salió el sol en aquella relación. Seis meses después de trasladar a mi padre minusválido hasta la misma Nueva Orleans, Lana decidió que ya había tenido suficiente y lo echó de casa. Acabó en la cuneta, literalmente. Cogió y lo dejó solo en su silla de ruedas, y él fue sentado en ella hasta el borde de la carretera. Después de aquello se mudó a un hospital de Long Island y yo no he sabido nada de Lana ni de May desde entonces.

Y tampoco diría que salió el sol cuando conocí a Ben. No porque las cosas no fueran increíbles, sino porque intento no hablar ya metafóricamente de mis relaciones. Después de todo lo que he presenciado con mis padres, me gusta que las cosas se queden en lo súper básico, nada de analogías solares ni filtros de color de rosa de ningún tipo. Solo el Valencia en Instagram, porque estoy guapísima con ese. Pero la noche que conocí a Ben en persona, no había ningún sol de que hablar, literalmente: estaba lloviendo. Había ido a acupuntura, así que tenía aceite en el pelo y unas líneas rojas profundas en las mejillas de estar tumbada boca abajo en la camilla, pero me puse vaqueros en vez de pantalón de chándal y bajé las escaleras para encontrarme con él fuera. Salí a la lluvia y allí estaba Ben, sin paraguas y capucha, con una bolsa de papel empapada que contenía una botella de vino. Nos sonreímos y en ese momento todo pareció ir sobre ruedas.

No le mentí a Barbara, pero mis ideas sobre el amor y el matrimonio siempre están evolucionando. Estoy segura de que en el pasado he dicho que el matrimonio es una estupidez. El matrimonio hace a una persona firmar un contrato que promete algo que en realidad no puede cumplir. Estoy segura de que volveré a decir que el matrimonio es una tontería. Pero también me imagino por qué puede ser precioso. Hay algo muy bonito en el hecho de estar ahí de verdad para otra persona. En la película El compromiso, Susan Sarandon y Dustin Hoffman interpretan a un matrimonio que discute mucho y sigue queriéndose muchísimo. Hablan de cómo están ahí «para presenciar la vida del otro». Me encanta esa descripción del compromiso. No creo que mis padres se apuntaran jamás a eso. No me mostraron cómo es un buen matrimonio ni cómo aguantar hasta el final. En plan, literalmente, los últimos momentos de mi vida me vienen a la mente cuando empiezo a querer a alguien. Pienso: «¿Este tío empujará mi silla de ruedas?». Y algo que da todavía más miedo: «¿Estaré dispuesta a empujar la suya?». No son pensamientos livianos y no son fáciles de desechar cuando estás en las primeras fases con una persona que te importa.

Por supuesto, no sé qué pasará con Ben. A lo mejor envejecemos juntos, o a lo mejor nos separamos antes de que este libro esté en las estanterías al lado de bombones Godiva y tarjetas regalo. Me gustaría pensar que pueden pasarme cosas buenas en las relaciones con los hombres, pero a lo mejor pienso demasiado en las sillas de ruedas. Puede que yo sea sin más el producto de mis padres. De todas formas, sigo pensando que vale la pena suspender mi incredulidad todo el tiempo que pueda —mantenerme abierta a aceptar el amor— y dar el mío todos los días.

LO QUE QUIERO QUE DIGA
LA GENTE EN MI FUNERAL

Amy ha muerto y podemos dormir todos un poco más tranquilos. Era honrada y justa y nos exigía a todos lo mismo, pero era agotador. Aunque lo volvía todo más divertido y emocionante, es un alivio en cierto modo que ya no esté entre nosotros. Nos volveremos todos perezosos con nuestras vidas y nos atascaremos en lo que pensamos que merecemos. Todos aceptamos demasiado pronto que la vida tiene que ser dura y olvidamos asegurarnos de divertirnos todo lo que podamos. Amy se aseguraba de que nos riéramos y no dejaba que la trataran mal. Si era amiga tuya, hacía lo que fuera por ti. Te defendía y moría por ti, incluso las veces que no querías que lo hiciera. Lo daba todo, incluso en ocasiones haciendo las cosas más difíciles. Una vez escribió un post de Facebook para felicitar a su amiga por conseguir un papel en la nueva película de Woody Allen, aunque su amiga no iba a salir en esa película. Lo hizo porque su amiga estaba sufriendo a raíz de una ruptura reciente y Amy sabía que el ex de su amiga leería el post y sentiría envidia. Es algo poco apropiado. Es una de las razones por las que podremos seguir sin ella.

Amy te ayudaría en lo que hiciera falta, incluso si no se lo pidieras, y no volvería a hablar de ello. Era generosa. También era avasalladora y era capaz de hablar mal de alguien con cualquiera que se le pusiera delante. Era divertido beber y fumar porros con ella. Era divertido tomar setas con ella. No era divertido ver la televisión con ella porque no paraba de decir: «Espera, ¿quién es ese? ¿Qué acaba de decir?». No se le daba bien escuchar. Se distraía con tal facilidad que tenías que decirle «Amy, necesito que me escuches de verdad» para que te prestara atención, e incluso entonces solo tenías un 45% de probabilidades de que te oyera.

Hacía que nos sintiéramos mejor. Exigía que nos sintiéramos mejor. Podía ser agotador, pero lo echaremos de menos. La echaremos de menos. De todas formas, siempre estará con nosotros. Bueno, en realidad no, porque, como he dicho más arriba, ha muerto. ¿Sabe alguien si te sellan el ticket del aparcamiento? Ah, es Nueva York, y aquí no hacéis eso. Menuda suerte que tenéis. Sois más listos por vivir aquí y no en Los Ángeles.

ANEXO PARA EL FUNERAL DE AMY SCHUMER

Antes que nada, nadie debe llamarlo «una celebración de la vida» o un «homenaje». Solo se puede llamar EL FUNE-RAL DE AMY SCHUMER. Nada de florituras.

Hay una política de tolerancia cero con las flores. No se permiten coronas, ramos, ramilletes, claveles suel-tos, follajes ni floras de ninguna clase. Todo el mundo debería llevar algún tipo de plato de pasta y echarlo dentro del ataúd. Ensalada de pasta no. No seas imbé-cil.

El propio cadáver de AMY SCHUMER debe recostarse en una silla en el rincón noroeste de la sala, con unas gafas de sol de aviador y con su gorro para la nieve de confianza, donde pone: «Si no hay café, no hay trabajo», una divisa en la vida a la que seguirá ateniéndose en la otra vida.

VESTUARIO

Todos los invitados deben ir cómodamente vestidos. Pensad en pantalones de chándal, velvetón y calcetines cómodos. No se permiten bajo ningún concepto los zapa-tos de tacón. No se permitirá la entrada de ninguna in-vitada que lleve un corsé reductor de cintura, a menos que sea AMBER ROSE. Ella puede ponerse lo que le salga del c.

CATERING/RECEPCIÓN

Que se provea por favor al menos dos (2) sándwiches por invitado. Tienen que ser de Defonte's, en Greenpoint, Brooklyn, y deben ser o bien de *prosciutto* o bien de *mozzarella*.

El cóctel especial de la noche debe ser el *Moscowmu-le*.

Debe haber un montón de aperitivos increíbles. Por ejemplo, esos pastelitos de hojaldre con los que no sabes si estás comiendo pan, queso, nata o todo ello a la vez. Que no se escatime con cosas que se metan en *crème fraîche* o cualquier cosa que tenga una base de trufa. No se permite en ningún caso los *macarons* franceses, pero la variante judía está bien. Ninguno de estos productos alimentarios debe requerir el uso de cubiertos. Cerditos en una manta hasta donde alcance la mirada humana. Repito, cerditos en una manta hasta donde alcance la mirada humana.

Que se provea por favor:

- Veintidós (22) cajas de chardonnay Rombauer. ¡Con mogollón de aroma a roble!
- Quince (15) cajas de cabernet Opus One, igual que aquel en que John Cena inició a la difunta.

INSTALACIONES

No se permitirá la entrada de encargados de baños en los baños. Que haya por favor dos (2) salas de juego adicionales disponibles, una (1) que ofrezca juegos de preguntas y respuestas y otra con puestos para hacerse trenzas. Debe haber ARPISTAS tocando música de fondo, pero solo en los baños, que tienen que ser pequeños, hasta el punto de que la presencia de LOS ARPISTAS impida que nadie se lave las manos.

ARTISTAS

En el funeral deben hablar las siguientes personas:

- Keith Robinson
- Rachel Feinstein (porque despellejará a Keith)
- Jimmy Norton
- Colin Quinn (porque despellejará a Norton)
- Vincent Caramele
- Cayce Dumont

- Mi sobrina
- Lena Dunham
- Mark Normand
- Allan Haldeman
- Kevin Kane, para cerrar la lista

REQUISITOS MUSICALES

Durante la ceremonia, BRIDGET EVERETT cantará «That's All». La introducción, la parte final y demás música para las pausas la ofrecerá un gran grupo de bluegrass, STEVE MARTIN AND THE STEEP CANYON RANGERS, si están dispuestos.

SEGURIDAD

Las siguientes personas (que no le hicieron nada a la difunta, pero es que no quiere que vayan) no pueden asistir al funeral, ni a ninguna fiesta posterior para los invitados:

- Donald Trump
- Mario López, a menos que traiga a Elizabeth Berkley
- Los novios y las novias de los amigos de AMY SCHU-MER solo tienen el permiso de asistir si a ella le caían bien. A fin de acceder a dicho estatus, deben ser muy amables y afectuosos con los mencionados amigos todo el tiempo, exactamente. Si en alguna ocasión no son amables con los mencionados amigos deben de permanecer a cinco (5) campos de fútbol americano del funeral.
- Cualquiera que haya follado porque enseña improvisación teatral, con la excepción de Neil Casey.

REQUISITOS DIVERSOS

Que se coloquen por favor carteles por la(s) habitación(es) en los que ponga: «Prohibidas las conversaciones triviales y las bromas privadas». Que se proporcione por favor un cuenco grande de cristal en la entrada para aquellos que deseen participar en una fiesta de llaves opcional.

EVENTO POSTERIOR Y ENTIERRO

Después del funeral, los invitados participarán en una fiesta de Eduardo Manosbotellas. Todos los invitados deben tener botellas de litro de Olde English pegadas con cinta adhesiva a las manos y no deben despegarse hasta que las mencionadas botellas estén totalmente vacías. En esta fiesta debe pinchar Questlove y hace falta un espacio amplio para que todo el mundo baile. La primera canción debe ser «Put It into Your Mouth».

Inmediatamente después de la fiesta de Eduardo Manosbotellas, los invitados deben dirigirse al mar de Long Beach, en Nueva York, para un funeral vikingo. El cuerpo de AMY SCHUMER será transportado a la playa en un carruaje tirado por caballos, porque ella «se lo merecía», y se le dará descanso en una barca muy pequeña. Hay que pegar fuego a la barca con una flecha ardiente y empujarla suavemente mar adentro.

PERDONANDO EL TATUAJE
ENCIMA DEL CULO

En el homenaje humorístico de Comedy Central a Charlie Sheen, le dije a Mike Tyson que llevaba en la cara el típico tatuaje que se hacen las zorras encima del culo. Dije: «Los hombres no saben si tener miedo o correrse encima». Estuvo un minuto cortándome y gritándome insultos subidos de tono que yo no entendía, hasta que improvisé una manera de frenar sus interrupciones con una pregunta: «¿Ha venido su intérprete?». Bueno, no es precisamente inteligente decir una cosa así a cinco metros de un antiguo preso que muerde orejas, de quien se decía que «volvía» después de seis años en la cárcel por violación. Pero hice lo que cualquier cómico desesperado haría. Me entregué a aquel momento, me metí en un peligro inmediato y seguí adelante con ello, que es exactamente la manera como acabé con un tatuaje de zorra justo donde quiso el Señor: encima del culo. Sí, tengo uno. Qué hipócrita soy. Critiqué a Tyson mientras lucía mi propio tatuaje de mierda, humillante, ni siquiera bien puesto, un poco torcido porque el tío era un capullo y la aguja penetró demasiado y se infectó.

Llevaba años queriendo uno. Veía muchas variantes tribales cuando jugaba al vóley-playa con mi hermana en Long Island, y pensaba que quedaban malotes. Quería un tatuaje que transmitiera: «No me toques las narices, porque estoy de vuelta de todo», aunque solo tenía dieciocho años y lo único de lo que estaba de vuelta era del pasillo de los cereales de Key Food. No era una malota. No me sentía fuerte, segura de mí misma o especialmente tribal. Creía que podía señalarme, literalmente, a mí misma con esas cualidades y, si era capaz de fingir el tiempo suficiente, se volverían reales. Pero a diferencia de con el orgasmo, me parece que esta táctica a veces funciona. La cuestión es que cuando buscaba esas cosas la intención no era mala. Lástima que se interpusiera la parte de encima del culo.

El verano de mis dieciocho años, Kim y yo hicimos un viaje en coche y pasamos por Myrtle Beach. Decidimos hacernos unos tatuajes después de una cauta reflexión, que consistió en ver la tienda y decirnos: «¿Nos tatuamos?». Asentimos con la cabeza y entramos. Echamos un vistazo, buscamos en varios libros y examinamos los diseños de la pared antes de escoger el «arte» que queríamos llevar en el cuerpo el resto de nuestra vida. Pensé que los tíos que trabajaban en la tienda de tatuajes eran enrollados por dejarnos echar un vistazo, porque, con catorce años, Kim era claramente demasiado pequeña. Supuse que al saber que queríamos cubrirnos de tatuajes en serio, le dirían a Kim que no podían hacerle ninguno porque era menor. Nos acercamos al mostrador y con una confianza que puede calificarse de vacilante en el mejor de los casos, les dije a los surfistas, dañados por el sol y exageradamente musculosos, que quería que pintarrajearan nuestros jóvenes cuerpos con los dos diseños que tan a conciencia habíamos escogido, y que no valían nada. «Perfecto, vamos allá», dijo uno de ellos.

¡Joder! ¿Aquello era el juego del gallina para ver quién cedía primero? Intenté ocultar mi confusión y parecer atrevida y escéptica.

—¿Cuánto tiempo se tardará en terminarlos? —pregunté.

El que tenía la cara más colorada me señaló.

—El tuyo diez porque es mayor, pero el de ella alrededor de siete —dijo.

—¿Diez horas? —grité.

—Minutos —contestó el emoticono de la cara roja.

Kim había escogido un hada pequeña que quería tatuarse en la cadera, pero el mío era un pedazo de tatuaje tribal de la hostia, del tamaño de una zarigüeya pequeña. Diez minutos parecía poquísimo tiempo, ¿pero qué sabía yo de tatuar? «¿Y cuánto cuestan?», pregunté proyectando mucha autoridad, intensificando el acento de Nueva York para que no nos cobraran de más. Dijo que el mío veinte dólares y el de Kim, diez. ¡¿Qué?!

Estaba más que confusa. Kim y yo nos miramos y pensamos lo mismo, pero como era la mayor, hablé yo. Declaré: «No vamos a hacer nada con vosotros. ¡Pagaremos el precio íntegro!». Toda la tienda se quedó paralizada. Era como si un disco hubiera rascado. Miré alrededor y me di cuenta de que éramos con diferencia las chicas menos atractivas allí dentro, y si iban a intentar conseguir favores sexuales no sería de esas dos adolescentes de Long Island que eran un cayo. Entonces, el hombre cuya camiseta sin mangas dejaba al descubierto los pezones dijo: «Es una tienda de tatuajes temporales, lo sabéis, ¿no? Los tatuajes están prohibidos en Carolina del Sur». En ese momento era yo la que tenía la cara más colorada. Retrocedimos despacio y salimos de allí como unas gatas. Kim y yo no hablamos de vuelta al hotel lleno de chinches. Fue demasiado embarazoso.

Cuando por fin conseguimos nuestros tatuajes de verdad, un año después (cuando estuvimos preparadas para tomar grandes decisiones permanentes), de hecho pedimos permiso a nuestra madre. Le dije que hacía muchísimo tiempo que los queríamos y que habíamos seleccionado con precisión los diseños y las ubicaciones adecuadas. Uno podría pensar que en un año nuestro gusto estético habría madurado, pero yo seguía empeñada en una gran configuración tribal y Kim aún quería la estúpida hada. Al oír esta petición, nuestra madre respondió como cualquier madre y dijo a sus hijas adolescentes: «Ni de coña. ¡Oléis a maría! Id a vuestra habitación, estáis castigadas, que sois unas guarras impresentables!». Ah, espera, no, nuestra madre no. La respuesta de nuestra madre fue: «Bueno, ¿y qué hacemos aquí hablando? ¡Vamos al coche!». Nos llevó al East Village, donde entramos en la trastienda del antro más turbio y conseguimos nuestra «tinta», como lo llaman los capullos.

Empecé yo primero. Cuando digo que hacía mucho daño, no, hacía un daño de la hostia. Era como si te picaran mil abejas por segundo o un montón de rastrevíspulas, para aquellos que seáis aficionados a la ficción juvenil. El que me lo hacía no era muy diestro, así que la aguja penetró demasiado, con lo cual el tatuaje produjo cicatrices queloides y marcas. «¡Mola, Aim, cuéntanoslo todo!» Vale, también estaba muy borracho, así que el tatuaje salió torcido. El tío se llamaba Kurt y parecía un hijo de la anarquía pero con demasiado peso y asmático. Yo me moría de dolor, pero quería ser valiente por Kim, para que ella no tuviera miedo. Así que mientras me corrían las lágrimas, sonreía y decía que no hacía tanto daño. Mi madre no paró de sonreírnos a las dos, felicísima de participar en aquel acontecimiento maravilloso del que íbamos a arrepentirnos al momento. Como es lógico, mi tatuaje se infectó y salieron cientos de bultos diminutos alrededor de él, y cicatrizó de una forma horrible. Cualquier chica joven y sexy quiere tener flotando justo por encima del culo un despliegue de sarpullidos e inflamaciones como aquel. A día de hoy, sigue estando torcido igual que la cicatriz en la cabeza de un chico después de una guerra de *Mad Max*.

Así que ahora, quince años después, con treinta y cinco años, siempre que llevo bañador la gente sabe instantáneamente en el fondo que soy escoria. Siempre que me quito la ropa la primera vez delante de un hombre y lo ve, también sabe que en el fondo soy escoria y que tomo malas decisiones, muy malas. Y ahora que los paparazis creen que es interesante hacerme fotos en la playa en algún sitio mientras no hago nada que sea digno de ningún interés, el mundo entero ha tenido el gusto de ver fotografías del tatuaje encima del culo, que se cierne torcido sobre la parte de abajo del bikini. De todas formas, te prometo con la mano en el corazón que me da igual. Llevo mis errores como timbres de honor, y los celebro. Me hacen humana. Ahora que se analizan públicamente todos mis trabajos, mis relaciones, mis tuits, todas las partes de mi cuerpo y todos mis sándwiches, estoy orgullosa de haberme puesto la etiqueta de humana normal con imperfecciones antes de que lo hiciera nadie. Me adelanté a todos los críticos y a los troles de internet. En el libro me han llamado de todo, pero yo ya me había tachado de golfa, así que los *haters* tendrán que encontrar algo nuevo.

El verano anterior a octavo, en los tiempos anteriores al tatuaje (o, como los llamo yo, los TAT), me endilgaron el apodo de Tortitas. Un grupo grande de amigas mías y yo —y los chicos que nos gustaban—

íbamos andando por el barrio una noche cálida con cerveza en las mochilas, preparados y dispuestos a huir corriendo de la policía cuando nos encontraran, como solía pasar. Aquella noche en concreto acabábamos de disfrutar de unos chupitos de Dr. Pepper y de coche bomba irlandés en casa de mi amiga Caroline. Para quienes hayan crecido en una comunidad amish, un chupito de Dr. Pepper supone echar un vaso de chupito lleno de amaretto en una pinta de cerveza justo unos instantes antes de tragárselo todo. Por algún motivo sabe a Dr. Pepper. Añade Bacardi 151 y una cerilla encendida y tienes un chupito llameante de Dr. Pepper. Di adiós también a todos tus seres queridos. Un coche bomba irlandés es un chupito de Bailey's mezclado con una pinta de Guinness, y también es muy pero que muy ofensivo para cualquier irlandés que haya perdido a un amigo de esa manera. Una vez al año me incitan a beber una de esas mezclas terribles sin que sea necesario convencerme una pizca, o nada.

Caminamos por la manzana hacia una escuela de primaria que había en la esquina de la casa de Caroline, descuidados y excitados por las bebidas y la libertad. Mientras estábamos en el patio, los diez chicos de alguna manera convencieron a las diez chicas para que se levantaran las camisetas y enseñaran las peras. Habían expuesto el muy buen argumento de «¿Y por qué no?». No teníamos ningún contraargumento, así que nos pusimos en fila y a la de tres levantamos las camisetas.

Envolví con mis dedos de catorce años la parte inferior de mi camiseta Gap y me la puse desinhibida de un tirón sobre la cara regordeta y llena de granos. Estaba nerviosa y excitada, y probablemente pedo. Miré a hurtadillas a los chicos por encima de mi camiseta de precio razonable y me di cuenta de que solo me miraban a mí. No a Denise, que tenía las peras más grandes, o a Krystal, que tenía los mejores abdominales, o a Caroline, por la que siempre estaban peleándose por entonces. En lo que respecta a las peras, yo estaba en la sólida gama media, así que me impactó la gran atención que recibían las mías. Recuerdo las caras que ponían los chicos: era como si alguien hubiera hecho un movimiento bárbaro en un concurso de mates, en plan «¡Ohhhh!». Se taparon la boca y se chocaron las manos. Entonces miré a lo largo de la fila y me di cuenta de que el resto de las chicas solo había enseñado el sujetador. En una metáfora perfecta de mi vida, había revelado demasiado. También me había subido todo el sujetador. Era la única del equipo con las tetas al aire. También fue el momento en que aprendí la lección inolvidablemente divertida de que tenía unos pezones mayores que la media.

El apodo de Tortitas (y también a veces de Dólares de Plata)[108] perduró lo bastante para que su vida y su evolución pudieran ser descritas despacio y con esmero en un documental de la extensión de los de Ken Burns. Al menos así me pareció a mí. Pero en realidad fue el resto del verano. Fui humillada con todas las letras y pensaba que nunca dejarían de tomarme el pelo con aquello. Como es natural, a día de hoy he convivido con muchas mujeres y he visto mucho porno, y sé que las partes del cuerpo son de todas las formas y tamaños. (¡Las de los hombres también! ¿Sabías que las partes del cuerpo de ellos también presentan una gran variedad de formas y tamaños, pero, extrañamente, los medios de comunicación casi nunca hablan de ello?). Por aquel entonces, me quedé pasmada al saber que mis dólares de plata no eran la norma.

En fin, aquel día del patio resultó ser profético para mí. Lo mostré todo a todo el mundo y aprendí que eso tendría un precio. Fue mi primerísima experiencia del espacio elemental, frío, desprotegido donde la vulnerabilidad se topa con la confianza o bien con la vergüenza. Elegía yo, y tuve que aprender (sigo aprendiendo) a escoger estar orgullosa de quien soy en vez de avergonzada. Por suerte para mí, soy mujer, así que he tenido la oportunidad de practicar esta lección una y otra y otra y otra y otra y otra y otra y otra y otra vez. Al final decidí «a la mierda, sí, es mi cuerpo, ¿y qué?». En esa postura había más poder del que era consciente por entonces.

Siendo mujeres, la mayor parte de las interacciones a partir de los ocho años, más o menos, nos enseñan a hacer que esté todo bien para no incitar a nadie, Dios no lo quiera, a llamarnos las palabras que empiezan por F y G: «fea» y «gorda». No soy la primera en señalar

---

108. Los dólares de plata son unas tortitas pequeñas [*N. de la T.*]

cómo se nos enseña a las mujeres que nuestro valor viene de nuestro aspecto, y también que a la mayoría de las mujeres le cuesta toda una vida (o al menos hasta la menopausia) desarticular esa horrible mentira. Siendo una persona de lo más impulsiva e incapaz de permitir que me traten mal los demás, me han criticado desde muchos puntos de vista y se han reído de mí por todas las razones equivocadas. Pero, como han visto muchos cómicos, es un regalo el hecho de que se rían de ti, de que te interrumpan con preguntas molestas, incluso el hecho de que tengas que abandonar el escenario por los abucheos. Cuando tus miedos se hacen realidad, te das cuenta de que no eran tan terribles como pensabas. Resulta que el miedo es más doloroso que el insulto. Yo boxeé unos cuantos años, y cuando empecé a entrenarme tenía mucho miedo a los golpes, a experimentar ese dolor físico. Pero aprendí que intentar evitar el dolor no iba a protegerme de él. Por extraño que parezca, un puñetazo en un lado de la cabeza o un golpe en la barriga me protegían, sí. Me daban y dolía un segundo, pero luego me daba cuenta de que no pasaba nada, de que podía con ello. Y luego el dolor pasaba. Después de que todos mis miedos se hicieran realidad y de que me insultaran un montón, me volví más fuerte. Que me hayan examinado durante diez años desde que salí por primera vez en un *reality show* ha hecho que me sienta invencible. No queda nada. ¿Y qué, si alguien dice que eres gorda o fea? ¿Y qué? La mayoría de las mujeres que conozco tiene mucho menos miedo a una agresión física que a que la llamen fea o gorda.

Tengo un tatuaje encima del culo y salgo en la portada del *Vogue*. Los zarcillos hinchados de tinta debajo de la piel se entrelazan en una formación que no tiene ningún sentido, pero yo se lo he encontrado. Me acepto totalmente a mí misma como la chica del tatuaje encima del culo. Eso no significa que no me arrepienta de nada. Sí, joder, me arrepiento de haberme hecho ese tatuaje tan feo que pensaba que significaba dureza cuando en realidad simbolizaba lo perdida que estaba y lo impotente que era a los dieciocho años. Pero perdono a esa chica. La compadezco y la amo.

Irónicamente, para mí hoy el tatuaje representa lo contrario. Me recuerda que es importante permitirse a una misma ser vulnerable, perder el control y cometer un error. Me recuerda que, como habría dicho Whitman, yo contengo multitudes, y siempre las contendré. Soy una introvertida de nivel uno que fue cabeza de cartel en el Madison Square Garden y que fue la primera mujer en serlo. Soy el «éxito de la noche a la mañana» que se ha matado a trabajar todos y cada uno de los momentos que ha estado despierta durante más de diez años. Robaba en las tiendas el tipo de ropa que la gente me pide que lleve para darle publicidad gratuita. Soy la zorra o la guarra que solo ha tenido un rollo de una noche. Llevo la «talla grande» cuarenta un buen día y la talla media cuarenta y cuatro un día todavía mejor. He sufrido las humillaciones idénticas de servir entrecots para ganarme la vida y de sacar risas por dinero. Soy una mujer fuerte hecha y derecha que ha sido maltratada física, sexual y emocionalmente por hombres en los que confiaba y que me importaban. He roto corazones y también me lo han roto a mí.

Guapa, fea, divertida, aburrida, inteligente o no, mi vulnerabilidad es mi fuerza primordial. No hay nada que pueda decir nadie sobre mí que sea más permanente, dañino u horrendo que la proclama que me he tatuado para siempre en mi cuerpo. Estoy orgullosa de esa capacidad de reírme de mí misma, aunque todo el mundo pueda ver mis lágrimas, igual que puede ver mi tatuaje estúpido, absurdo, cutre y penoso encima del culo.

AGRADECIMIENTOS

Me gustaría expresar mi más sincero agradecimiento a las siguientes personas:

A Mayci Breaux y Jillian Johnson, que siempre están conmigo y siempre estarán las primeras en todas las listas que haga el resto de mi vida.

A todos los de Everytown, sobre todo a Jason Rzepka y Noelle Howey. También a Chuck Schumer y a todas las demás personas de Estados Unidos que luchan a diario por unas leyes sobre armas más sensatas.

A Howard Stern, que abrió mi mundo a estas oportunidades.

A Estee y Noam del Comedy Cellar.

A todos los cómicos que me hacen mejor y peor persona: Jim Norton, Dave Attell, Bobby Kelly, Keith Robinson, Colin Quinn, Jess Kirson, Kurt Metzger, Pete Dominick y Judy Gold.

A Opie y Anthony y Chris Mazzilli.

A Mark Normand. Te quiero, hermano.

A Chris Rock. Eres el mejor tipo.

A Judd Apatow, que me cambió la vida. Gracias por ver algo en mí.

A Eddie Vedder. Quiero darte las gracias por ser el ser humano más amable que he conocido; por ser el motivo por el que mi padre, mi hermana y yo cantáramos a pleno pulmón en el coche; por tomarte el tiempo de llamar por teléfono a mi padre —una persona a la que no conocías que está atrapada en un hospital y que ya no puede ir por ahí en coche con sus hijas— solo para hacerle sonreír.

A Carrie Byalick. ¿Cómo hemos llegado hasta aquí? Gracias.

A Allan Haldeman, Josh Katz, Guy O y Berkowitz. No me lo puedo creer pero os quiero, tíos. Gracias.

A todos los de Comedy Central, sobre todo a Kent Alterman, Doug Herzog y Michelle Gainless, pero aún más a Anne Harris y JoAnn Grigioni.

A todos los de Universal, sobre todo a Donna Langley, Ron Meyer y Erik Baiers.

A todos los de Fox, sobre todo a Stacey Snider.

A Alison Callahan, por publicar este libro y ver un orden más elevado en el caos de contenidos que creé. Encontrar el sentido de mi vida es un regalo que no sabías que ibas a hacerme. Gracias también por reírte en todos los momentos adecuados y por animarme cuando lo necesitaba.

A todos los demás de Simon & Schuster y Gallery Books, incluida Jennifer Bergstrom, que es la mejor y más bella animadora que puede querer alguien para su libro; a Nina Cordes; a Jennifer Robinson; a Carolyn Reidy, y a Louise Burke. Chicas de Gallery, sois divertidas y creativas y me disteis mucho apoyo para que escribiera el libro que quería escribir. Gracias.

A Elisa Shokoff, Jules Washington y Chris McClain, el equipo que grabó la versión en audio de este libro. Gracias por dejarme sollozar abiertamente y por proporcionarme té y abrazos cuando me hacían falta.

A David Kuhn, que creyó en mí y en este libro desde el mismísimo principio.

A Kate White, gracias por darme mi primer trabajo de escritura y por apoyarme a lo largo de los años.

A Mark Seliger.

A Marcus Russell Price.

A mis padres.

A la entrenadora de voleibol del instituto, Cheryl Scalice, que tanto me enseñó a trabajar duro y mejorar.

A Cydney. Gracias por apoyarme a lo largo de mi vida durante los últimos diecisiete años. Eres una gran madre y amiga.

A Vickie Lee. Te quiero.

A Kimmy Cupcakes, Dre Money y Kyra por elevarme y escucharme todo el tiempo.

A Leesa Evans. Gracias por hacer que siempre tenga buen aspecto, pero, lo que es más importante, gracias por hacer que siempre me sienta bien.

A Lena Dunham. Gracias, amor. Me ayudas a superar las cosas.

A mis zorras Rachel Feinstein, Bridget Everett, Nikki Glaser, Jenny T., Angie Martínez, Sappy, Feiny, Ca, D., Kati, Kate, Jessi Klein, Jennifer Lawrence, Jessica Seinfeld, Amber Tamblyn, Natasha Lyonne, Chelsea Peretti, Natasha Leggero, America Ferrera, Vanessa Bayer, Kyle Dunnigan y Dan Powell. Sí, Kyle y Dan, sois mis zorras.

A las personas que más me han influido: Lucille Ball, Gilda Radner, Carol Burnett, la Cerdita Peggy, Gloria Steinem, Whoopi Goldberg, Goldie Hawn, Shari Lewis, Ani DiFranco. Joan Rivers y Janeane Garofolo.

A las personas que admiro, algunas de las cuales me dieron oportunidades pronto, y todas las cuales me inspiraron para mejorar: Ellen DeGeneres, David Letterman, Jimmy Kimmel, Stephen Colbert, Jon Stewart, Jay Leno, Seth Meyers, Tina Fey, Julia Louis-Dreyfus, Jerry Seinfeld, Anne Sexton, Sarah Silverman, Margaret Cho, Parker Posey, Wu-Tang Clan, Steve Martin, Chris Farley y todos los Teleñecos.

A Kevin Kane, mi compañero. Me mejoras en todos los sentidos.

A Vin. Gracias por hacer entrar en razón a todos los locos que te rodean.

A Cayce Dumont. Gracias por hacer posible este libro con todo tu trabajo duro y por ayudarme a terminarlo. Ha sido gracias a ti, y me encanta beber contigo, echar pestes y ver cosas malas en la televisión. Eres la persona más inteligente que conozco y te quiero. También te doy las gracias por dar a luz a mi persona favorita.

A Ida. Nos morimos por ver lo que haces.

A Jasy. Eres el hermano más guay del mundo y no me puedo creer que pueda pasar tiempo contigo.

A Kimby, gracias por hacerme reír siempre y mantenerme feliz y viva. Eres la mitad de mí.

Y a Jesús. Es broma.